논리로 배우는
인권 이야기

불편
하면
따져봐

| 국가인권위원회 기획 |

최
훈
지
음

창비

우리 '따지스트'가 되자

싸움의 명분, 논리

사전에서는 인권의 뜻을 '인간으로서 당연히 가지는 기본적 권리'라고 풀이하고 있습니다. 당연히 가져야 하는 기본적 권리라고 하는데도 우리 사회에는 인권을 가지고 있지 못한 사람이 많습니다. 그까닭은 두 가지를 들 수 있을 것 같습니다. 첫째는 기본적 권리라고 이미 합의가 되었는데도 그것을 주기 싫어하는 일부 사람들에 의해 인권 탄압이 이뤄지기 때문입니다. 둘째는 이것이 과연 기본적 권리인지 아닌지가 논란이 되기 때문입니다. 이 책은 이 중 두 번째 경우를 다루고 있습니다. 그러니까 탄압받는 인권의 현실을 보여주고 그것을 쟁취해야 하는 이유와 방법을 주장하는 데 목적이 있는 것이 아니라, 이런 것까지 인간의 기본적 권리냐고 의심받는 권리가 사실은 인간이라면 당연히 가져야 하는 권리임을 논리적으로 조목조목 풀어 나가는 데 목적이 있습니다.

이제는 피부색이 다르고 출생 신분이 다르다고 해서 신체의 자유를 뺏어 노예로 삼아도 된다고 당당하게 말하는 시절은 아닙니다. 그렇지만 몇 가지 예를 들면, 아직도 빨갱이에게는 사상과 표현의 자유가 허용되어서는 안 되고, 학생은 해서는 안 되는 것이 있고, 어느 대학을 나왔느냐에 따라 다르게 대우받아도 되고, 전과자는 그 죗값을 계속해서 치러야 한다고 생각하는 사람이 많습니다. 이런 생각들이 이치에 맞는지 따져보는 것이 이 책에서 하는 일입니다. 즉 이런 생각들의 논증 구조를 밝혀내고 거기에 어떤 논리적 오류들이 숨어 있는지를 드러내고자 했습니다. 이 책의 차례를 보면 이 책에서 다루는 인권의 주제와 그것이 논리학의 어떤 오류와 연결되는지 알 수 있을 것입니다.

간단히 말해서 이 책은 '논리로 배우는 인권 이야기'입니다. 논리학을 연구하고 가르치는 사람으로서 인권이라는 주제에 이런 식으로 접근한 것은 이것이 인권 논의에 미흡하나마 이바지하는 한 가지 길이라고 생각했기 때문입니다. 인권은 모두에게 두루 적용되는 보편적인 권리임과 동시에 누구나 관심을 가져야 하는 보편적인 주제이므로 논리학자도 논의의 한 자리를 차지해야 합니다. 더구나 인권 논의는 대체로 찬성과 반대의 논쟁 구조로 되어 있기에 논증의 뼈대를 톺아보는 것은 꼭 필요하기도 합니다. 물론 인권 운동가도 아니고 법률 전문가도 아니며 사회 문제에 밝지도 못하기 때문에 돌아가는 상황의 가리사니를 잘못 잡는 경우도 있으리라 생각합니다. 이 책을 밑절미 삼아 그런 오해를 수정하여 인권 논리를 더 탄탄하게 하는 계기가 되었으면 하는 바람입니다.

사실 지금은 당연하게 생각되는 인권이, 인간이라면 누구나 누려야 할 권리라고 여겨지게 된 것은 논리적 설득의 과정을 거친 덕분입니다. 피부색이 다르고 출생 신분이 다르다는 이유로 인간을 노예로 부리던 것이 허용되던 시기의 사람들은 노예도 똑같은 인권을 가지고 있다는 점, 심지어는 똑같은 인간이라는 점도 이해하지 못했을 것입니다. 그런 뿌리 깊은 편견을 깨기 위해서는 왜 피부색과 출생 신분이 달라도 똑같은 권리를 가져야 하는지를 이해시키는 노정을 반드시 거쳐야 했습니다. 물론 머릿속으로는 이해하면서도 노예를 부림으로써 누렸던 이득을 빼앗기기 싫어하는 무리가 언제나 있기에 인권을 찾기 위한 실천적 운동이 꼭 뒤따라야 합니다. 그러나 그러기 위해서라도 논리적으로 이해시키는 과정이 필요합니다. 명분이 있는 쪽이 싸움에서 훨씬 유리하니까요.

　반인권 의식에는 편견과 선입견이 깊이 자리 잡고 있는데, 그런 것들은 어떤 논리를 갖추어서 생긴 것이 아니라 정서적인 면이 강합니다. 예컨대 성별이 다른 사람, 인종이 다른 사람, 성적 지향이 다른 사람, 나와 의견이 다른 사람을 보면 무슨 이유가 있어서가 아니라 '그냥' 싫은 것입니다. 이런 정서는 수동적으로 부지불식간에 생기기 때문에 의도적인 교육을 통해서 바꾸기는 쉽지 않습니다. 반면에 인지적인 이해는 교육과 본인의 노력으로 바뀔 가능성이 큽니다. 인권 문제에 수동적인 정서 대신 논리를 가지고 접근하는 것은 이런 점에서 의의가 있습니다.

　우리 사회에서 논란이 되는 인권 주제를 골고루 선택하려 했지만, 논리적인 관점에서 중요한 주제를 우선하다 보니 더 시급하고 중요한 인권 문제인데도 빠진 경우가 있습니다. 아동 학대나 군대 내 폭력 등이 그런 예인데, 그것이 바로잡아야 할 문제라는 것은 상식으로 충분히 이해할 수 있고 거기에 무슨 논리가 개입될 필요는 없기 때문에 다루지 않았습니다. 또 비정규직 차별의 문제 같은 경우는 상식으로 해결될 문제도 아니고 시급하고 중요한 문제이지만, 특정 논증이나 오류로 분석하기가 곤란해 역시 다루지 못했습니다.

오늘날 인권과 관련된 각종 논쟁이 가장 활발하게 이루어지는 곳은 인터넷입니다. 그래서 이 책도 인터넷 공간에서 이루어지는 담론들을 분석의 대상으로 많이 가져왔습니다. 인터넷에서 쓰이는 은어나 비속어도 맥락에 따라 자주 나오는데, 모두 설명을 달았으니 익숙하지 않은 독자도 이해할 수 있을 것입니다. 인터넷은 아무래도 젊은 사람들이 더 많이 사용합니다. 그러다 보니 차별이나 편견도 인터넷을 통해 젊은 사람들 사이에서 더 많이 전파됩니다. 앞에서 수동적인 정서는 잘 바뀌지 않는다고 했는데, 그런 정서가 전수되는 곳이 예전에는 부모의 무르팍 위나 동네였다면 이제는 인터넷입니다. 반인권적인 논조에 동조하거나 그 의미도 모르면서 재미있다고 덩달아서 반인권적인 표현을 쓰는 청소년이나 어린이도 많습니다. 역사가 발전함에 따라 인권 의식도 진보해야 하는데, 최신 기술의 상징인 인터넷에서 반인권적 행태가 발견되는 것은 아이러니입니다. 젊은 세대들의 편견이 굳게 들러붙기 전에 합리적 논쟁의 장으로 나와 함께 토론하는 기회가 되었으면 합니다.

이 책은 인권 도서로 기획했지만 논리학을 공부할 목적으로도 쓰일 수 있습니다. 일상 언어를 대상으로 하는 이른바 비형식 논리학에서 다루는 논증과 오류는 대체로 거론되고 있으니까요. 앞에서 논리적인 면에 집중하다 보니 중요한 인권 주제인데도 못 다룬 것이 있다고 말한 것처럼, 거꾸로 짝을 맞출 적절한 인권 주제를 찾지 못해 중요한데도 끄집어내지 못한 오류도 있습니다. 사람에의 호소 오류(인신공격의 오류)가 대표적입니다. 그러나 다른 논리학 교과서에는 잘 나오지 않는 한통속으로 몰아가기의 오류, 자연주의의 오류, 당위-능력의 오류 등을 주요하게 다루고 있는데, 이것들을 비롯해서 이 책에서 취급하는 논증과 오류 들은 실전에서 써먹을 수 있는 생생한 사례를 통해 공부한다는 점에서 인위적인 사례에 매몰된 여타 논리학 교과서와 차별된다고 그 가치를 스스로 부여해봅니다. 혹시 논증과 오류에 대해 더 알아보고 싶다면 제가 쓴 『논리는 나의 힘』『변호사 논증법』과 함께 읽으면 도움이 될 것입니다.

따져보자, 인권

이 책을 쓰게 될 때 신기한 경험을 했습니다. 고속버스에서 마침 김두식 교수의 『불편해도 괜찮아』를 읽고 있는데 국가인권위원회로부터 그 책의 후속편을 부탁하는 전화를 받은 것입니다. 교육적으로 유익하면서 영화를 소재로 삼아 흥미진진하기까지 한 『불편해도 괜찮아』의 권위 때문에 부담스럽기도 했지만, 그 명성에 묻어가려는(?) 생각에 흔쾌히 수락했습니다. 우연의 일치이긴 하지만 신기한 인연도 소중하게 생각했고요.

일단 이 책도 『불편해도 괜찮아』처럼 하십시오체를 썼습니다. (간혹 해요체도 섞어 쓰고요. 이렇게요!) 이러한 문체가 상대방을 조곤조곤 설득하는 데 적합하다고 생각했기 때문입니다. '불편하면 따져봐'라는 제목이 『불편해도 괜찮아』와 운율을 맞췄다는 것은 삼척동자도 알 것입니다. 『불편해도 괜찮아』가 인권이 침해되는 현실을 고발하고 침해받는 소수자들에 대한 이해를 높이기 위해 그런 제목을 붙였다면, '불편하면 따져봐'라는 제목은 그런 현실을 극복할 수 있는 적극적인 논리를 제공하고 논의의 장을 열기 위한 것입니다.

'따져봐'라는 말이 약간은 건방지고 주제넘게 들릴 수도 있을 것 같습니다. 그러나 따진다는 행동은 옳고 그른 것을 밝혀 가리고 그러기 위해서 상대방에게 분명한 답을 요구한다는 뜻으로, 본디는 그런 부정적인 말맛이 없습니다. 모든 학문이 그렇기는 하지만 철학에서는 특히 따지는 행위를 중요하게 생각해 철학을 공부하는 사람들끼리는 서로 '따지스트'라는 별명을 붙이곤 했습니다. 철학의 아버지 격인 소크라테스는 자신을 잠든 소를 깨우는 등에(쇠파리)처럼 잠든 아테네 시민들을 깨우라고 신이 보낸 등에에 비유했습니다. 소크라테스가 바로 원조 따지스트입니다. 하지만 따지는 것에 익숙하지 않은 사람에게는 따진다는 것이 약간은 건방지고 주제넘게 들리기는 합니다. 소크라테스가 살던 시절의 아테네 지배층에게도 당연히 그랬습니다. 결국 소크라테스는 사형을 당합니다. 피부색이 다르고 출신 성분이 다르다는 이유로 같은 인간을 노예로 삼던 시절에 거기에 항의하는 목소리도 아마 그렇게 들렸을 것입니다. 그러나 따지는 과정을 거치고 거쳐 정당한 권리를 찾았음을 이해한다면 따지는 행위는 일리 있고 정당하고 꼭 필요하다고 인정할 수 있을 것입니다.

따지는 행위 자체를 이해한다고 해도 이 책에서처럼 국가보안법과 살인을 비교하고, 동성애자와 장애인을 비교하고, 흑인 노예와 동물을 비교하는 따위가 불편할 수도 있을 것입니다. 그러나 이런 비교는 사뭇 의도적입니다. 예컨대 살인이 얼마나 나쁜 일인지 아는 것처럼 국가보안법을 적용하는 것이 나쁘다는 것을 알게 하고, 장애인을 차별하는 것이 얼마나 나쁜 일인지 아는 것처럼 동성애자에 대한 차별이 나쁘다는 점을 강조하려고 한 것이지 우스꽝스럽게 하려는 의도는 전혀 아닙니다. 그리고 이 책에서 차별받는 소수자로 언급되는 집단에 속한 사람들은 거론되는 것 자체가 불편할 수도 있을 것입니다. 그러나 그 차별을 깨기 위해 의도적으로 민낯을 드러내는 것으로 이해해주시기 바랍니다. 이 책 제목 그대로 불편하면 따져봐야 하는 것 아니겠습니까?

논리적인 부분에 초점을 맞추다 보니 상식이나 정서로 받아들이기 힘든 부분도 있을 것입니다. 철학자들이 잘 쓰는 표현처럼 "이성이 이끄는 대로" 도달한 결론이므로 비록 상식과 정서에 어긋난다고 하더라도 진지하게 고려해야 합니다. 그래도 정 받아들이기 힘들다면 그 타당성을 놓고 토론하는 기회로 삼으면 됩니다. 사실 무비판적인 혐오와 동조를 넘어서서 적극적인 토론으로 들어섰다는 것 자체가 이미 인권을 수용할 자세가 되어 있는 것입니다.

어렵지 않아요, 논증

끝으로 이 책을 읽기 전에 몇 가지 일러둘 말씀이 있습니다. 먼저 각각 독립된 인권 주제를 대상으로 하므로 어떤 장을 먼저 읽어도 상관은 없습니다. 다만 7, 8, 9, 12장은 모두 차별을 주제로 하고 있고 앞에서 받아들인 것을 딛고 올라서는 일관된 논리적 흐름이 있기 때문에 그 순서로 읽기를 권합니다. 또 하나는 인권 도서이지만 논증을 다루는 책이다 보니 여러 논증과 오류의 이름이 빈번하게 등장한다는 점입니다. 그때그때 설명을 하고 있고 책의 맨 마지막에 '인권을 위한 논리 찾아보기'로 따로 정리하기도 했습니다. 또 독자의 편의를 위해 주요 용어가 나올 때마다 상호 참조를 할 수 있도록 책의 여백에 해당 면수를 표기했습니다. 인터넷의 하이퍼링크와 같은 구실을 하는 셈입니다. 그 용어들 중에서 가장 중요한 것은 논증입니다. 그래서 여기서 잠깐 논증이 무엇이고 어떤 역할을 하며 그것을 어떻게 평가하는지 설명하고 넘어가겠습니다.

논증은 근거를 갖추어 어떤 주장을 하는 것을 말합니다. 어떤 주장이 있고, 그 주장을 지지하는 근거가 있으면 논증이라고 말할 수 있습니다. 누군가가 다음과 같은 논증(편의상 '독도 논증'이라고 이름 붙입시다)을 한다고 해봅시다.

독도는 우리 땅이다.
『세종실록지리지』에 우리 땅이라고 기록되어 있기 때문이다.

이 논증에서 "독도는 우리 땅이다."가 주장입니다. 그리고 "『세종실록지리지』에 우리 땅이라고 기록되어 있다."가 그 주장을 지지하는 근거의 역할을 합니다.

논리학의 전문용어로는 '주장'은 결론, '근거'는 전제입니다. 근거(전제)는 주장(결론)을 뒷받침(지지)하는 관계입니다. 이 책에서는 근거와 주장, 전제와 결론을 섞어 쓰겠습니다.

우리가 논증을 하는 까닭은 내 주장을 상대방에게 설득하기 위해서입니다. 예컨대 내가 독도는 우리 땅이라고 주장하고 싶다면 논증을 통해서 상대방을 설득해야 합니다. 이때 그 논증이 성공하기 위해서는 다음과 같은 두 조건을 만족해야 합니다. 첫째, 논증의 전제는 맞는 말이어야 합니다. 반드시 진리일 필요까지는 없어도 적어도 상대방이 받아들일 수 있어야 합니다. 논증을 하는 이유는 상대방이 내 주장을 받아들이지 못하기 때문입니다. 예컨대 "독도는 우리 땅이다."라는 주장을 못 받아들이는 사람들이 있기 때문에 그들을 설득하기 위해 앞과 같은 주장을 하는 것입니다. 이 주장을 받아들이도록 하는 것이 논증입니다. 상대방을 설득하기 위해서는 상대방이 받아들일 수 있는 근거들을 끌어들여 그 주장을 지지하도록 해야 합니다.

독도 논증을 제시한 사람은 "『세종실록지리지』에 우리 땅이라고 기록되어 있다."라는 전제를 상대방이 받아들일 수 있다고 생각했을 것입니다. 그래서 그 전제를 받아들인다면 결론은 따라 나온다고 생각합니다. 논증이 성공하기 위한 두 번째 조건은 바로 전제에서 결론이 따라 나와야 한다는 것입니다. "독도는 우리 땅이다."라는 결론을 받아들이지 못하는 사람이라도 그 전제를 받아들이면 결론을 받아들일 수밖에 없게 하는 것, 이것이 바로 논증의 힘입니다. 그런데 전제가 맞는 말이어야 한다는 첫 번째 조건만 있으면 되는데 이 두 번째 조건까지 있어야 하는 까닭은, 전제가 맞는 말인데도 불구하고 결론이 따라 나오지 않는 경우가 가끔 있기 때문입니다. 전제가 맞는 말이긴 한데 결론을 지지하기에는 너무 약하거나 결론과 상관없는 소리일 때가 그런 경우들입니다. 이에 대해서는 본문에서 자세히 설명하겠습니다.

성공하는 논증의 조건이 이와 같으므로, 어떤 논증을 비판할 때도 이 두 가지 조건을 만족하는지 아닌지를 살펴보면 됩니다. 그러려면 우선 상대방의 논증에서 전제가 무엇이고 결론이 무엇인지 찾아야 할 것입니다. 그다음에 과연 전제를 받아들일 수 있는지 봅니다. 독도 논증 같으면 정말로『세종실록지리지』에 독도가 우리 땅이라고 기록되어 있는지 조사해보는 과정이 있어야 합니다. 조사를 했는데 이 전제가 사실이 아니라면 독도 논증은 실패하고 맙니다. 그러고 나서 전제로부터 결론이 따라 나오는지 검토합니다. 바로 앞 문단에서 전제가 맞는 말인데도 결론이 따라 나오지 않는 경우가 가끔 있다고 했는데, 그런 경우에 해당하는지 검토하면 됩니다. 가령『세종실록지리지』에 정말로 그렇게 기록되어 있다고 하더라도 그것 하나만으로는 독도가 우리 땅이라고 주장하기에는 너무 약하다고 비판할 수 있습니다. 또 몇 백 년 전의 기록이 있다고 한들 그게 현재 독도는 우리 땅이라는 주장과 무슨 상관이 있느냐고 비판할 수도 있습니다.

이 책에는 여러 논증들이 나오고, 그 논증들을 평가합니다. 올바르지 못한 논증 중에서 특별히 무슨 무슨 오류라고 이름 붙인 논증들이

자주 나올 것입니다. 그 오류들은 전제는 받아들일 수 있어야 한다거나 전제에서 결론이 따라 나와야 한다는 두 조건을 만족하지 못했기 때문에 생깁니다. (전제가 결론을 지지하기에는 너무 약할 때 불충분한 통계의 오류라고 부르고,[•] 전제가 결론과 상관없는 소리일 때는 논점 일탈의 오류라고 부릅니다.[•] 그 외 이 책에 나오는 여러 오류들이 논점 일탈의 오류에 속합니다.) 따라서 오류를 지적하는 것은 어떤 논증을 비판하는 아주 좋은 방법입니다.

179면 참조
196면 참조

여기서 주의할 것은 논증 성공의 조건 중에 결론이 맞는 말이어야 한다는 조건은 없다는 것입니다. 어떤 논증의 결론이 맞는 말이라고 해서 그 논증이 좋은 논증이 되는 것은 아닙니다. 따라서 논증을 비판할 때도 결론이 틀렸다는 것을 주장할 필요는 없습니다. 우리가 어떤 논증을 받아들이지 않는다면 그것은 논증 전체를 받아들이지 않는 것이지 결론만 받아들이지 않는 것이 아닙니다. 가령 독도가 우리 땅이라고 주장하는 사람도 독도 논증을 비판할 수 있습니다. 자기는 독도가 우리 땅이라는 데 찬성하지만 해당 근거들을 이용해서 그런 주장을 하는 것에는 반대하는 것입니다. 그러니 독도 논증을 비판하는 사람을 보고 "너는 독도가 우리 땅이 아니라고 생각한단 말이냐?"라고 말하는 사람은 논증이 무엇인지 전혀 이해하지 못하는 것입니다. 우리는 전제가 결론을 지지하는 관계로 이루어진 논증 전체를 상대하는 것이지 결론만 딸랑 상대하는 것은 아니기 때문입니다. 따라서 나와 주장하는 바가 같다고 해서 무조건 그 논증이 올바르다고 평가해서는 안 됩니다. 거꾸로 나와 주장하는 바가 다르다고 해서 무조건 그 논증을 배척해서도 안 됩니다. 그런데도 우리 사회에서는 그런 일이 흔하게 일어납니다. 논증에서 비판 대상으로 삼아야 하는 것은 논증 전체이지 주장(결론)만이 아니라는 것을 잊지 말아야 합니다.

이 책을 쓰면서 저 스스로가 여전히 가지고 있는 반인권 의식에 대해 다시 생각해보는 계기가 되었습니다. 의미 있는 집필 기회를 주신 국가인권위원회의 관계자 분들과, 여러 아이디어를 주고 반듯한 책을 만들어준 창비의 황혜숙 차장님과 윤동희 씨께 감사드립니다. 일면식도 없는데 법률과 인권 내용에 대한 자문에 응해준 김두식 교수님께도 감사의 말씀을 전합니다. 물론 잘못된 내용이 있다면 글쓴이의 책임입니다. 연구와 집필을 항상 격려해주고 배려해주는 학교의 동료 교수님들의 고마움도 잊지 않아야겠습니다. 마지막으로 가족의 희생과 사랑에 이 책의 작은 결실로나마 보답이 되었으면 하고 바랍니다.

2014년 11월
최훈

12

인간의 권리, 동물의 권리

동물권과 미끄러운 비탈길의 오류

악마 오토바이와 개 지옥 | 인종 차별과 동물 차별 | 동물의 능력과 권리 |
유비 논증의 진심 | 미끄러운 비탈길의 오류 | 동물권과 채식

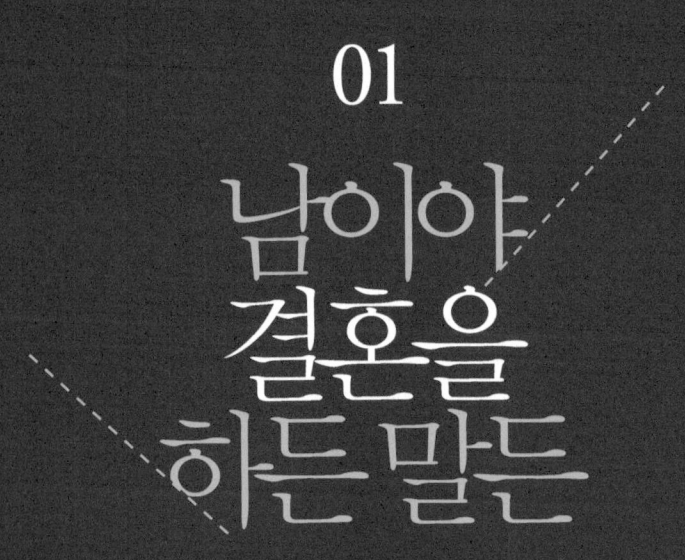

01

남이야 결혼을 하든 말든

사생활 간섭과 은밀한 재정의의 오류

내 인생의 오지랖

"명절에 시댁도 안 가고 멋대로 사는구먼."

"며느리 보고 첫 명절인데, 시부모들 말은 안 해도 속으로 섭섭하겠네요. 며칠만 지나고 여행을 가든지 하지…"

"얘는 명절마다 시댁에 돈 몇 푼 쥐여주고 해외로 뜨겠네 ㅉㅉ."

"결혼하고 첫 명절이다 ㅉㅉ."

이게 뭘까요? 아마 누가 명절인데 해외로 여행을 떠난 모양입니다. 더구나 결혼하고 첫 명절인가 봅니다. 바로 1세대 아이돌 가수인 이효리 씨가 신혼여행을 갔다는 기사에 대한 댓글들입니다. 그는 2013년 9월 1일에 역시 가수인 이상순 씨와 결혼식을 올리고 두 달 동안 유럽으로 신혼여행을 갔다고 합니다. 그 사이에 추석이 끼어 있으니 위와 같은 악성 댓글들이 달렸습니다. 각 댓글에는 동의를 뜻하는 아이콘을 누른 사람도 많았습니다. '쯔쯔'라는 초성체는 혀를 차는 소리인 '쯧쯧'을 가리킨다고 쉽게 짐작할 수 있습니다. 그러니까 이효리·이상순 씨 부부를 보고 한심하다거나 못마땅하다고 혀를 차는 것입니다.

이효리·이상순 씨 부부를 아는 사람들이 올린 댓글일까요? 전혀 아닙니다. 인터넷에 올라와 있는 기사에 단 댓글들입니다. 어떤 사람은 명절에 양가를 방문하는 것이 도리이지만 첫(?) 신혼여행이니 이해해줘야 한다고 그들을 변호하기도 합니다. 그러면 신혼여행이 아닌 경우에는 명절 때 해외여행을 가면 저런 이야기를 들어도 싸다는 뜻이겠네요?

이효리·이상순 씨 부부가 명절 때 여행을 가든 말든 그들 집안의 일입니다. 양가 부모에게 허락을 받았을 수도 있고 안 받았다고 하더라도 다른 사람들이 간섭할 이유는 전혀 없습니다. 그런데도 왜 이리 남의 일에 간섭을 할까요? 우리는 그런 것을 보고 오지랖이 넓다고 말합니다. 그리고 남의 제사에 감 놔라 배 놔라 한다는 속담으로 비꼬기도 합니다.

이효리·이상순 씨 부부와 상관없는 사람들이 끼어드는 것을 오지랖이 넓다고 한다면, 상관있는 사람은 끼어들어도 될까요? 역시 명절 이야기를 꺼내야겠네요. 요즘 젊은 사람들은 명절 때 고향에 가기 싫다고 합니다. 친척 어른들의 끊임없는 질문들 때문입니다.

"공부는 잘하니?"
"올해는 취직해야 할 텐데."

"돈은 많이 버냐?"

"사귀는 사람은 있어?"

"결혼은 언제 할 거니?"

"아이는 안 가져?"

"둘째는 언제 낳을 거야?"

10대는 10대대로, 20대는 20대대로, 30대는 30대대로 이렇게 학업·취업·결혼·출산 따위의 질문에 시달리다 보니, 명절이어도 고향에 가기 싫어합니다. 물론 상대방을 걱정해주는 좋은 의도로 이런 말들을 하리라고 이해합니다. 그러나 듣는 당사자들은 곤혹스럽기도 하고 기분이 상하기도 합니다. 꼭 친척이 아니어도 약간 친하다고 생각하면 이런 말들을 합니다. 공부나 취직은 쉽게 할 수 있는 일이 아님을 알기에 잘 말하지는 않지만, 결혼이나 출산은 맘만 먹으면 할 수 있다고 생각해서인지 쉽게 질문합니다. 역시 듣는 사람은 곤혹스럽고 자주 들으면 짜증납니다.

너만 아는 정의

이 책은 인권을 주제로 합니다. 인권은 인간이라면 당연히 가져야 할 권리를 말하는 것이니, 이 권리를 침해하면 심하게는 처벌을 받기도 하고 약하게는 비난을 받습니다. 그러면 오지랖 넓게 남의 일에 간섭하는 것도 인권의 문제에 속할까요? 이효리·이상순 씨 부부나 명절에 고향에 간 젊은이들이 인권을 침해받은 걸까요? 그들의 일에 끼어든 사람들은 장애인이나 여성을 이유 없이 차별한 사람들처럼 처벌이나 비난을 받아야 할까요? 남의 사생활에 개입하는 것에 대해 아직은 그 정도로 생각하는 것 같지는 않습니다. 기껏해야 예의가 없는 사람 정도로 여깁니다. 하지만 예의가 없다는 말도 사실은 하기가 쉽지 않습니다. 선의로 그러는데 왜 '오버'하느냐는 말을 듣기 십상이기 때문입니다.

선의라면 모두 이해해야 하는지는 좀 있다 따져보기로 하고 우선은 그런 선의도 없는 경우를 고려해봅시다. 약간 안면이 있는 사람들끼리 회식을 합니다. 한 남자에게 술을 받으라고 하니 그 남자는 "죄송합니다. 술을 못 마십니다."라고 말합니다. 술을 못 마시는 줄 모르고 술을 받으라고 하는 걸 보니 아마 그리 친한 사이는 아닌 것 같습니다. 그러자 술을 따르려던 사람이 이렇게 말합니다.

"에이, 술도 못 마시는 게 남자야?"

술을 마시는 게 나쁜 일은 아니지만 그렇게 좋은 일도 아니니 술을 마시라고 권하는 것이 선의라고 보기는 힘듭니다. 아주 '선의'로 해석하자면 술을 마실 줄 알아야 사회생활에서 성공할 수 있다는 의도로 말했다고 볼 수도 있지만, 그런 의도보다는 자신이 생각하고 있는 '남자관'을 강요하는 의도가 더 짙습니다. 모름지기 술을 마실 줄 아는 사람만 남자라는 자신만의 생각을 받아들이라고 하는 거죠.

원래 낱말이 가지고 있는 뜻을 자신만의 방식대로 다시 정의하고 거기에 맞지 않는다고 상대방을 비판하는 잘못을 은밀한 재정의의 오류라고 말합니다. 이 오류를 저지르는 사람은 먼저 원래 낱말이 가지고 있는 뜻을 자신만의 방식대로 다시 정의(재정의)합니다. 그런데 "우리 이제부터 이런 뜻으로 쓰자." 하고 대놓고 정의하면 사람들이 금방 눈치를 채고 "왜 네 맘대로 그 정의를 바꾸느냐?"라며 들고일어날 테니 으밀아밀하게 재정의하는 것입니다.

그런 점에서 애매어와는 좀 다릅니다. 한 낱말이 두 가지 이상의 뜻이 있을 때 애매하다고 하는데, 애매어는 그 두 가지 이상의 뜻이 말무리에서 공인을 받은 경우입니다. 예컨대 '양심'이라는 낱말에는 착한 마음씨라는 뜻도 있고 신념이라는 뜻도 있는데 둘 다 사회에서 어금버금하게 널리 쓰입니다. 다만 그중 한 가지 뜻만 알고 있기에 문제인 것입니다. 애매어는 4장에서 본격적으로 다룰 테니106면 참조 여기서는 일단 이 정도만 이야기하겠습니다.

반면에 은밀하게 재정의한 낱말의 뜻은 그렇게 정의한 사람만이 고집한 것이지 사회적으로 인정받지 못한 것입니다. '남자'의 뜻 어디에 술을 마실 줄 알아야 한다는 조건이 들어가겠습니까? 자기만 그렇게 생각하는 거지요. 그래서 은밀한 재정의는 잘못, 곧 오류가 되는 것입니다.

은밀하게 재정의하는 사람은 '진짜' '진정으로' '정말' 같은 말을 즐겨 씁니다. 예컨대 "에이, 술도 못 마시는 게 남자야?"라고 말할 때 기죽지 않는 사람이라면 "술 못 마시는 남자도 있어요."라고 대답할 것입니다. 그러면 그 사람은 다시 "그 사람은 진짜 남자가 아니지." 라고 받아칩니다. 술이 예로 나온 김에 비슷한 예를 더 들어보면, 이번에는 여자에게 술을 권했다고 해봅시다. 여자도 "죄송합니다. 술을 못 마십니다."라고 말합니다. 그러자 예의 그 사람이 이렇게 말합니다. "맥주가 술인가?" 맥주가 언제부터 술이 아니었나요? 에틸알코올이 1%(1도) 이상인 음료수를 술이라고 하는데 맥주는 보통 4~6% 정도 되니 엄연히 술입니다. 맥주가 술이 아니게 되면 세수입이 확 줄게 될 테니 국세청부터 가만있지 않겠죠. 그런데도 자기 마음대로 맥주는 술이 아니라고 정의하는 거지요. 당연히 상대방은 "맥주도 술 맞는데요."라고 대꾸할 것입니다. 그러면 그 사람은 이렇게 말합니다. "맥주는 진짜 술이 아니지."

이런 이유로 은밀한 재정의의 오류는 '진짜 스코틀랜드 사람의 오류'라는 재밌는 이름이 붙어 있습니다. 신문에서 못된 짓을 저지른 사람의 기사를 읽은 스코틀랜드 사람이 "스코틀랜드 사람이 그런 짓을 할 리 없어."라고 말했습니다. 그런데 못된 짓을 저지른 사람이 스코틀랜드 사람인 것이 밝혀졌습니다. 그러자 그 사람은 이렇게 말했답니다. "진짜 스코틀랜드 사람이라면 그런 짓을 안 하지." 한국 사람 버전으로 바꾸면 이런 식입니다.

"한국 사람은 김치를 좋아하지."
"저 사람은 한국 사람인데 김치를 싫어하던데요."
"저 사람은 진짜 한국 사람이라고 할 수 없지."

선의의 간섭 VS 개념 없는 지적질

은밀한 재정의는 여러 가지 용도로 쓰입니다. 첫 번째는 진짜 스코틀랜드 사람의 경우처럼 도매금으로 넘어가기 싫을 때나 차별화하고 싶을 때 쓰입니다. 못된 짓 하는 스코틀랜드 사람과 같은 무리로 취급받기 싫은 것입니다. 나라 망신을 시키는 한국 사람들을 보고 "저 놈들은 한국 사람도 아니야."라고 말할 때도 같은 의도죠. 누가 저에게 잘나가는 철학자를 보고 "저 철학자, 어떻게 생각하세요?"라고 물었을 때 제가 "저 사람은 진짜 철학자는 아니죠."라고 대답한다면 역시 차별화를 하려고 하는 것입니다. 약간의 강샘이 섞여 있죠.

두 번째는 비난으로부터 빠져나가려고 은밀한 재정의를 사용하기도 합니다. 남자 아이돌 그룹의 한 멤버가 음주운전으로 물의를 일으킨 적이 있는데, "술은 마셨지만 음주운전은 하지 않았다."라는 말을 남겨 세상 사람들의 입에 회자되었습니다. 자비롭게 해석하자면 아마 음주운전 단속에 걸릴 정도로 마시지 않았다거나 취할 정도로 마시지 않았다는 뜻으로 그런 말을 했겠지만, 혈중 알코올 농도 얼마 이상은 음주운전 시 처벌의 기준일 뿐이지 그 이하라고 해서 음주운전이 아닌 것은 아닙니다. 실제로 그 가수는 엄청난 양의 술을 마시고 뺑소니까지 친 것이 드러나서 사람들의 공분을 샀습니다. 더 압권은 어느 정치인의 변명입니다. 대통령의 외국 순방에 수행한 정치인이 현지에서 한 여성의 엉덩이를 움켜잡았는데 성추행은 아니라고 변명하여 논란이 되었습니다. 피해 여성이 '움켜잡다'를 영어로 '그랩'(grab)이라고 진술해서 "엉덩이를 그랩했지만 성추행은 아니다."

라는 말로 역시 회자되었습니다. 가수의 음주운전 사건이든 정치인의 성추행 사건이든 비난을 모면하기 위해 음주운전이나 성추행을 자신의 입맛에 맞게 멋대로 정의하는 사례입니다. 이런 은밀한 재정의는 많은 패러디를 낳았습니다. "결혼은 했지만 유부남은 아니다." "때리긴 했지만 폭행은 아니다." "불은 질렀지만 방화는 아니다." 같은 것들이 그런 보기들입니다.

지금까지 말한 두 가지 종류의 은밀한 재정의는 비난보다는 차별화나 변명이 주목적이지만 세 번째 종류의 은밀한 재정의는 상대방을 비난하는 데 목적이 있습니다. 앞에서 본 "술도 못 마시는 게 남자야?" 같은 예가 여기에 속할 텐데, 자신이 가지고 있는 기준을 상대방이 만족시키지 못하고 있다고 비난할 때 쓰입니다. 그런데 문제는 그 기준이 사회 전체적으로 통용되는 것이 아니라 그 기준을 자신만이 가지고 있을 때 생깁니다. "남자가 그런 것도 못해."나 "여자가 칠칠맞지 못하게." 같은 표현도 남자는 이래야 하고 여자는 이래야 한다는 것을 상대방에게 강요하는 것입니다. 그러나 7장에서 어떤 집단이 가지는 공통된 특성을 논의할 때 말하겠지만 183면 참조 남자나 여자를 정의하는 특성, 그런 것은 없습니다. 물론 생물학적 특성이야 있지만 저런 말을 하는 사람들이 생물학적 특성을 거론하는 것은 아니잖아요?

누군가를 쫓아다니면서 자신의 사랑을 안 받아준다고 괴롭히는 행위도 사랑을 자신만의 방식으로 정의하여 상대방을 비난하는 방식입니다. 일반적으로 사랑은 상대를 아끼고 보살펴주는 것입니다. 그런데 스토킹으로 상대에게 고통을 주면서 사랑이라고 말하는 것은 억지를 부리며 우기는 것입니다. 헌법에 보장된 집회에 가스통을 들고 난입해 방해하면서 스스로를 자유주의 옹호 단체라고 부르는 일부 단체도 자유라는 개념을 자신들이 단정한 자유만으로 한정하려는 오류를 저지르고 있습니다. 분명히 헌법에는 집회의 자유나 사상의 자유가 보장되어 있는데, 그것을 부인하면서 자유주의를 옹호한다고 말하는 것은 어불성설이니까요.

이 장의 들머리에서 예로 든 이효리·이상순 씨 부부에 대한 댓글이나 명절 고향집에서의 질문도 정의의 형식을 띠지는 않았지만 이 부류에 속합니다. 이효리·이상순 씨에게 댓글을 단 사람들은 명절을 결혼한 자식들이 어른들을 반드시 찾아뵙는 날이라고 단순히 서술조로 정의한 정도가 아니라 만약 그러지 않으면 비난을 받아야 한다고 규범적으로 정의를 내리고, 부부가 그 정의를 어긴다고 비아냥거리는 것입니다. 명절은 원래 그런 것 아니냐고 말할지 모르지만, 명절을 어떻게 보내고 혼인과 같은 대사를 어떻게 치르느냐는 그 집안에서 결정할 문제이니 명절은 어때야 한다고 말하는 것은 은밀하게 재정의하는 것입니다.

고향의 친척들도 마찬가지입니다. 학생은 누구나 공부를 잘해야 한다거나 나이가 들었으면 누구나 혼인을 해야 한다거나 혼인을 했으면 아이를 낳아야 한다는 기준을 정해놓고 그 기준에 이르지 못했다고 상대방을 불쌍하게 여깁니다. 혼인을 하거나 아이를 낳는 문제 역시 개인의 선택이므로 어떠해야 한다고 기준을 정하는 것도 은밀하게 재정의하는 것입니다. 시쳇말로 다른 사람들이 충고하는 것을 '지적질'이라고 하고 특히 윗사람이 하는 충고는 '꼰대질'이라고 합니다. 정당한 충고도 지적질이나 꼰대질이라고 싫어하는데, 자신만

의 정의로 상대방을 지적질하면 누가 좋아하겠습니까? 은밀한 재정
의는 오류입니다.

물론 지적질이나 꼰대질이라는 말로 빈정거릴 것이 아니라 충고
하는 사람의 선의를 헤아려봐야 합니다. 자유주의 국가라고 해서 개
인의 행동을 무한히 허용하는 것은 아닙니다. 다른 사람에게 피해를
주는 경우에는 그 행동을 제한합니다. 당연한 말이지만 누군가를 때
려놓고 "내 자유야!"라고 말할 수는 없습니다. 만약 그렇다면 남에게
피해를 끼치지 않는 한 개인의 행동은 무한히 허용해야 하는데, 자유
주의 국가라고 해서 꼭 그렇지는 않습니다. 예를 들어 도박을 하다가
쪽박을 차도 도박을 하는 당사자가 찰 뿐이지 다른 사람에게 주는 피
해는 전혀 없습니다. 그런데도 우리나라에서는 국가에서 허용하는
몇 가지 합법적인 도박을 제외하고 도박은 불법입니다.

도박처럼 당사자만 피해를 입고 다른 사람에게는 피해를 주지 않
는 범죄를 '피해자 없는 범죄'라고 하는데, 과연 피해자 없는 범죄를
처벌하는 것이 옳으냐 하는 문제는 자유주의 국가에서 끊임없는 논
란의 대상입니다. 도박 외에 마약 복용, 성인의 합의에 의한 매매춘,
안전띠 미착용 따위를 처벌하는 것도 피해자 없는 범죄를 처벌하는
것에 속합니다. 처벌을 옹호하는 쪽에서 들이대는 근거는 선의의 간
섭입니다. 가령 도박을 하면 쪽박을 차거나 그렇지 않더라도 중독될
가능성이 상당히 높은데, 국가가 보기에 이런 상황이 생기면 국민의
경제력이나 노동력에 심각한 문제를 초래합니다. 그래서 이런 일을
미연에 막기 위해서 사생활이기는 하지만 국가가 끼어든다는 것입니
다. 간섭은 남의 일에 부당하게 참견하는 것이므로 부정적인 의미가

강하지만 이렇게 선의를 가지고 간섭한다면 간섭을 당하는 사람들도 오히려 고마워할 것이라는 주장입니다.

여기서 선의의 간섭이 정말로 옹호되느냐를 살펴보려는 것은 아닙니다. 다만 선의의 간섭이 혹시 일리가 있다고 하더라도 그 경우와 지금 우리가 살펴보는 은밀한 재정의의 사례는 전혀 다르다는 점을 말하려고 합니다. 선의의 간섭은 일단 피해의 정도가 상당히 크고 충분히 예측할 수 있는 상황에서 간섭합니다. 그리고 그 간섭을 통해 피해를 예방합니다. 그런데 은밀한 재정의를 하는 사례들은 그런 피해가 예상되는 경우가 아닌 경우가 많습니다. 이효리·이상순 씨 부부가 명절 때 여행을 간다고 해서 그 집안에 무슨 피해가 있을까요? 그 집안 사람이 아니면 전혀 알 수 없습니다. 다 큰 어른이 혼인을 하지 않겠다고 결심했다고 해서 무슨 피해가 있을까요? 혼인을 하고서도 아이를 낳지 않겠다고 결심한 부부에게 무슨 피해가 있을까요? 도박에 중독되는 것처럼 객관적으로 관찰 가능한 피해가 없는데도 자꾸 간섭하는 것은 악의의 간섭일 뿐입니다. 한편 피해가 있을 수도 있습니다. 공부를 잘하고 싶은데 못하는 학생이나 취직하고 싶은데 못 하는 젊은이, 아이를 낳고 싶은데 못 낳는 부부는 분명히 어떤 손해를 입고 있습니다. 그러나 선의의 간섭이라면 간섭 행위를 통해서 그 손해를 막도록 도움을 줄 수 있어야 합니다. "공부는 잘하니?" "올해는 취직해야 할 텐데." "아이는 안 가져?" 같은 질문을 통해 어떤 도움을 줄 수 있을까요? 도움은커녕 당사자들의 아픈 곳만 후벼팔 뿐입니다. 경제적인 사정이 안 좋거나 아이를 돌봐줄 사람이 없어서 아이를 낳고 싶어도 못 낳는데, 경제적으로 도와줄 것도 아니고 아이를 돌봐줄 것도 아니면서 "결혼하면 아이를 낳아야지."라고 말하는 것은 예의 없는 짓입니다.

입장 바꿔 생각해봐

"지옥으로 가는 길은 선의로 포장되어 있다."라는 서양 속담이 있습니다. 보통 두 가지 뜻으로 해석되는데, 첫 번째는 좋은 의도도 실제로 행동에 옮기지 않으면 의미가 없다는 뜻입니다. 이런 뜻을 잘 드러내는 속담으로는 "지옥은 선의로 가득 차 있고, 천당은 선행으로 가득 차 있다."도 있습니다. 두 번째는 좋은 의도를 가지고 일을 했으나 그 결과는 나쁠 수 있다는 뜻입니다. 그런 일이야 쌨지요. 설거지하는 엄마를 도우려다 접시를 깨뜨리는 어린이의 경우처럼요. 접시를 깨뜨리는 것은 어린이의 손놀림이 미숙한 탓으로 용서될 수 있지만, 성인들의 오지랖은 예의의 문제입니다. 나의 간섭이 선의에서 비롯되었다고 하더라도 상대방에게는 듣기 싫은 말이 될 수 있기 때문입니다.

개그맨 남희석 씨가 사생활 간섭의 '무례함'에 대해 칼럼을 쓴 적이 있습니다.[1] 아이를 데리고 외출하면 "어디 보자, 누구 닮았나. 아~ 다행이네, 아빠 안 닮아서 예쁘구먼."이나 "엄마는 예쁘던데 아빠 닮아서 눈에 쌍꺼풀이 없네."나 "아이고 엄마 닮았으면 돈 안 들 텐데." 같은 말을 듣는다고 합니다. 그냥 "엄마 닮아서 예쁘다."라고 해도 될 텐데 말입니다. 남희석 씨야 얼굴이 알려진 공인이니까 빈도수가 더 많겠지만 보통 사람들도 흔히 듣는 말입니다. 덕담으로 들어도 되지만 그것을 불쾌하게 듣는 이가 꽤 있다는 사실을 알아야 한다는 것이 남희석 씨의 주장입니다. 더 나아가 딸만 있는 집에 "아들 하나 더 낳아야지."라고 말한다면 그런 말은 "더 이상 덕담이 아니라 그냥 무례이고 결례일 뿐이다."라고 단호하게 말합니다. 남희석 씨의 말처럼 듣는 당사자도 함께 웃어야 유머가 있는 농담입니다. 듣는 상대가 불쾌하면 그냥 깐죽일 뿐이랍니다. 유머 전문가인 개그맨이 이런 말을 하니 더 뜨끔하지 않습니까?

상대방에게 듣기 싫은 말인지 아닌지는 입장을 바꿔놓고 생각해 본다면 이해하기 쉽습니다. 인터넷에 보면 명절날의 오지랖 대처법이라는 것이 돌아다닙니다. 오지랖 넓게 물어보는 어른들에게 "노후 대비는 잘하셨어요?" "이번에 승진하셨어요?" "집값 많이 올랐어요?"라고 물어보라는 겁니다. 당황스럽기도 하고 아픈 데를 찌르니 듣기 싫기도 할 것입니다. 어린 사람이라고 해도 듣기 싫은 것은 똑같습니다. 상대방에 대한 약간의 배려만 있다면 아무리 선의라고 해도 나쁜 결과를 가져올 수 있다는 사실을 아는 것은 어렵지 않습니다.

사생활 간섭은 단순히 듣기 싫은 말을 하는 문제가 아닐 수 있습니다. 요즘은 "술도 못 마시는 게 남자야?"라거나 "맥주가 무슨 술이야?"라고 은밀하게 재정의하면서 술을 강요하는 사람은 많지 않습니다. 못 마신다는 술을 억지로 마시게 함으로써 상대방에게 예기치 않은 응급 상황을 초래할 수 있기 때문입니다. 대학 신입생 환영회에서 못 마시는 술을 억지로 마시게 해서 사망 사고가 종종 발생합니다. 과도한 사생활 간섭은 사망에 이르게 할 수도 있습니다. 그 정도까지는 아니어도 단순히 듣기 싫은 정도보다는 더 강하게 상대방에게 수치심이나 모멸감을 줄 수 있습니다. 성희롱을 생각해보면 됩니다. "그렇게 짧은 치마를 입어도 돼?"라고 말한 사람은 여자를 염려해서 그런 말을 했다고 하겠지만, 이런 말은 상대방에게 수치심을 일으킬 수 있으므로 성희롱으로 판단합니다. 다양한 성희롱 예방 교육을 통해 이제는 많은 사람들이 그것을 인지하고 있습니다. 사생활 간섭도 성희롱처럼 의도와 다르게 상대방에게 수치심을 줄 수 있습니다. 결혼하지 못한 것에 대해 또는 아이를 낳지 못한 것에 대해 콤플렉스가 있는 사람들은 "왜 결혼 안 해?"나 "왜 아이 안 가져?"라는 질문을 받으면 충분히 수치심을 느낄 수 있으니까요. 그렇다면 성희롱이 인권의 문제인 것처럼 사생활 침해도 인권의 문제가 됩니다.

나는 당당하게 내세우고 싶지만 다른 사람들은 숨기고 싶은 것이 있습니다. 그것이 사생활입니다. 나는 밝혀도 된다고 생각하지만 상대방은 드러내는 것이 수치스러울 수 있으므로 먼저 묻지 말아야 합니다. 몸무게를 묻는 것이 실례라는 것은 누구나 알고 있습니다. 누군가에게는 나이가 몸무게와 같은 것일 수 있습니다. 2012년 한국인터넷진흥원에서 개인정보 유형별 공개에 대한 거부감 정도를 조사했습니다. 예상대로 주민등록번호는 97.2%가 거부감을 보였고, 직업·이름·나이에 대해서도 50% 이상이 거부감을 갖는다고 합니다. 이 조사는 온라인에서의 개인정보 공개에 대한 것이지만 오프라인에서도 자신의 개인정보가 노출되는 것을 싫어하는 사람이 그만큼 있을 것입니다.

특히나 요즘에는 나이를 직접 묻는 것이 실례라고 생각해서인지

에둘러 학번을 묻기도 합니다. 학번은 대학 입학 연도를 말합니다. 학번을 물었는데 상대방이 대학을 안 나왔으면 어떻게 하나요? 대학 안 나온 것을 아무렇지도 않게 생각하는 사람도 있지만 거기에 대해 열등감이 있는 사람도 있는데, 그 사람은 학번 이야기가 나오면 수치 감을 느낄 것입니다. 인권 침해의 소지가 있는 거죠. (학력에 따른 차별

185면 참조
은 8장에서 더 자세히 살펴보겠습니다.)

우리나라는 고등학교가 의무 교육이 아니므로 드물지만 고등학교 를 다니지 않는 청소년도 있습니다. 그런데 그런 청소년 중에는 학교 에 다니지 않는 것이 부끄러운 사람도 있을 것입니다. 학생들이 버스 나 지하철을 타면서 교통카드 단말기에 카드를 대면 "학생입니다." 라는 소리가 난 적이 있습니다. 학생은 할인을 해주니까요. 그런데 이제는 삑 소리만 납니다. 본인의 동의 없이 사회적 신분을 밝히는 것은 인권 침해이고 학생이 아닌 청소년을 차별할 수 있다는 국가인 권위원회의 진정을 서울시가 받아들였기 때문입니다. 외모로 봐서는 청소년인데 "학생입니다."라는 소리가 안 난다면 학교에 다니지 않 는다는 것을 온 버스 승객들에게 공표하는 꼴이니까요. 인권을 존중 하기 위해서는 이런 세심한 배려까지 필요합니다. 하물며 대놓고 학 번을 물어보는 것은 큰 실례입니다.

사생활 침해는 단순히 예의의 문제가 아니라 인권의 문제라는 인 식을 가져야 합니다. 상대방이 성인인 이상 그 사람이 행복한지 불행 한지 본인이 가장 잘 압니다. 저 사람이 불행할 것이라고 지레 짐작 해서 감 놔라 대추 놔라 간섭하는 것은 그 사람 나름대로 소중하게 생각하는 행복을 얕잡아보는 행동입니다. 워쇼스키 형제라고 있었습

니다. 그 유명한 영화 「매트릭스」(The Matrix, 1999)를 공동으로 감독했기에 영화에 조금만 관심 있는 사람이라면 다 압니다. 그런데 '있었습니다'라고 과거형으로 쓴 것은 그중 한 명이 죽었기 때문이 아니라 지금은 그들이 더 이상 형제가 아니기 때문입니다. 무슨 소리래요? 네, 형제 중 형인 래리가 성전환 수술을 하여 라나라는 여자가 되었기 때문입니다. 이들 형제, 아니 남매가 우리나라의 「무릎팍 도사」라는 텔레비전 프로그램에 출연했습니다. 거기서 동생인 앤디는 형이 한순간에 누나가 됐지만 "누나는 지금이 더 행복하고 그래서 나도 행복하다."라고 말했습니다. 본인이 행복하다니 동생도 행복하다는 것입니다. 본인이 행복하면 그만입니다. 본인은 행복하다는데 상대방이 그것은 진짜 행복이 아니라고 한다면 그 행복에 대해 얼마나 모욕을 주는 행동이겠습니까? 그 행복의 가치를 인정하지 못하겠다는 것이니까요.

그리고 나는 아무렇지도 않게 공개할 수 있는데 상대방은 끔찍이도 공개하기 싫어하는 점이 있습니다. 완벽한 사람이 아닌 이상 누구나 그런 것이 하나쯤은 다 있을 터이므로 다른 사람들도 있을 것이라는 역지사지가 필요합니다. 많은 사람들 앞에서 그것이 밝혀지는 것은 공개 장소에서 발가벗겨지는 것만큼 수치스럽다는 점을 이제 알아야 합니다. 그런 수치를 겪고 싶지 않다는 것은 인간의 권리이므로 사생활 침해는 인권의 문제라는 것을 인식해야 합니다.

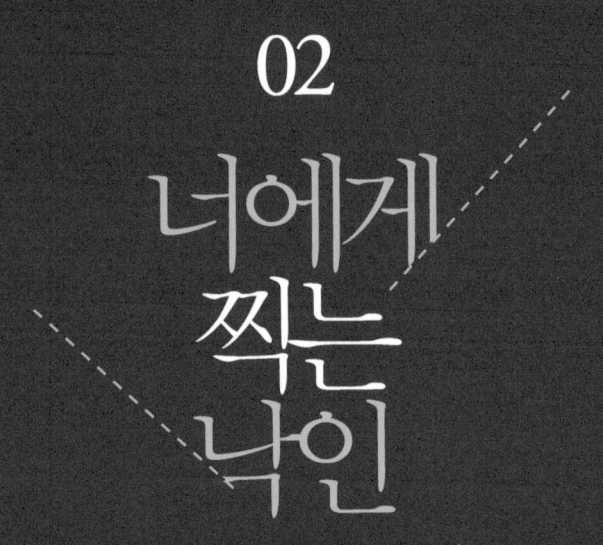

02

너에게
찍는
낙인

표현의 자유와 한통속으로 몰아가기의 오류

아직도 죽지 않은 말

다음은 채만식의 소설 「도야지」의 한 장면입니다. 네모에 들어갈
말은 무엇일까요?

　불원한 장래에 사어사전(死語辭典)이 편찬이 된다고 하면 ⬜⬜⬜⬜
라는 말이 당연히 거기에 오를 것이요, 그 주석엔 가로되
　"1940년대의 남부조선에서 볼셰비키, 멘셰비키는 물론, 아나키
스트, 사회민주당, 자유주의자, 일부의 크리스천, 일부의 불교도,
일부의 공맹교인(孔孟教人), 일부의 천도교인, 그리고 주장 중등학
교 이상의 학생들로서 사회적 환경으로나 나이로나 아직 확고한
정치적 이데올로기가 잡힌 것이 아니요, 단지 추잡한 것과 부정사
악(不正邪惡)한 것과 불의한 것을 싫어하고, 아름다운 것과 바르고
참된 것과 정의를 동경 추구하는 청소년들, 그 밖에도 ×××과 ×

×××당의 정치노선을 따르지 않는 모든 양심적이요 애국적인 사람들(그리고 차경석의 보천교나 전용해의 백백교도 혹은 거기에 편입이 될 가능성이 있다) 이런 사람들을 통틀어 ☐☐☐☐라고 불렀느니라."

하였을 것이었다.

「도야지」는 1948년에 발표된 작품입니다. 주인공 문태석은 지금으로 치면 고등학교 3학년 정도 되는 학생인데, 아버지 문영환과는 딴판입니다. 동네에서 행세깨나 하는 우익 실업가로서 국회의원 선거에 출마한 문영환과 달리 문태석은 바로 위 네모에 들어가는 사람으로 자처합니다. 네모에 들어갈 말은 바로 '빨갱이'입니다.

이 소설에서 눈여겨볼 만한 점은 두 가지입니다. 첫째, 작가는 빨갱이가 사어가 될 것이라고 예측했지만 21세기에도 꿋꿋하게 살아남아 있습니다. 텔레비전의 어떤 퀴즈 프로그램에서 "파르티잔에서 유래한 단어로 우리나라에서는 주로 6·25 전쟁 전후에 각지에서 활동했던 공산 게릴라를 일컫는 말"을 질문한 적이 있었습니다. 그런데 이른바 명문대 학생이 글쎄 '빨갱이'라고 대답한 거예요. 물론 답은 '빨치산'입니다. 방청객들은 박장대소를 했고 명문대생이 빨치산하고 빨갱이도 구분하지 못한다고 해서 이야깃거리가 되었는데, 그만큼 빨갱이는 누구나 아는 낱말입니다.

둘째, 현재 우리 사회에서 빨갱이는 순전히 비난의 대상이지 빨갱이라고 자처하는 사람은 찾기 힘듭니다. 물론 「도야지」에서도 빨갱이는 자랑스럽게 내세울 만한 말은 아닙니다. 그렇지만 이 소설에서만큼은 빨갱이라고 불리는 사람이 요즘처럼 패가망신하고 사회적으로 매장되지는 않는 것 같습니다. 문태석은 자신이 빨갱이인 것 때문에 아버지가 곤혹스러워하는 것을 대놓고 고소해하며 자신이 빨갱이라고 떠들고 다니는데, 당시의 세태 풍자소설이라고는 하지만 요즘 같으면 그런 상황은 상상하기 힘드니까요.

참, '도야지'는 돼지를 가리킵니다. 문영환은 선거에 당선될 줄 알고 잔치를 하기 위해 돼지를 미리 주문해놓는데, 막상 선거에 떨어지고 맙니다. 그래서 주문해놓은 돼지를 돌려보내자 돼지를 가지고 왔던 사람이 이렇게 말합니다. "그럼 도야지두 낙방인갑쇼?"

빨갱이를 만드는 공식

해방 이후 우리나라에서는 빨갱이라는 이유로 죽은 사람이 많습니다. 전쟁 때는 총에 맞거나 죽창에 찔려 죽고 전쟁 후에는 사형을 당하거나 쥐도 새도 모르게 죽었습니다. 21세기가 되어서는 그런 일까지는 안 일어난다고 하지만 빨갱이로 몰리면 수사를 받아 처벌을 받고 사회적으로 매장당합니다. 다만 빨갱이라는 말은 예전보다 덜 쓰입니다. 지금은 빨갱이 대신 '종북'이라는 말이 훨씬 더 많이 쓰이거든요. 정확하게 말하면 점잖게는 '종북'이라는 말이, 속되게는 '좌빨'이라는 말이 많이 쓰입니다.

빨갱이는 뭘까요? 종북은요? 빨갱이는 공산주의를 속되게 이르는 말입니다. 공산주의 혁명을 일으킨 러시아나 중국이 원래 빨간색을 좋아하는 나라라서 빨간색을 상징색으로 쓰기도 했고, 꼭 공산주의

혁명이 아니더라도 강렬한 빨간색은 기존 질서를 뒤엎는 혁명을 가리키는 빛깔이기 때문에 빨간색은 곧 공산주의를 뜻하는 빛깔이 되어버렸습니다. 최초의 공산주의 국가인 소련이나 중국·북한·쿠바·베트남 등 공산주의 국가의 깃발이 모두 빨간색인 것은 우연이 아닙니다. 여러 가지 과일의 빛깔로 다양한 공산주의자를 비유하기도 합니다. 공산주의자는 아닌데 어쩔 수 없이 공산당 감투를 쓴 사람은 겉은 빨간데 속은 하얀 사과에 비유합니다. 철두철미 공산주의인 사람은 겉과 속이 모두 빨간 토마토에 비유하고요. 공산주의자가 아닌 척 위장하지만 사실은 공산주의자인 사람은 겉은 파랗지만 속은 빨간 수박에 비유합니다. 엘살바도르의 독재 정권에 저항한 로메로 주교를 그린 영화 「로메로」(Romero, 1989)를 보면 정보기관 책임자가 텔레비전에 나와 사회에 암중비약하는 빨갱이를 잡아야 한다며 수박을 칼로 자르는 장면이 나옵니다. 우리처럼 동그란 수박이 아니라 샐그러진 모양의 서양 수박이에요.

빨간색을 공산주의자와 동일시하는 문화는 우리나라에만 있는 것이 아닙니다. 미국 메이저리그 야구 팀에 신시내티 레즈(Cincinnati Reds)라고 있습니다. 추신수 선수가 2013년에 뛰었던 그 팀입니다. 미국에서도 1950년대에 빨갱이를 잡는 바람(매카시즘 광풍)이 분 적이 있는데, 그때 이 팀은 이름을 잠시 신시내티 레드레그라고 바꿉니다. 레즈(Reds)가 공산주의를 떠올리게 한다는 이유에서요. 참, 빨치산의 '빨'은 '빨강'하고는 상관이 없습니다. 정규 군대에서 떨어져 나온 분파(part) 조직을 가리키는 프랑스어 '파르티잔'(partisan)이 빨치산이 된 것입니다.

'종북'은 북한을 추종한다는 뜻입니다. 북한을 추종하는 생각은 '종북주의'라고 하고, 그런 집단은 '종북 세력'이라고 부릅니다. 종북이라는 말은 2000년 이후에 나온 신조어인데, 그 이전에는 '친북'이라는 말이 널리 쓰였습니다. 그러다가 진보 단체들 중에서 자신들은 북한을 추종하는 세력과 다르다는 것을 강조하기 위해 종북이라는 말을 따로 만들었습니다. 북한과 사이좋게 지내자는 친북과 북한 정권의 정책을 우선시하는 종북은 엄연히 다르다는 의도에서 나온 말이죠. 그런 의도와 다르게 지금은 북한과 단순히 사이좋게 지내고 싶어하든 추종하든 모두 싸잡아 종북이라고 불리고 있습니다.

정치권이나 언론에서는 종북이네 아니네 하고 드잡이를 하지만, 인터넷에서 더 많이 퍼진 말은 '좌빨'입니다. '좌파'와 '빨갱이'의 머리글자를 따서 만든 말입니다. 종북과 좌빨을 합해서 '종북좌빨'이라고도 많이 하고요. 그리고 종북좌빨의 선동에 휘둘려서 시위에 참석하는 사람을 '좌파좀비' 줄여서 '좌좀'이라고 부릅니다. 종북좌빨이라고 공격받는 쪽은 상대방을 '수구꼴통'이라고 부릅니다. 이 말은 기존 체제를 유지하려는 보수이긴 한데 그 정도가 지나치고(수구) 합리적인 대화가 곤란한(꼴통) 사람이라는 뜻으로서, 줄여서 '수꼴'이라고도 합니다.

새로 생긴 말도 참 많지요? 그만큼 인터넷에서 이른바 수구꼴통과 종북좌빨의 싸움이 치열하다는 방증입니다. 둘 다 극단적 입장인 수구꼴통과 종북좌빨은 극과 극은 서로 통한다는 서양 속담처럼 비슷한 처지일 것 같지만 현실에서의 처지는 사뭇 다릅니다. 수구꼴통이야 기껏해야 반대쪽으로부터 꽉 막히고 편견에 사로잡힌 사람이라는 비난만 듣고 끝나고 지청구를 듣기 싫으면 귀를 막고 있으면 그만이지만, 종북좌빨은 그럴 수 없습니다. 실정법의 위협을 받고 실제로 처벌을 받으니까요. 우리나라에서는 종북좌빨을 옥죄는 법이 있으니 바로 국가보안법입니다. 이 법의 조항에는 북한의 활동에 동조하거나 고무·찬양한 자를 처벌하는 것이 있는데, 북한을 추종하는 종북 세력이라면 자연스럽게 북한에 동조하거나 북한을 고무·찬양할 테니 바로 범법자가 돼버리고 맙니다.

모든 처벌이 다 무섭지만, 과거에 반역 죄인들을 능지처참하던 시대의 잔재인지 국가보안법은 국민들에게 특히 더 공포로 작용합니다. 처벌이 되지 않고 그런 혐의만 받아도 사회적으로 매장되기 때문에 정치인이나 지식인 들은 몸을 사리게 되고, 반대쪽에서는 그런 점을 이용해서 자신과 의견이 다르면 종북으로 몰아갑니다. 이른바 '레드 콤플렉스'가 우리 사회에 만연하게 되는 거죠. 종북으로 몰릴까봐 걱정되는 쪽도 두렵고 종북이 설칠까봐 걱정하는 쪽도 두렵습니다.

223면 참조 (혐의만 있어도 매장되는 억울함에 대해서는 10장에서 다루겠습니다.˚)

이러니 어떤 사람이 종북인지, 그러니까 어떤 사람이 북한을 추종한다고 말할 수 있는지 분명히 알아야 할 필요가 있습니다. 다행히도 우파 논객인 변희재 씨가 종북을 어느 정도 상세하게 설명해놓았습니다.[1] 그에 따르면 가장 좁은 개념의 종북은 "북한 김씨 일가를 찬양하며 대한민국을 전복하려는 세력"이라고 정의됩니다. 그러나 사람의 마음속을 들여다볼 수 없으니 어떤 사람이 정말로 "북한 김씨 일가를 찬양하고, 대한민국을 전복하려는 의도가 있는지 확인할 수 없다."는 문제가 있습니다. 그래서 변희재 씨는 "오직 사람의 말과 행동을 근거로 판단해야" 하는데, 북한 김씨 일가의 대남적화 노선인 국가보안법 폐지, 미군 철수, 연방제 통일안을 "외적으로 따르는 이들은 모두 종북이라고 규정하는 게" 가장 타당하다고 말합니다. 이것은 변희재 씨만의 기준은 아닙니다. 변희재 씨의 선배 격인 우파 논객 조갑제 씨도 친(親)김정일 세력을 판별하는 기준을 다음과 같이 말합니다.

첫째, 북한의 연방제 통일 방안을 지지하는 사람은 일단 친북 세력으로 보아야 합니다. (…) 둘째, 북한 정권이 줄기차게 주장해온 주한미군 철수와 국가보안법 폐지에 동조하는 사람은 지극히 위험하고 친북세력일 가능성이 매우 높습니다.[2]

종북, 종북 하는 쪽에서는 바로 국가보안법 폐지, 미군 철수, 연방제 통일안에 동조하느냐 아니냐가 종북을 판별하는 가장 손쉬운 기준이 되는 것입니다.

변희재 씨는 넓은 의미의 종북 개념도 정의합니다. "종북 세력의 존재를 알면서도 은폐하고 국민을 속이는 세력"도 종북이고, "특별한 권력욕도 없고, 북한의 적화 노선을 추종하지도 않는데 종북 세력의 집권에 힘을 보태는 세력"도 종북이고, 급기야는 종북 세력과 전혀 연이 없는데도 그들에게 이용당하는 "최극단의 종북 개념"까지 있게 됩니다. 종북 세력과 빨갱이가 같은 뜻이라는 것은 새삼스럽지 않으니 빛깔로 비유해보면, 새빨간 빨갱이부터 연분홍빛 빨갱이까지 다양한 빛띠의 빨갱이, 곧 종북 세력이 있게 됩니다.[3]

명백하고 현존하는 위험

그러면 여기서 순진한 질문을 해봅시다. 빨갱이는 왜 나쁜가요? 종북 세력은 왜 법으로 처벌받아야 하나요?

우리나라의 헌법 제19조는 "모든 국민은 양심의 자유를 가진다."라고 말하고 있습니다. 이때 양심은 4장에서도 말하겠지만[109면 참조] 우리가 내면에 가지고 있는 신념이나 사상을 말합니다. 그러니까 우리 헌법은 사상의 자유를 보장하고 있습니다. 공산주의를 지지하든 북한에 동조하든 어떤 사상도 자유롭게 가질 수 있다는 말입니다. 이건 글로벌 스탠더드이기도 합니다. 유엔에서 발효하고 우리나라도 가입한 '시민적 및 정치적 권리에 관한 국제 규약'의 제18조는 "모든 사람은 사상·양심 및 종교의 자유에 대한 권리를 가진다."라고 말하고 있습니다. 사실 마음속으로 무슨 생각을 하든 자기 맘입니다. 머릿속에서 공산주의자가 되든 살인을 하든 만리장성을 쌓든 아무 상관이 없습니다. 행동으로 옮기지만 않는다면 말입니다. 예수는 "누구든지 여자를 보고 음란한 생각을 품는 사람은 벌써 마음으로 그 여자를 범했다."(마태오 5장 28절)라고 말했지만, 이는 보통 사람보다 높은 기준에 따라 사는 종교인에게나 해당되는 이야기입니다. 종교인이 아닌 사람은 생각만으로 음욕을 품든 더한 상상을 하든 문제될 것이 없습니다.

그런데 앞에서 변희재 씨가 잘 지적했듯이 다른 사람의 마음속을 들여다볼 수는 없는 노릇이니 "오직 사람의 말과 행동을 근거로 판단해야" 하겠죠? 양심 또는 사상이 겉으로 드러난 것이 표현 또는 발언입니다. 우리 헌법의 제21조는 "모든 국민은 언론·출판의 자유와 집회·결사의 자유를 가진다."라고 규정하여 사상과 의견을 자유롭게 표명하고 그것을 자유롭게 전달할 권리를 보장하고 있습니다. 시민적 및 정치적 권리에 관한 국제 규약의 제19조도 "모든 사람은 간섭받지 아니하고 의견을 가질 권리를 가진다." "모든 사람은 표현의 자유에 대한 권리를 가진다."라고 공표하고 있고요. 그러니까 맞는 말이든 틀린 말이든 의미 있는 말이든 의미 없는 말이든 마음대로 해도 되는 권리가 인간에게는 있습니다. 표현의 자유는 꼭 입으로 하는 말에만 해당하는 것이 아닙니다. 가령 검은 완장을 차는 행동도 표현의 자유 영역에 속합니다. 베트남전쟁 당시 미국의 몇몇 중·고등학생들은 전쟁에 반대한다는 의미로 검은 완장을 차고 등교했습니다.[4]

왜 말도 안 되는, 어리석은 사상이나 표현조차도 인간의 권리로서 보장해주어야 할까요? 19세기의 철학자 존 스튜어트 밀(John Stuart Mill)이 『자유론』(On Liberty, 1859)에서 강조했듯이 우리가 지금 틀림없이 맞는다고 생각하는 사상도 틀릴 가능성이 있기 때문입니다. "지구는 평평하다."라는 생각이 진리이던 때를 생각해보세요. "지구는 둥글다."라는 주장을 들을 필요조차 없다고 무시하고 더 나아가 그런 말을 못 하게 계속 탄압했다면 진리의 발견이나 인류의 진보는 있을 수 없었겠죠. 그리고 진리도 거짓이 있어야 돋보이고 거기서 조금이라도 배우는 바가 있습니다. 가짜 돈이 있어야 진짜 돈이 가치가 있어 보이고 위조가 안 되게 개선하는 것처럼요. 이제는 대부분의 사람들이 "지구는 둥글다."라고 믿지만 "지구는 평평하다."라고 믿는 사람이 아주 소수 있습니다. 그중 어느 쪽이 진리인지는 미국의 홈스(Oliver W. Holmes) 대법관이 말한 것처럼 자유로운 시장의 경쟁 속에서 어느 쪽이 살아남는지를 가지고 판단해야지,[5] 어느 한쪽에 억지로 재갈을 물린다고 해서 진리가 되는 것은 아닙니다.

사상과 표현의 자유를 보장해야 하는 또 다른 이유는 인간에게는 스스로 생각하고 결정할 수 있는 자율성이 있기 때문입니다. 설령 어떤 사람의 말이 워낙 터무니없어서 거기서 배울 것이 눈곱만큼도 없다고 하더라도 그의 생각을 무시하거나 말을 못 하게 막는 것은 자율적인 인간으로서의 존엄성을 뭉개버리는 짓입니다.

사상의 자유와 표현의 자유는 이렇게 중요한데 왜 빨갱이나 종북에게는 그 자유를 허용하지 않을까요? 사상의 자유나 표현의 자유라고 해서 무한정 허용되는 것은 아닙니다. 자유와 방종은 분명히 구분되니까요. 남을 때려놓고 "내 맘이야."라고 말할 수는 없지 않겠습니까? 사상과 표현도 다른 사람에게 피해를 줄 때는 그 자유가 제한됩니다. 홈스 대법관이 든 유명한 예가 있습니다. 사람들이 꽉 들어찬 영화관에서 거짓말로 "불이야!"라고 외치면 사람들이 떼를 지어 나가려다 밟혀 다치기도 하고 심하면 죽기도 할 것입니다. 이렇게 남에게 피해를 주게 되면 아무리 권리로 인정된 사상이나 표현의 자유라고 하더라도 제한될 수밖에 없습니다. 밀은 이것을 해악의 원리라고 불렀습니다. 이 원리에 따르면 누군가의 말과 행동의 자유에 끼어드는 것이 정당화되는 유일한 경우는 그 말과 행동이 다른 사람에게 해악을 끼칠 때뿐입니다. 골방에서 혼자 "불이야!"라고 외치는 것은 미친 사람처럼 보이기는 해도 아무에게도 해를 끼치지 않으므로 그 사람의 자유지만, 영화관의 예에서처럼 다른 사람에게 해악을 끼칠 때는 그 자유를 무한정 행사할 수 없는 것입니다.

해악의 원리라고 할 때 어느 정도까지의 해악을 말할까요? 영화관에서의 거짓 외침처럼 신체상의 피해를 주거나 사기를 쳐서 재산상의 손해를 끼치면 그 말에 대해 어떤 식으로든 책임을 물어야 한다는 데에는 다들 동의합니다. 반면에 정신상의 피해는 어떨까요? 예컨대 어떤 발언을 통해 다른 사람에게 불쾌감을 준다든가 그의 체면을 깎이게 했다면 해악의 원리에 의해 그런 발언을 못하도록 막아야 할까요? 우리나라에서는 형법이나 민법에 명예훼손죄나 모욕죄가 있어서 그런 경우에 형사상 처벌을 하거나 민사상 손해배상을 하도록 하고 있습니다. (명예훼손죄는 구체적인 사실이나 허위 사실로 상대방의 명예를 실추시키는 경우이고 모욕죄는 욕을 해서 상대방에게 모욕감을 주는 경우입니다.) 그러나 대부분의 선진국에서는 허위 사실로 다른 사람의 명예를 훼손했을 경우에만 책임을 묻고 있고 그 경우에도 민사적인 책임만 묻지 형사적인 책임은 묻지 않는다고 합니다. 모욕죄라는 것은 아예 없거나 사문화되어 있고요.[6] 모욕을 느끼느냐 안 느끼느냐는 사람이나 상황에 따라 주관적이며, 또 무엇보다 명예훼손죄나 모욕죄로 처벌을 받을지 모른다는 두려움 때문에 표현의 자유가 위축되는 것을 막기 위해서입니다. 누군가의 발언으로 불쾌감을 느끼고 체면이 좀 깎이더라도 그것은 표현의 자유라는 중요한 가치를 보호하기 위해 치러야 할 대가라고 생각하는 것입니다.

명예훼손이나 모욕이 죄가 되는지 안 되는지는 복잡한 논란이므로 여기서는 제쳐둡시다. 그 대신 빨갱이나 종북의 발언에 해악의 원리가 적용되는지 살펴봅시다. 앞서 말한 유엔의 시민적 및 정치적 권리에 관한 국제 규약도 표현의 자유라는 권리를 행사하는 데는 일정한 제한이 따른다고 규정하고 있습니다. 첫째, 타인의 권리 또는 명성의 존중, 둘째, 국가 안보 또는 공공질서 또는 공중보건 또는 도덕의 보호를 위하여 필요한 경우에 한정해서 제한합니다(제19조 3항). 공산주의나 북한을 지지하는 발언도 표현의 자유로 보호받아야 하는 권리이지만 그것을 제한하는 것은 그런 발언이 '국가 안보'를 해친다고 판단하기 때문일 것입니다. 우리나라 대법원도 "대한민국의 안전과 자유민주주의 체제를 위협하는 적극적이고 공격적인 표현이 있는지 여부에 따라" 표현의 자유를 제한한다는 판결을 했습니다.[7] 그러나 명예훼손죄나 모욕죄에 관해서도 말했지만 표현의 자유는 아주 중요한 권리이기 때문에 그것을 제한할 때는 아주 주의해야 합니다. 그래서 학계에서는 '명백하고 현존하는 위험'이 있을 때에만 그것을 제한해야 한다고 주장합니다. 방금 말한 대법원의 판결에서도 소수 의견은 "적어도 폭력 또는 기타 비합법적 방법에 의하여 대한민국의 존립·안전과 헌법의 기본 질서를 폐지·전복할 것을 유도 또는 선동하는 내용이 표현되어 있어야만 구체적이고 가능한 위험성 있는 불법한 표현물이라고 할 수 있다."라고 말하고 있습니다.[8]

앞에서 했던 순진한 질문으로 돌아가 봅시다. 빨갱이는 왜 나쁜가요? 종북 세력은 왜 법으로 처벌받아야 하나요? 그것은 공산주의를 지지하거나 북한에 동조하는 발언이 비록 표현의 자유이기는 하지만 국가 안보를 위협할 만한 '명백하고 현존하는 위험'이 있기 때문입니다. 정말 그럴까요?

한통속으로 몰아가기

인터넷에 보면 이런 종류의 글이 자주 올라옵니다.

어느 대학 교수가 학생들에게 물었습니다.

"남편은 알코올 중독자로 가구를 내다 팔아 술을 마시고 술 마실 돈이 없으면 아내를 심하게 구타합니다. 거기에다 아내는 폐결핵에 걸려 자신의 몸 하나 가누기 힘들 정도입니다. 그런데 그 아내가 임신을 했습니다. 여러분에게 묻겠는데 이 태아를 어떻게 해야 좋을까요?"

학생 하나가 재빠르게 손을 들고 단호하게 대답했습니다.

"그 아이는 낙태해야 합니다."

이런 글은 항상 짠 하고 반전이 있습니다. 이 글은 다음과 같이 이어집니다.

그러자 교수가 말했습니다.

"자네는 방금 베토벤을 죽였다네!"

역시 반전 있는 글로서 우리 주제와 관련 있는 글을 하나 보죠.

1960년대 민권 운동과 반전 시위가 일어나고 있을 때, 하버드대법대에서 졸업식이 열렸다. 연사로 나선 한 학생이 다음과 같은 연설을 했다.

"우리나라의 거리들은 혼란의 도가니입니다. 대학들은 폭동과 난동을 피우는 학생들로 가득 차 있습니다. 공산주의자들은 우리나라를 호시탐탐 파괴하려고 합니다. 러시아는 무력으로 우리를 위협하고 있습니다. 국가의 도처에 지금 위험이 도사리고 있습니다. 그렇습니다! 내부의 적과 외부의 적이 들끓고 있는 지금 우리나라에는 법과 질서가 필요합니다. 법과 질서가 없다면 우리나라는 살 수가 없습니다."

하버드대의 학부모들과 졸업생들로 이루어진 청중은 그 연설에 긴 박수를 보냈다.

1960년대 상황이니 박수를 받는 것이 그럴듯한 것 같죠? 그런데 역시 다음과 같이 반전이 있습니다.

박수 소리가 잦아든 후에 그 학생은 조용히 말했다.
"지금 말한 것들은 1932년 아돌프 히틀러가 연설한 것입니다."

미국의 역사학자이며 정치학자인 하워드 진(Howard Zinn)의 『오만한 제국』(*Declarations of Independence*, 1991)에 나오는 이야기입니다. 먼저 한 이야기에서 악성 베토벤은 태어날 수 없었을 거라는 한마디가 낙태 주장의 설득력을 한번에 사라지게 하는 것처럼, 이 이야기에서도 히틀러의 연설이라는 한마디로 연설 내용은 깡그리 힘을 못 쓰게 됩니다. 베토벤이 정말로 그런 부모에게서 태어났는지, 하버드대에서 정말로 그런 연설이 있었는지도 파헤쳐봐야 합니다. 그러나 여기서 우리의 관심은 깡그리 힘을 못 쓰게 만드는 논증 기법에 있으므로 두 사례 모두 사실이라고 치고 넘어가죠.

히틀러를 거론하는 논증 기법은 자주 사용됩니다. 대체로 이런 식입니다.

> 히틀러는 X를 주장했다.
> 따라서 X는 틀렸다.

이 논증의 최종 목표는 X가 옳지 않음을 주장하는 것입니다. 그래서 수사적 효과를 극대화하기 위해 누구에게나 악인으로 인정받는 히틀러를 끌어들였습니다. 그냥 X가 틀렸다고만 주장하는 것이 아니라 X는 바로 히틀러가 했던 주장이므로 X라고 주장하는 것은 곧 히틀러와 같은 주장을 하는 것이고 더 나아가 히틀러를 옹호하는 셈이라고 논증하는 것입니다. 이런 논증은 대체로 수사적으로 효과가 있습니다. 세계대전을 일으켜 수천만 명의 희생자를 내고 자기가 싫어하는 민족이라는 이유만으로 수백만 명을 죽인 히틀러이므로 잘못된 주장을 많이 했을 가능성이 크기 때문입니다.

자신이 반대하는 주장이 있으면 그것을 히틀러와 결부하는 것은 참 편한 조커 카드입니다. 그러나 이런 히틀러 카드 수법은 한통속으로 몰아가기의 오류입니다. (사실 이 오류의 영어 이름은 연좌제guilt by association의 오류입니다. 이때 연좌제는 진짜 죄를 말하는 것이 아니라 비유적으

로 하는 말입니다. 그런데 한국에서의 상황은 비유가 아니라 직유네요.) 히틀러와 한통속으로 모는 것이 왜 잘못된 논증인지 이해하기 위해 다음 두 보기를 보세요.

> 히틀러는 유대인을 학살했다.
> 따라서 유대인 학살은 잘못이다.
>
> 히틀러는 채식주의자였다.
> 따라서 채식주의는 잘못이다.

첫 번째 논증은 그럴듯해 보입니다. 유대인 학살에 잘못이 없다고 생각하는 사람은 드물 테니까요. 그러나 두 번째 논증은 어떤가요? 히틀러가 채식주의자였다는 것이 채식주의가 잘못이라는 근거가 될까요? 히틀러가 정말로 채식주의자였는지도 논란거리이지만,[9] 설령 채식주의자였다고 하더라도 그것이 채식주의가 잘못이라는 근거가 될 수는 없습니다. 그런 식이라면 히틀러는 그림을 잘 그렸고 고전음악 감상을 좋아했으며 고속도로(아우토반)를 만들었으므로, 그림 그리기나 고전음악 감상이나 고속도로 건설은 모두 옳지 않은 일이 됩니다.

채식주의자 논증이 엉터리인 것처럼 유대인 학살 논증도 엉터리입니다. 유대인 학살이 잘못이라는 주장이 틀렸다고요? 아니요. '책머리에'에서 말했듯이* 우리는 주장의 옳고 그름에 관심 있는 것이 아니라 그 주장(결론)이 근거(전제)에 의해 얼마나 잘 지지되는지, 다시

14면 참조

말해서 논증이 성립하는지에 관심이 있습니다. 유대인 학살이 잘못이라는 주장을 하기 위해서는 별도의 근거를 제시해야지 히틀러가 유대인을 학살했다는 근거만을 들어서는 충분하지 못하다는 말입니다. 히틀러와 한통속으로 몰아가는 근거는 채식주의자 논증과 같은 반례를 낳기 때문입니다. 그림 그리기, 고전음악 감상, 고속도로 건설이 잘못이라는 주장처럼 그런 반례들은 쌔고 쌨습니다.

　그래도 유대인 학살이 잘못이라는 데에는 일부 네오 나치를 제외하고는 대부분 동의하므로 유대인 학살 논증은 엉터리이기는 해도 그 자체로는 큰 해로움이 없습니다. 그리고 채식주의자 논증은 너무 터무니없어서 거기에 설득되는 사람도 없습니다. 채식주의자 논증은 유대인 학살 논증이 허약하다는 것을 보여주는 구실을 하기 위해 갖다 쓴 것입니다. 문제는 유대인 학살 논증에 넘어가는 사람들이 논란이 되는 다음과 같은 논증에도 쉽게 넘어간다는 점입니다.

　　히틀러는 안락사를 시행했다.
　　따라서 안락사는 잘못이다.

　안락사를 반대하는 단체들은 안락사는 히틀러나 하는 짓이고 히틀러 시대로 돌아가자는 것이라며 울분을 토해가며 반대합니다. 그리고 사람들은 히틀러의 잔인함을 떠올리며 이 논증에 설득됩니다. 그러나 앞의 유대인 학살 논증과 채식주의자 논증이 엉터리이듯이 이 논증도 엉터리입니다. 안락사가 잘못이라는 독립적인 근거를 제시해야 하는데 히틀러와 결부하여 한통속으로 몰아갔기 때문입니다. 히틀러는 장애인이나 자신의 정적 들을 안락사시켰다고 합니다. 그러나 정확히 말하면 그것은 안락사가 아닙니다. 안락사는 극심한 고통을 받고 있는 사람을 글자 그대로 '편안하게' 죽게 하는 것인데, 히틀러는 살고 싶어하는 장애인이나 정적 들을 죽이고 안락사로 위장했기 때문입니다. 설령 히틀러가 정확한 의미의 안락사를 시행했다고 해도 이 논증이 성공하는 것은 아닙니다. (히틀러의 장애인 학살과 안락사 시행을 비교하는 논증은 12장에서 미끄러운 비탈길의 오류의 예로 다시 나옵니다.277면 참조)

빨갱이 또는 종북이라고 닦아 모는 것도 바로 이 한통속으로 몰아가기의 오류를 저지르고 있습니다. 앞서 변희재 씨나 조갑제 씨가 북한 김씨 일가의 대남 적화 노선인 국가보안법 폐지, 미군 철수, 연방제 통일안을 따르는가를 종북 판단의 기준으로 제시하는 것을 보았습니다. 변희재 씨나 조갑제 씨의 주장은 다음과 같은 논증입니다.

북한의 김씨 일가는 국가보안법 폐지[미군 철수, 연방제 통일안]를 주장했다.
따라서 국가보안법 폐지[미군 철수, 연방제 통일안]는 잘못이다.

앞서 히틀러 예에서도 보았듯이 이런 논증은 국가보안법 폐지[미군 철수, 연방제 통일안]가 단지 잘못이라는 결론만 제시하는 것이 아닙니다. 안락사가 히틀러가 저지른 것과 같은 짓이고 히틀러에 동조하는 행동인 것처럼, 국가보안법 폐지[미군 철수, 연방제 통일안] 주장도 북한 김씨 일가에 동조하는 것이고 그러므로 우리에게 명백하고 현존하는 위험을 가져온다는 논증입니다. 이것은 표현의 자유가 비록 헌법에 보장된 권리이기는 하지만 해악의 원리에 의해 빨갱이나 종북의 발언을 억누를 수 있다는 근거가 됩니다.

그러나 국가보안법 폐지(미군 철수, 연방제 통일안) 주장을 북한 김씨 일가와 결부하는 것은 한통속으로 몰아가기의 오류입니다. 국가보안법 폐지(미군 철수, 연방제 통일안)가 잘못된 주장인지 아닌지를 따지려는 것이 아닙니다. 얼마든지 잘못일 수 있습니다. 다만 그것이 잘못된 주장임을 뒷받침하는 독립된 근거를 제시해야지 북한의 김씨 일가가 주장했다고 해서 한통속으로 몰아가는 것은 올바른 논증 방법이 아니라고 말하는 것입니다. 그런 식이라면 아주 우스운 반례에 맞닥뜨리게 됩니다. 모르긴 모르지만 아마 북한의 김씨 일가도 2 더하기 3은 5라고 믿을 것이며 서울은 대한민국의 수도라고 믿을 것입니다. 그렇다고 해서 2 더하기 3은 5라는 주장이나 서울은 대한민국의 수도라는 주장이 잘못인가요?[10]

국가보안법은 북한과 상관없이 사상과 표현의 자유라는 보편적 인권 측면에서 그 문제점이 지적되어왔습니다. 우리나라는 자유민주주의를 기본 정치체제로 삼고 있고 국가보안법은 표현의 자유를 억누르는 법이므로, 국가보안법 폐지를 주장하는 쪽보다 존치를 주장하는 쪽이 오히려 사상과 표현의 자유가 없는 북한을 따르고 있는 셈입니다. (이 주장도 오류이긴 하지만 종북이라고 공격하는 쪽이 스스로 덫에 걸린다는 것을 보여주기 위해서 말해보았습니다.) 그리고 유엔도 국가보안법의 반인권성에 대해 지속적으로 문제 삼고 있고요. 그러면 유엔도 빨갱이인가요? 유엔을 빨갱이라고 부르는 사람을 저는 아직 보지 못했습니다. 미군 철수에 대해서도 그 시기와 방법에 대해 여러 가지 주장이 나오고 있고, 연방제도 낮은 단계의 방식이나 높은 단계의 방식처럼 여러 가지 형태가 많습니다. 그러니 북한의 주장과 같다고 해서 한통속으로 취급할 만큼 단순하지 않습니다.

유대인 학살이 옳지 않다는 것을 주장하기 위해서는 이러저러한 독립적인 근거를 제시하고 그다음에 히틀러도 그런 무시무시한 짓을 저지르지 않았느냐고 말하면, 논리적인 근거도 보여주고 수사적인 효과도 거둘 수 있습니다. 국가보안법 폐지와 관련해서도 마찬가지로 이러저러한 독립적인 근거를 제시한 다음에 북한도 그런 무시무시한 주장을 한다고 해야 합니다. 그래야 종북의 주장이 명백하고 현존하는 위험을 가져온다는 것을 입증할 수 있습니다.

북한과 같은 주장을 한다는 이유로 빨갱이나 종북으로 몰리는 사람보다 더 억울한 사람도 있습니다. 어느 한쪽에서는 정부 시책에 반대하기만 해도 빨갱이로 몹니다. 가령 미국산 쇠고기 수입에 반대하거나 제주 강정 마을의 해군 기지에 반대하면 반정부 세력이고 빨갱이라는 식입니다. 이것 역시 단지 정부 시책에 반대하는 사람들과 진짜 '빨갱이'의 주장을 한통속으로 모는 오류입니다. 이 장의 들머리에서 봤던 「도야지」에서는 빨갱이를 "×××과 ××××당의 정치노선을 따르지 않는 모든 양심적이요 애국적인 사람들"이라고 정의했습니다. 그때나 지금이나 자신이 옳다고 생각하는 쪽을 따르지 않으면 빨갱이가 됩니다. 빨갱이가 죽은말이 되리라는 예상과 달리, 종북·좌빨이라는 말까지 낳으며 꿋꿋하게 살아 있습니다.

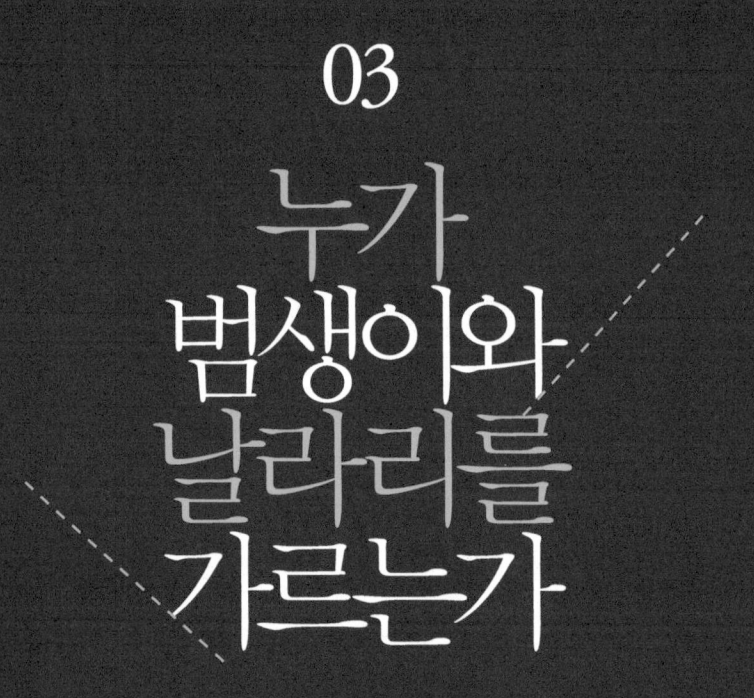

03

누가
범생이와
날라리를
가르는가

학생 인권과 논점 회피의 오류

정글고등학교의 두발 규제

「입시명문 사립 정글고등학교」(김규삼)라는 웹툰이 있습니다. 단행본으로도 출간된 인기 만화입니다. 20세기 초반 미국의 열악한 공장 환경을 그린 업턴 싱클레어(Upton Sinclair)의 『정글』(*The Jungle*, 1906)이라는 소설도 그렇지만, '정글'이라는 낱말은 복잡한 문제들이 뒤얽혀 앞을 내다볼 수 없는 난감함을 가리키는 것 같습니다. 그 말에 맞게 정글고등학교는 우리나라의 열악한 교육 현실, 특히 사립학교의 모순점을 모두 보여주는 곳입니다. 첫 화면에 "이 만화는 철저히 픽션으로 전혀 현실에 바탕을 두지 않습니다. 실제의 인물, 사건, 단체와는 아무런 관련이 없습니다."라고 나올 때는 친인척 채용 비리, 촌지를 요구하는 교사, 체벌, 부실 시설과 급식 등을 보여줍니다. 독자들은 그런 것이 픽션이 아님을 알고 있습니다. 우리 학교도 저렇다고 맞장구치는 독자도 많을 테니까요. 영화 「두사부일체」(2001)의 상춘

고등학교나 「말죽거리 잔혹사」(2004)의 정문고등학교도 정글고등학교 급의 비리 학교입니다. 영화 속 가상의 학교지만 실존 고등학교를 모티브로 했다고 합니다.

요즘 유행하는 말로는 정글고등학교보다는 막장고등학교가 더 쉽게 와닿습니다. 하지만 막장은 광부들의 엄연한 일터이므로 반사회적이고 비상식적인 것을 가리키는 데 그 말을 쓰는 것은 예의에 어긋납니다. 하긴 정글도 누군가의 삶터이므로 적절하지 않은 것은 마찬가지네요. 이 고등학교의 이사장은 온갖 비리를 저지르는 사람입니다. 작가는 막강한 권력을 행사한 프랑스 루이 14세의 머리 모양으로 이사장을 그리고 있는데, 이사장은 학교의 주인은 학생이라는 주장에 대해 "짐이 곧 학교니라."라고 외칩니다. "짐이 곧 국가니라."라고 말한 루이 14세처럼요. 어느 날 학생 한 명이 파인애플 모양의 머리를 하고 옵니다. "하와이안 트로피칼 썸머 스탈"이라나요. 그런데 학생들이 오히려 더 반대합니다. "두발 자유를 폐지시키려는 지능형 안티"라고요. 선생님들도 언제나처럼 머리를 깎으려 듭니다. 이런 싸움을 본 이사장이 모처럼 개념 있게 한마디 합니다.

"그런 강압적인 방법은 좋지 않아요."
"우리 학교는 입시명문 학교예요. 대학 보내는 데 지장 없으면 머리 모양 따위는 사소한 거예요. 재수생이 머리 짧아서 대학 가는 게 아니잖아요?"
"오히려 두발 규제로 학생들이 스트레스를 받으면 학업에 지장이 있어요. 그래서 우리 학교는 두발 자유를 표방하는 거예요."

물론 마지막에 반전이 있습니다.

학생이어서 안 되는 것들

두발 규제는 중·고등학생들이 가장 예민하게 관심을 갖는 인권 문제입니다. 2006년 국가청소년위원회에서 전국 남녀 중·고생 2,910명을 대상으로 실시한 청소년 인권 의식 및 고충 실태에 대한 조사에서 학교생활 영역에서 인권 침해 사례라고 가장 많이 응답한 것은 의외로 탈의실이 없어서 교실이나 화장실에서 옷을 갈아입는 것이었습니다(81%). 그다음으로 많이 응답한 것이 두발 규제였고요(62.4%). 비슷하게 나온 응답은 교복과 휴대전화를 둘러싼 통제입니다(61.1%).

탈의실 문제는 시급하지만 교사와 학생의 의견이 충돌하는 지점은 아닙니다. 선생님들도 만들어주고 싶어하죠. 반면에 두발·교복·휴대전화는 학생 인권과 관련해서 끊임없는 이야깃거리입니다. 다시 살펴보겠지만 그것들은 학생인권조례의 주된 관심사이기도 하고요.

한창 외모에 관심이 많은 청소년들은 남녀 학생 가릴 것 없이 머리에 신경을 쏟습니다. 남자들은 그때를 지나면 머리에 그다지 신경을 쓰지 않지만 여자는 나이가 적으나 많으나 머리에 신경 쓰는 경우가 많습니다. 동서고금을 막론하고 그런가 봐요. 지금부터 2,000년 전 예수가 죽은 후 예수의 가르침을 퍼트리고 다닌 바오로는 이런 말을 합니다. 기도할 때 "여자가 머리에 아무것도 쓰지 않아도 된다면 머리를 깎아버려도 될 것입니다. 그러나 머리를 깎거나 미는 것이 여자에게는 부끄러운 일이니 무엇으로든지 머리를 가리십시오."(고린토 I, 11장 6절) 바로 그 직전에 남자는 오히려 머리를 가리면 안 된다고 말하고요. 아마 그 당시에도 여자들은 머리 장식을 화려하게 하느라 시간을 많이 쏟은 모양이에요. 그러니 적어도 기도를 할 때는 머리보다는 기도에 집중하게 하기 위해 머리를 가리라고 한 것 같아요. 가톨릭교회에서는 바오로의 이 말에 따라 여자 신자들은 미사포라는 머리쓰개를 쓰는 전통이 있습니다. 요즘은 이 미사포도 화려하게 레이스 장식을 합니다. 화려함을 가리기 위해 쓰라고 했더니 오히려 화려하게 하는 아이러니죠. 미사포를 쓰는 취지가 사라진 것과 별개로 머리에 대한 자연스러운 관심을 왜 막으려고 하는지 의문을 품을 수 있습니다. 특히 여자에게만 머리를 가리라는 강요를 하니 남녀 차별이라는 비판을 받을 만합니다.

여자 신자가 미사포를 쓰니 마니 하는 문제는 가톨릭 신자들끼리의 문제지만 두발 규제는 공교육에서 벌어지는 문제입니다. 학생들은 기를 쓰고 머리를 마음대로 기르거나 다듬으려 하고, 선생님을 비롯한 기성세대는 기를 쓰고 규제를 하려고 합니다. 두발 단속은 몇십 년 전이나 지금이나 똑같습니다. 예전에 남학생은 군인처럼 스포츠머리, 여학생은 단발머리를 요구했는데 거기서 조금이라도 더 길러보려는 학생과 단속하려는 선생님들 사이의 신경전이 끊이지 않았습니다. 지금이야 그렇게까지 규제는 안 하지만 학생들은 거기서 더 멋을 내려고 하고 선생님들은 여전히 그것을 용납하지 못합니다. 학생들이 왜 그런지는 이해가 갑니다. 동서고금을 막론하고 인간은 누구나 머리를 가꾸려는 욕구가 있고 학생도 인간이니까요. 그런데 선생님들은 왜 그럴까요? 크게 두 가지 이유를 댑니다. 첫째는 학생답지 못하기 때문이고, 둘째는 학생의 공부에 방해되기 때문이랍니다. 사실은 서로 같은 이유지요? 학생의 본분은 공부를 하는 것인데, 학생답지 못하니까 공부에 방해될 테고, 공부에 방해되니까 학생답지 못하고요.

우리나라에서는 몇 개의 시도에서 학생인권조례가 만들어졌습니다.[1] 국회의원 몇 명이 청소년의 인권을 보장하는 법률을 제정하고자 했으나 여의치 않아 지방자치단체의 조례 수준으로 제정했습니다. 서울학생인권조례에서 몇 가지 항목을 보면 다음과 같습니다.

학생은 (…) 임신 또는 출산 (…) 등을 이유로 차별받지 않을 권리를 가진다.(제5조)

학생은 체벌, 따돌림, 집단 괴롭힘, 성폭력 등 모든 물리적 및 언어적 폭력으로부터 자유로울 권리를 가진다.(제6조)

학생은 자율학습, 방과 후 학교 등 정규교육과정 외의 교육활동을 자유롭게 선택할 권리를 가진다.(제9조)

학생은 복장·두발 등 용모에 있어서 자신의 개성을 실현할 권리를 갖는다.(제12조)

학생은 소지품과 사적 기록물, 사적 공간, 사적 관계 등 사생활의 자유와 비밀이 침해되거나 감시받지 않을 권리를 가진다.(제13조 1)

학교의 장 및 교직원은 학생의 휴대폰을 비롯한 전자기기의 소지 및 사용 자체를 금지하여서는 아니 된다.(제13조 4)

학생은 다양한 수단을 통하여 자유롭게 자신의 생각을 표현하고 그 의견을 존중받을 권리를 가진다.(제17조 1)

학생은 집회의 자유를 가진다. 다만, 학교 내의 집회에 대해서는 학습권과 안전을 위해 필요한 최소한의 범위 내에서 학교규정으로 시간·장소·방법을 제한할 수 있다.(제17조 3)

교육감, 학교의 설립자·경영자, 학교의 장 및 교직원은 빈곤 학생, 장애 학생, 한부모 가정 학생, 다문화 가정 학생, 외국인 학생, 운동 선수, 성 소수자, 근로 학생 등 소수자 학생이 그 특성에 따라 요청되는 권리를 적정하게 보장받을 수 있도록 하여야 한다.(제28조)

위와 같은 권리들은 사실 새삼스러운 것이 아닙니다. 헌법에 모두 규정되어 있는 권리입니다. 가령 복장이나 두발 등 용모에 있어서 자신의 개성을 실현할 권리는 개성의 자유로운 발현권, 자기 결정권, 사생활의 자유입니다. 표현의 자유나 집회의 자유, 그리고 차별받지 않을 권리도 헌법에 규정되어 있습니다. 학생도 대한민국 국민인데 헌법이면 충분한 것을 왜 굳이 학생인권조례라는 것을 별도로 만드는 것일까요? 그리고 왜 학생인권조례에 반대하는 사람들이 있을까요? 헌법의 기본권이라고 하더라도 무한정 보장되는 것이 아니라 엄격한 조건에 따라 제한할 수 있습니다. 학생의 인권도 그런 이유로 제한되는 것일까요?

동의할 수 없는 결론

헌법에 있는 권리가 모든 국민들에게 보장되는 것은 아닙니다. 그런 예로 투표권이 있습니다. 헌법은 우리 국민에게 투표할 권리가 있다고 밝히고 있습니다. 그런데 모든 국민에게 투표권이 있는 것은 아닙니다. 19세 이상의 성인에게만 투표권이 있습니다. 19세 미만의 어린이나 청소년은 아직 가치관이 형성되지 않아 자율적으로 투표할 수 없다고 생각하기 때문입니다. 투표할 수 있는 나이를 18세로 정한 나라도 많이 있고 우리나라에서도 그렇게 낮추자는 주장이 적극적으로 제기되고 있습니다. 그러나 적어도 어린이나 15~16세의 청소년에게는 투표권을 줄 수 없다는 데에는 대부분 동의하는 것 같습니다. 그 정도 나이의 어린이나 청소년은 가리사니가 없어서 후보들의 공약을 자율적이고 합리적으로 판단하는 것이 아니라 부모의 뜻이나 이미지나 선정적인 공약에 따라 판단할 것이라고 우려하기 때문입니다.

맞습니다. 미성년자는 분명히 감정에 치우치고 자기 통제력도 부족하여 어느 정도 성인의 간섭이 필요합니다. 어린이는 밥 먹기 전에 사탕을 먹으면 혼나지만 어른은 혼나지 않습니다. 절제력이 없는 어린이는 내버려두면 계속해서 사탕을 먹어대고 결국에는 밥을 먹지 않아 영양에 문제가 생길 가능성이 크기 때문입니다. 어른이야 한두 번 먹다가 알아서 안 먹지만요. (절제력 없는 어른도 많습니다만, 어디까지나 일반적인 이야기입니다.)

그렇다고 해서 모든 권리가 미성년자에게 제한되어야 하나요? 나이와 상관없이 국민 누구에게나 보장되는 권리도 있습니다. 신체의 자유는 법률에 의하지 않고는 체포·구속·압수·수색 또는 심문을 받지 아니한다는 권리인데, 나이가 어리다고 해서 이 권리를 제한할 수 있는 것은 아닙니다. 나이가 어려서 판단 능력이 없다고 해도 이유 없이 신체가 구속되었을 때 두려워하지 않는 것은 아니니까요. 핵심은 어떤 권리는 나이와 상관이 있고 어떤 권리는 나이와 상관이 없다는 것입니다. 어떤 권리가 그런지는 우리가 해결해야 할 논점입니다. '해결해야 할 논점', 일단 이 말을 기억해두자고요.

학생인권조례를 반대하는 쪽은 학생인권조례에서 보장한 권리들을 허용하면 학생이 학생답지 못하게 된다고 주장합니다. 두발이나 복장에 신경 쓰는 것은 학생답지 못하고 학교에서 휴대전화를 사용하는 것도 학생답지 못하다고 주장합니다. 그리고 또 권리들을 허용하면 그 권리를 누리는 학생들이 늘어날 것도 저어합니다. 임신·출산으로 차별해서는 안 된다는 조항에 대해서는 "10대가 임신해도 괜찮다는 말이에요?" "우리 아이가 임신한 아이와 함께 공부해도 좋단 말입니까?"라고 반문합니다. 표현과 집회를 자유롭게 허용하는 것에도 역시 "그럼 학생들이 학교 일에 사사건건 반대할 텐데 그래도 된다는 말이에요?"라고 말합니다. 또 성 소수자의 권리도 적정하게 보장받을 수 있도록 해야 한다면 "우리 애가 성 소수자가 되면 어떻게 해요?"나 "성 소수자가 늘어나도 괜찮다는 말인가요?"라고 대거리합니다. 동성애에 편견이 있는 사람들은 특히 이 조항이 독소 조항이라고 항의합니다.

논리학에 논점 회피의 오류라는 것이 있습니다. (선결 문제 요구의 오류라는 이름으로 불리기도 하는데, 이름이 얼른 이해하기 어렵고 설명이 복잡하므로 여기서는 논점 회피의 오류로 설명하겠습니다.) '책머리에'에서[*] 논증은 12면 참조 상대방이 동의할 수 없는 결론을 상대방이 동의할 수 있는 전제를 이용해서 설득하는 것이라고 말했습니다. 지금 당장은 동의할 수 없지만 그 전제가 맞는다고 가정할 때 결론에 동의할 수 있다고 말하는 경우도 있기는 합니다. 그러나 많은 경우 상대방이 실제로 동의할 수 있는 전제를 가지고 논증을 펼쳐야 상대방이 설득되든 말든 할 것입니다. 만약 상대방이 동의할 수 없는 전제를 가지고 상대방을 설득하려고 한다면 그것은 잘못된 논증이겠지요.

이런 종류의 잘못은 다시 두 가지로 나누어볼 수 있습니다. 첫 번째 종류의 잘못은 가장 흔한 경우로서 대부분의 사람들은 동의하지 못하는데 혼자서만 또는 소수만 그 전제가 옳다고 주장하는 경우입니다. 예를 들어보죠.

> 길수는 어제 외계인을 만났다.
> 그러므로 외계인은 틀림없이 존재한다.

길수가 외계인을 만났다는 전제에 동의할 수 있다면 결론을 받아들일 수 있을 것입니다. (물론 그 한 사례만 가지고는 결론에 동의할 수 없다고 생각할 수도 있지만, 실제 외계인을 본 사례가 하나라도 있다면 외계인의 존재를 꽤 강하게 주장할 수 있습니다.) 그러나 그 전제가 참인지는 길수의 증언에 의존할 수밖에 없으므로 선뜻 동의하기가 힘듭니다. 참임을 확신할 수 없는 까닭은 길수가 믿을 수 없는 사람이기 때문이 아니라 외계인을 만났다는 것은 우리 상식과 많이 어긋나므로 단순히 외계인을 만났다는 증언만으로는 한참 부족하기 때문입니다. 직접 외계인을 데려오거나 여러 사람이 동시에 만났다거나 하는 목격담이 필요합니다. 상대방은 그런 추가 증거가 나오기 전까지는 그 전제를 거들떠도 안 봅니다.

동의할 수 없는 전제를 가지고 설득하려고 하는 잘못 중 두 번째 종류는 그 전제의 참이 단지 입증되지 않은 것이 아니라 찬반 양쪽이 그 전제를 둘러싸고 날카롭게 논란을 하는 중이어서 아직 참이 입증되지 않은 경우입니다. 그 전제에 동의하지 않는 상대방도 그 전제에 동의하는 사람이 많다는 것을 알고 있습니다. 역시 예를 들어볼게요.

> 공공장소에서 흡연을 금지하는 것은 옳지 못하다.
> 그것은 흡연권을 침해하기 때문이다.

최근에는 버스 승강장이나 도로 같은 공공장소에서 흡연을 금지하는 경우가 늘어났습니다. 그런 정책이 마뜩하지 않은 흡연자가 위와 같은 논증을 할 것입니다. 당연히 이 논증은 자신에게 반대하는 사람을 상대로 펼쳐집니다. 흡연자 중에도 공공장소에서의 흡연을 반대하는 사람이 있겠지만 주로 비흡연자가 그 상대가 되겠죠. 그러면 비흡연자가 이 논증의 전제, 그러니까 "공공장소에서의 흡연 금지는 흡연권을 침해한다."에 동의할까요? 당연히 동의 못 합니다. 동의 못 하는 까닭은 앞의 외계인 논증처럼 참임이 입증되기 전까지는 무시하면 되기 때문이 아니라 흡연권이 있느냐 없느냐는 바로 흡연자와 비흡연자 사이의 첨예한 논점이기 때문입니다. 흡연자야 흡연권이라는 권리가 있다고 주장하겠지만, 비흡연자 입장에서는 그런 권리가 있다고 해도 사적인 장소에서나 누릴 수 있지 공공장소에서는 어림없다고 주장하겠죠.

앞에서 '해결해야 할 논점'이라는 말을 기억해두라고 했었죠? 논란이 되는 논점을 전제로 삼기 위해서는 그 논점을 해결해야 합니다. 그러지 않고 아직 논란 중인 논점을 전제로 제시하면 누가 거기에 동의하겠습니까? 동의 못 하는 전제를 가지고 결론에 동의해달라고 설득할 수 없는 노릇이죠. 이런 종류의 잘못, 그러니까 상대방이 동의할 수 있도록 입증하지 않은 채 논란이 되는 논점을 그냥 전제로 제시하는 오류를 논점 회피의 오류라고 부릅니다. 앞의 예에서 공공장소에서 흡연권이 있느냐 없느냐는 해결해야 하는 논점인데, 마치 상대방도 동의한 전제인 것처럼 당연시하고 있습니다. 곧 논점을 해결하지 않고 회피하고 있는 거죠. 그래서 논점 회피의 오류를 저지르는 것입니다.

학생인권조례를 반대하는 논증도 논점 회피의 오류를 저지르고 있는 경우가 많습니다. 먼저 두발이나 복장에 신경 쓰는 것은 학생답지 못하다는 주장을 봅시다. 이 주장을 전제로 해서 학생인권조례는 폐지되어야 한다는 주장을 합니다. 두발이나 복장에 신경 쓰는 것이 학생답지 못하다는 데 대해서 논증 상대방, 곧 학생인권조례에 찬성하는 쪽이 동의할까요? 당연히 동의를 못 하지요. 그런 행위가 학생다운가 아닌가는 학생인권조례를 둘러싸고 논란 중인 논점이기 때문입니다. 머리를 짧게 하고 교복 치마는 길게 하는 것이 학생다운 모습일까요? 아니면 머리나 교복을 통해 자신의 개성을 자유롭게 표현하고 싶은 욕구는 학생이라고 해도 당연히 가져야 하고 오히려 길러 주어야 할 특성일까요? 그것 자체가 지금 논란 중인 사안입니다. 반대 쪽은 두발과 복장을 단정하게 하는 것이 학생다운 모습이라는 점을 찬성 쪽도 동의할 수 있도록 근거를 제시해야 합니다. 그러지 않고 그게 학생다운 모습이라는 전제만 계속 들이대는 것은 논점을 회피하는 것입니다.

그러고 보니 두발이나 복장이 '단정하다'거나 반대로 '삐딱하다'라고 말하는 것 자체가 논점을 회피하는 표현입니다. 특정 두발이나 복장이 단정한가 삐딱한가 하는 것은 지금 논란이 되고 있는 점인데, 아무 근거 없이 단정하다거나 삐딱하다고 잘라 말하는 것은 논점을 해결하지 않고 피해가는 것이니까요.

이번에는 학생들에게 권리를 허용하면 그 권리를 누리는 학생들이 늘어날 것이라는 이유로 반대하는 논증을 보죠. 학생인권조례 반대 쪽은 "10대가 임신해도 괜찮다는 말이에요?" "우리 아이가 임신한 아이와 함께 공부해도 좋단 말입니까?" "그럼 학생들이 학교 일에 사사건건 반대할 텐데 그래도 된다는 말이에요?"라고 묻습니다. 학생인권조례를 찬성하는 쪽에서는 당연히 그래도 된다고 말할 겁니다. 그들의 주장이 바로 그것이니까요. 10대도 임신할 수 있고, 임신한 아이와 함께 공부해도 아무 문제없다는 것이 그들의 주장입니다.

물론 반대 쪽은 거기에 딴죽을 걸 수 있습니다. 그러나 그러기 위해서는 상대방이 동의할 수 있도록 또 다른 근거를 제시해야 하는데, 그러지 않고 논란이 되는 논점을 그대로 제시한다면 상대방을 설득할 수 있겠습니까? 지금 10대도 임신할 수 있다거나 임신한 아이나 성 소수자와 함께 공부해도 아무 문제없다는 주장이 옳은지 아닌지 가리자는 것이 아닙니다. 그 주장이 옳은지 그른지는 논란이 되고 있는 논점이라고 말하는 것일 뿐입니다. 그런데도 학생 인권에 찬성하는 쪽이 마치 옳지 않음이 입증된 것처럼 전제로 가져다 쓰는 것은 논점 회피의 오류를 저지르는 것입니다. (학생들에게 표현과 집회의 자유를 허용한다고 해서 학교 일에 사사건건 반대할 것이라는 비판은 5장에서 살펴볼 122면 참조 허수아비 공격의 오류입니다. 실제로 학생인권조례에서도 표현과 집회의 자유는 제한적으로 허용하고 있습니다.)

꼭 학생 인권이 아니더라도 어떤 허용을 막으려고 하는 쪽에서는 그렇게 허용하면 그런 행동을 하는 사람들이 늘어날 것이라는 근거를 많이 이용합니다. 예컨대 안락사 논쟁에서 안락사를 허용하면 안락사를 선택하는 사람이 많이 늘어날 것이므로 안락사를 허용해서는 안 된다고 주장합니다. 그러나 안락사를 찬성하는 쪽에서는 반대하는 쪽이 내세운 바로 그 근거, 곧 안락사를 자유롭게 선택하는 사람이 많이 늘어나게 하기 위해서 안락사가 합법화되어야 한다고 주장합니다. 안락사 반대 쪽은 안락사를 선택하는 사람이 늘면 왜 문제인지 그 근거를 제시해야 합니다. 그러지 않고 안락사를 선택하는 사람이 늘면 문제라고만 주장하는 것은 논점을 회피하는 오류입니다.

학생답지 못함 입증하기

물론 학생인권조례를 반대하는 쪽이 논란이 되고 있는 논점을 그대로 전제로 삼기만 하는 것은 아닙니다. 그 전제에 대한 추가 근거를 제시합니다. 가령 두발이나 복장에 신경 쓰는 것이 학생답지 못하다는 전제에 대해 왜 그런지 근거를 제시합니다. 어떻게 근거를 제시할까요? 대체로 다음과 같은 방법을 씁니다. 주변에서 머리 길고 교복 치마는 짧은데 공부는 못하는 학생들을 몇 명 예로 듭니다. 그리고 "봐라. 머리나 옷에 신경 쓰는 애들은 이렇게 공부를 못하지 않느냐?"라고 주장합니다. 두발이나 복장에 신경 쓰면 학생답지 못하다는 근거로 두발이나 복장에 신경을 쓰면서 공부를 못하는 학생을 예로 드는 것이죠. 자신의 주장에 해당하는 사례를 드는 것은 훌륭한 논증 방법입니다. 그러나 그러기 위해서는 그 사례가 충분히 많아야 합니다. 자신이 알고 있는 몇 가지 사례를 가지고 일반화된 주장을 하는 것은 성급한 일반화의 오류를 저지르는 것입니다. (성급한 일반화의 오류는 불충분한 통계의 오류라는 이름으로 7장에서 자세하게 살펴보겠습니다.) 179면 참조

학생인권조례에 찬성하는 쪽에서도 그 반대의 사례를 얼마든지 들 수 있습니다. 두발이나 복장에 신경을 쓰면서도 공부를 잘하는 학생이나 거꾸로 두발이나 복장에 신경을 안 쓰는데 공부를 못하는 학생은 찾아보면 얼마든지 있습니다. 「입시명문 사립 정글고등학교」의 이사장이 그런 사례를 들었잖아요? "재수생이 머리 짧아서 대학 가는 게 아니잖아요?"라고요. 재수생도 대학에 많이 입학하지만 머리가 짧아서 대학에 가는 것이 아니듯이, 머리 긴 학생이라도 얼마든지

공부를 잘하는 사례가 있습니다. 재수생은 학생이 아니라고요? 공부만 해야 한다는 점에서는 우리나라 고등학생과 다를 바가 없습니다.

학생인권조례를 반대하는 쪽은 기성세대에 많습니다. 기성세대가 보기에 학생답지 못한 학생을 속되게 '날라리'라고도 하고 '양아치'라고도 부릅니다. 거꾸로 학생다운 학생은 '모범생'인데 은어로 '범생이'라고 하죠. 기성세대는 머리 길고 교복 치마 짧은 학생들을 보고 양아치냐고 지청구를 퍼부으면서 저러니 공부를 못하지 하고 혀를 끌끌 찰 것입니다. 그러나 스스로 자신의 학창 시절을 돌아보세요. 자신도 학생 때 그런 데 신경을 쓰지 않았는지요. 그런데 양아치가 되었는지요. 그리고 주변의 친구들도 생각해보고요. 저는 고등학생 시절에 흡연을 하는 친구들이 꽤 있었습니다. 흡연은 두발이나 복장에 대한 관심과 비교도 안 되게 학생답지 못한 행위라고 알려져 있습니다. 그러나 개중에는 지금 우리 사회의 어엿한 동량이 된 친구들도 많습니다. 결국 내가 관찰한 몇 가지 사례는 일반화된 주장을 지지하는 근거로서 빈약합니다.

그리고 공부 못하는 것을 가지고 학생답지 않다고 했는데, 공부를 못하면 학생답지 못하나요? 어차피 학생 중에는 공부 잘하는 학생과 못하는 학생이 있을 수밖에 없습니다. 그러니 공부 못한다고 학생답지 못하다고 말할 수는 없습니다. 아마 학생인권조례에 반대하는 쪽에서 말하는 학생답지 못한 학생은 공부 못하는 학생이 아니라 껄렁껄렁하고 남을 괴롭히는 학생들을 말할 것입니다. 요즘은 그런 학생들을 '일진'이라고 합니다. 일진은 분명 학생답지 못합니다. 학생답지 못하기만 한 것이 아니라 남을 괴롭히니 인간답지 못하기 십상이죠. 그런데 역시 내 주변에서 머리나 복장이 삐딱하면서 일진인 학생 몇 명을 관찰하고서 그것을 근거로 제시하는 것은 성급한 일반화의 오류입니다.

그러면 머리 또는 복장과 학생답지 못한 행동이 관계가 있음을 성급하지 않게 일반화하기 위해서는 어떻게 해야 할까요? 머리가 길거나 교복 치마가 짧은 학생이 학생답지 못한 행동을 많이 하더라는 통계조사를 실시해야 합니다. 내 주변의 몇 명을 관찰해서는 안 되고 통계적으로 의미 있는 결과가 나올 수 있는 표본만큼 조사를 해야 합니다. 아직 이런 통계조사를 본 적은 없습니다. 학생인권조례를 반대하기 위해서는 그런 과학적인 조사를 통해 머리 또는 복장과 학생답지 못한 행동의 연관성을 근거로 제시해야 합니다.

만약에 말이죠, 누군가가 정말로 그런 통계조사를 실시했다고 해봅시다. 전국의 고등학생 몇 천 명을 대상으로요. 그래서 머리나 복장이 '삐딱한' 학생들은 '단정한' 학생보다 일진일 가능성이 몇 배또는 몇 십 배 높다는 통계치를 내놓았다고 해봅시다. 그러면 머리나 복장에 신경 쓰면 학생답지 못하다는 주장이 단순히 논란거리가 아니라 과학적으로 입증되었으므로, 학생인권조례는 철회되어야 할까요? 아쉽게도 꼭 그렇지 않습니다. 왜 그런지 쉬운 예를 가지고 설명해보죠.

염색을 하면 눈이 나빠진다는 주장이 있습니다. 이 주장을 입증하기 위해 우리 아버지가 염색을 했는데 눈이 나빠졌다는 근거를 대면 안 되는 것은 이제 알겠죠? 그것은 성급한 일반화의 오류니까요. 그래서 전국에서 염색을 한 어르신 수천 명을 대상으로 염색을 하고 눈이 나빠졌는지 조사를 했습니다. 그랬더니 그중 4분의 3 이상이 정말로 그렇다고 답변을 했다고 해봐요. 그러면 염색이 시력 약화의 원인이라고 단정해도 되지 않을까요? 이번에는 성급하지 않잖아요? 아쉽게도 꼭 그렇지 않습니다. 염색은 나이가 들어 흰 머리가 생길 때 많이 합니다. 그러니 염색 때문에 눈이 나빠진 것이 아니라, 나이가 들어 흰 머리가 나서 염색을 했는데 마침 그 무렵에 노안도 온 것입니다. 그림으로 그려보면 다음과 같습니다.

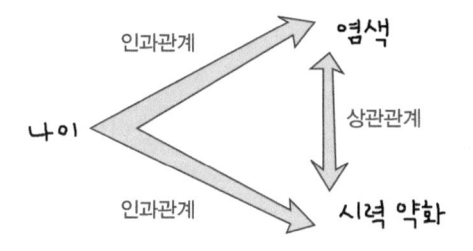

믿을 만한 통계치를 바탕으로 염색과 시력 약화 사이에 인과관계가 성립한다고 생각했는데 그 사이에는 사실 상관관계밖에 없는 것입니다. 진정한 인과관계는 나이와 염색 또는 나이와 시력 약화 사이에서 성립하고요. 이런 오해를 인과관계와 상관관계의 혼동이라고 부릅니다. 상관관계란 원인과 결과 관계가 아니고 그냥 동시에 일어난다는 뜻입니다. 염색과 시력 약화가 단순히 상관관계가 아니라 인과관계라면 염색이라는 원인이 없으면 시력 약화라는 결과가 안 일어나야 합니다. 다시 말해 염색을 하지 않으면 눈이 안 나빠져야 합니다. 그러나 어디 그런가요? 나이를 먹는 이상 눈은 나빠질 수밖에 없는 거죠.

　머리나 복장에 대한 관심과 학생답지 못함 사이에 관련이 있다는 수많은 통계치가 있다고 하더라도 그것은 이 사례처럼 인과관계와 상관관계의 혼동일 수 있습니다. 아마 무슨 다른 원인이 있어서 머리나 복장에 관심을 쏟기도 하고 학생답지 못한 행동을 할 수도 있습니다. 그 원인이 무엇인지는 모르겠지만, 학교생활에 적응하지 못하는 것이 원인이라고 해봐요. 그러면 그 관계를 다음과 같이 그림으로 그려볼 수 있을 것입니다.

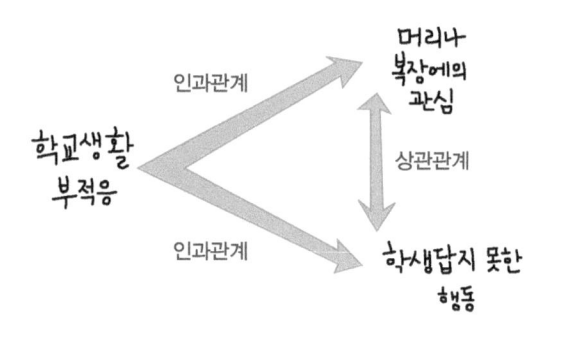

　머리나 복장에의 관심과 학생답지 못한 행동 사이에는 인과관계가 아니라 상관관계만 있을 수 있습니다. 진정한 인과관계는 다른 원인과의 사이에서 성립하고요. 그렇다면 머리나 복장에 관심을 못 갖게 한다고 해서 학생답지 못한 행동이 없어지지는 않습니다. 그 사이에는 인과관계가 없으니까요. 진짜 원인을 찾아서 그것을 없애야 학생답지 못한 행동을 없앨 수 있는 것이지요. 그런 것을 잘 모르고 애먼 두발이나 복장을 규제한다면 학생들의 개성을 발휘할 수 있는 능력만 훼손하고 맙니다. 그것도 학생다운 행동 못지않게 중요한 가치인데 말이죠.

참, 지금 머리나 복장에 관심을 쏟는 것과 학생답지 못한 행동 사이에 인과관계는 성립하지 않고 상관관계만 성립한다고 딱 잘라 주장하는 것은 아닙니다. 상관관계만 있을 수 있으니 인과관계가 성립한다는 것을 엄격하게 입증해야 한다는 것입니다. 누가요? 당연히 입증하려는 쪽, 곧 학생인권조례에 반대하는 쪽에 책임이 있죠. (누구에게 입증 책임이 있는지는 10장의 주제입니다.)

237면 참조

이 장을 「페리세폴리스」(새만화책 2005)라는 만화의 한 장면으로 갈무리해봅시다. 「페리세폴리스」는 이슬람 혁명 시기에 이란의 한 소녀가 겪은 억압과 차별을 그리고 있는데, 프랑스에서 애니메이션으로도 만들어졌습니다. 이슬람 근본주의자들은 여성에게 차도르를 쓰게 하고 관공서에 드나들 때 화장도 못 하게 하고 모든 파티도 금지합니다. 심지어 팔목을 보이고, 크게 웃고, 워크맨(요즘의 MP3 플레이어 같은 휴대용 카세트플레이어)을 들고 다녀도 잡혀 갑니다. 만화는 이렇게 말합니다.

"내 바지가 충분히 긴 건가?"
"베일이 잘 씌워졌나?"
"화장한 게 너무 진한가?"
"나를 채찍으로 때리면 어쩌지?"

정권은 잘 알고 있었다. 집을 나서면서 스스로에게 이런 질문을 던지는 사람은 더 이상 다음과 같은 질문을 하지 않을 거라는 것을.

"나의 사상의 자유는 어디 있지?"
"나의 언론의 자유는?"
"내 삶은 살 만한 걸까?"
"정치범들은 어떻게 된 걸까?"

당연한 거다. 사람이 두려움을 가지면 분석과 사고의 개념을 잃게 되니까. 두려움은 우리를 마비시킨다. 그리고 언제나 두려움은 모든 독재 체제에서 억압의 원동력이다. 그래서 머리를 보이게 하거나 화장을 하는 것은 당연히 저항의 행동이 된다.

이런 이란 사회를 동경하는 사람은 없을 것입니다. 그런데 각종 규제로 학생들을 옭아매려는 사회가 이란 같은 사회와 뭐가 다를까요? 이 만화의 말처럼 처벌에 대한 두려움은 분석과 사고의 개념을 잃게 합니다. 두발과 복장 규제를 어기면 처벌하는 것도 다르지 않습니다. 학교라는 특수한 곳을 일반 사회와 비교하면 안 된다고요? 바로 그런 주장이 논점을 회피하는 것입니다.

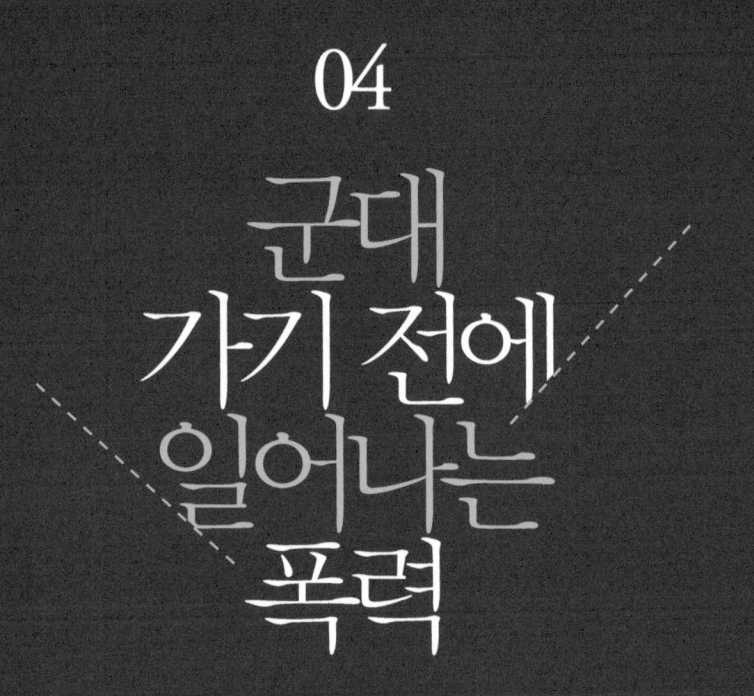

04

군대
가기 전에
일어나는
폭력

양심적 병역 거부와 애매어의 오류

양심수가 한 명도 없는 나라?

양심수라고 들어봤나요? 표준국어대사전에는 양심수를 "사상이나 신념을 내세워 행동한 이유로 투옥되거나 구금되어 있는 사람"이라고 풀이하고 있습니다. 우리나라에는 이런 양심수가 있을까요? 양심수를 후원하는 시민단체인 민주화실천가족운동협의회에서는 매달 양심수 인원을 공개하는데 2013년 12월의 양심수는 55명입니다. 그러나 정부에서는 감옥에 양심수가 있다는 것을 인정하지 않습니다. 시사주간지 『시사IN』이 법무부에 질의서를 보냈는데, 법무부는 "양심수는 대한민국의 법률용어가 아니며, 양심수라는 용어가 '정치적 신념 때문에 감금되거나 구류되어 있는 자(정치범)'라는 의미라면 그런 사람은 현재 대한민국에 존재하지 않는다."라는 공식 답변을 보내왔다고 합니다.[1] 다만 실정법을 위반한 범죄자만 있다는 입장이지요.

양심수 하면 떠오르는 사람은 2013년 12월 5일, 95세를 일기로 서거한 넬슨 만델라입니다. 1993년에는 노벨 평화상을 수상하고 1994년에는 남아프리카공화국의 대통령이 된 분입니다. 악명 높은 인종 차별 정책(아파르트헤이트)에 맞서 싸우다 무려 27년이나 감옥 생활을 했습니다. 이런 경력 때문에 만델라는 흔히 세계적으로 장기수 또는 양심수의 상징처럼 알려지고 있습니다. 국제앰네스티는 양심수를 "폭력을 주창하거나 직접 사용하지 않았는데도 자신의 정치적·종교적 신념이나 민족적 기원, 피부색·언어·국가·사회의 차이, 경제적 지위 때문에 감금된 사람들"이라고 정의합니다.[2] 그런데 이 정의에 따르면 양심수의 상징인 만델라는 양심수가 아니게 됩니다. 비폭력 저항 운동을 하던 그는 1960년에 비폭력으로 시위를 하던 흑인들에게 정부군이 발포하여 69명이 숨진 '샤프빌 대학살 사건' 이후 무장 투쟁으로 돌아섰고 그것 때문에 투옥되었으니까요.

이렇듯 양심수를 어떻게 정의하는지는 굉장히 복잡한 문제입니다. 그래서 표준국어대사전의 정의를 따르는 편이 문제를 간단하게 할지 모릅니다. 그러니까 사상이나 신념에 따라 행동했다면 그 행동이 폭력을 행사했든 실정법을 어겼든 전혀 상관없이 모두 양심수로 보자는 것입니다. 양심수는 자신이 옳다고 생각하는 사상이나 신념에 따라 행동했을 뿐이고 그 결과로 감옥에 갔을 뿐입니다. 이것을 설명하기 위해 홍길동과 조세형을 예로 들어봅시다. 둘 다 의적(義賊)으로 알려져 있습니다.

홍길동은 도둑이었지만 탐욕스러운 관리나 부자의 재물을 훔치는 행위를 죄라고 생각하지 않고 올곧은 행동이라고 생각했습니다. 바로 그런 점에서 홍길동은 비록 절도죄라는 실정법을 어겼고 절도를 하다가 가끔 폭력도 썼겠지만, 부정한 재물을 빼앗아 가난한 사람을 돕는 행위는 옳다는 '사상이나 신념에 따라' 행위를 했으므로 양심수라고 부를 수 있을 것입니다. 혹시 감옥에 갔다면요.

이번에는 가상의 인물이 아니라 1980년대에 실제로 대도(大盜)라고 불렸던 조세형을 봅시다. 조세형도 홍길동처럼 주로 부잣집을 털었습니다. 경찰에 체포되었다가 탈주한 것으로도 유명하고요. 부잣집을 털고 한때는 홍길동처럼 신출귀몰해서 의적이라고 불린 적도 있지만, 그는 개인의 욕심을 채우려고 도둑질을 한 것이므로 전혀 의적은 아닙니다. 의적이란 탐관오리들의 재물을 훔쳐다가 가난한 사람을 도와주는 의로운 도적이라는 뜻이니까요.

조세형은 양심범도 아닙니다. 그가 자신의 도둑질이 옳다는 신념을 가지고 도둑질한 것은 아니기 때문입니다. 자신의 행동이 옳지 않다는 것을 깨닫고 있었고 경찰에 잡히면 어쩌나 하고 조마조마한 상태에서 도둑질을 했을 것입니다. 진짜 양심수인 의적이라면 당당하게 도둑질을 할 뿐만 아니라 자신의 행동을 떳떳하게 생각하므로 자신의 행동을 일반화할 수 있어야 합니다. '일반화'라고 어렵게 말했지만 쉽게 말해서 다른 사람에게, 심지어 자식에게도 권할 수 있어야 하고, 더 나아가 자신의 재산을 누군가가 똑같은 이유로 훔쳐갔다고 해도 이해를 해야 합니다. 그러나 조세형이 어디 그럴까요? 그의 자식이 도둑질을 하면 어린놈이 못된 짓을 한다고 혼낼 것이고, 다른 사람이 자기 재물을 훔쳐 가면 "이 도둑놈아!" 하고 난리를 칠 것입니다. 사상과 신념에 따라 도둑질을 한 것이 아니라 순전히 자신의 이익을 위한 도둑질을 했기 때문이죠.

정리해보면 양심수란 비록 현재 시행되고 있는 법을 어기는 행동을 하더라도 그 행동이 옳다는 신념을 가지고 있는 사람을 말합니다. 자신의 행동이 옳다고 생각하므로 다른 사람에게 권할 수도 있고 누군가 자신에게 똑같은 행동을 하더라도 그것을 받아들여야 합니다. 필요할 때는 폭력을 사용하는 것이 옳다고 생각하는 양심수가 있다면, 그 양심수는 다른 누군가가 필요하다고 생각하여 자신에게 폭력을 휘두르는 것도 용인할 수 있어야 한다는 것입니다. 이런 정의에 따르면 "모든 유대인은 없어져야 한다."라는 생각에서 유대인을 처단하는 극우 분자도 양심수일 수 있습니다. 나중에 자신이 유대인인 것이 드러났을 때도 스스로를 처단하는 것을 용납할 수 있다면요.

여호와의 증인을 위한 변명

양심수를 길게 이야기한 까닭은 양심수 가운데 우리 사회에서 특히 논란이 되는 이들이 있기 때문입니다. 바로 양심적 병역 거부자들입니다. 양심수가 자신의 사상이나 신념 때문에 감옥에 간 사람을 가리키는 것처럼, 양심적 병역 거부자들은 자신의 사상이나 신념 때문에 병역의 의무를 거부하여 감옥에 간 사람들을 가리킵니다. 병역 거부의 이유를 사상이나 신념 때문이라고 했으므로 단순히 군대에 가기 싫어서 병역을 거부한 사람과는 다릅니다. 예를 들어 2004년에 80여 명의 프로야구 선수들과 연예인들이 소변 검사를 조작해 사구

체신염을 진단받고 병역 면제를 받은 것이 적발되었습니다. 이들은 자신이 올곧은 행동을 하고 있다고 생각했을 리 없으므로 (한국 야구 발전을 위한 타산적인 행동을 하고 있다고 생각은 했겠죠) 소변 검사를 조작하면서도 그 사실이 혹시 들통 날까봐 조마조마했을 것입니다. 그러니 앞서 말한 조세형처럼 전혀 양심수라고 말할 수 없습니다.

반면에 지금부터 말하려고 하는 양심적 병역 거부자들은 자신의 행동이 옳다고 생각하므로 당당하게 군대를 가지 않겠다고 말하는 사람들입니다. 진단서를 조작하는 방법으로 병역을 거부하는 일을 보통 '병역 비리'라고 부르는데, 양심적 병역 거부를 병역 기피라고 부를 수 있을지는 몰라도 병역 비리라고 부르지는 않습니다. 대놓고 떳떳하게 거부하는 비리는 없으니까요.

양심적 병역 거부는 사상이나 신념에 따른 병역 거부라고 했지만 우리나라의 경우 그 사상이나 신념은 대부분 종교적인 것입니다. 그리고 그 종교도 특정 종교에 국한됩니다. 2013년 7월에 국회입법조사처가 병무청의 자료를 제출받아 발표한 바에 따르면 2004년 이후 10년 동안 병역 거부자의 수는 6,090명이고, 이 중 여호와의 증인 신자가 6,045명으로 전체의 99.3%를 차지하고 있습니다.[3] 그러니까 우리나라의 경우 양심적 병역 거부자와 여호와의 증인 신자는 거의 동의어로 인식됩니다. 이게 왜 중요하냐 하면 양심적 병역 거부는 사실 인권 문제인데도 여호와의 증인 신자나 하는 일로 여겨지는 까닭에 크리스트교 내부의 이단 문제로 인식되어 문제 해결이 쉽지 않기 때문입니다. 우리나라는 아주 소수이지만 불교나 천주교 등 다른 종교적 신념을 근거로 병역을 거부한 이들도 있고(불교 신자로서 병역을 거부한 오태양 씨는 여호와의 증인 신자가 아닌 사람으로는 최초로 병역 거부를 했다는 이유로 널리 알려졌습니다), 모든 종류의 전쟁을 반대한다는 평화주의 신념에 따라 병역을 거부한 이들도 있습니다.

그러면 여호와의 증인 신자들은 왜 병역을 거부할까요? 그 이유는 의외로 간단합니다. 그들은 크리스트교 신자로서 성경 말씀대로 살아야 한다고 생각하는데 성경에는 전쟁에 참여하지 말라고 되어 있기 때문입니다. 성경에 전쟁에 참여하지 말라고 나와 있다고요? 그들이 근거로 내세우는 다음 구절을 보세요.

> 나라마다 칼을 쳐서 보습을 만들고 창을 쳐서 낫을 만들리라. 민족들은 칼을 들고 서로 싸우지 않을 것이며 다시는 군사 훈련도 하지 않으리라. (이사야 2장 4절)

성경이 쓰여지던 시기에는 칼과 창이 전쟁 도구였습니다. 보습이나 낫은 농사지을 때 쓰는 농기구입니다. 그러니 칼을 쳐서 보습을 만들고 창을 쳐서 낫을 만들라는 것은, 사람 죽일 때 쓰는 칼과 창으로 농사지을 때 쓰는 보습과 낫을 만들라는 말씀입니다. 모두 쇠로 만드니 칼과 창을 녹여 보습과 낫을 만들면 되는 거죠. 결국 사람 죽이는 전쟁을 하지 말고 평화롭게 농사나 지으며 살라는 하느님의 말씀입니다. 현대 전쟁에서는 총이 칼과 창의 역할을 하니 성경 말씀대로라면 총도 버려야 하고, 그러기 위해서는 총을 사용하는 군대에 가지 않아야 하는 것입니다.

앞의 성경 구절이야 구약에 나오고 구약에는 현대의 상식에 맞지 않는 말이 워낙 많아 이 구절도 그중 하나로 치부할 수 있습니다. 그러나 여호와의 증인은 예수의 말씀과 행적을 그린 신약에서도 병역 거부의 근거를 찾습니다.

'눈은 눈으로, 이는 이로.' 하신 말씀을 너희는 들었다. 그러나 나는 이렇게 말한다. 앙갚음하지 마라. 누가 오른뺨을 치거든 왼뺨마저 돌려 대고 또 재판에 걸어 속옷을 가지려고 하거든 겉옷까지도 내주어라. 누가 억지로 5리를 가자고 하거든, 10리를 같이 가주어라. 달라는 사람에게 주고 꾸려는 사람의 청을 물리치지 마라. (마태오 5장 38~42절)

'네 이웃을 사랑하고 원수를 미워하여라.' 하신 말씀을 너희는 들었다. 그러나 나는 이렇게 말한다. 원수를 사랑하고 너희를 박해하는 사람들을 위하여 기도하여라. (마태오 5장 43~44절)

원수를 사랑하고, 오른뺨을 때리는 사람에게 왼뺨마저 대라고 했으니 원수와 맞서는 전쟁은 당연히 해서는 안 되겠지요. 구약의 구절처럼 칼을 버리라고 언급한 대목도 있습니다.

칼을 도로 칼집에 꽂아라. 칼을 쓰는 사람은 칼로 망하는 법이다. (마태오 26장 52절)

성경 구절을 너무 글자 그대로 따른다고요? 크리스트교인이라면 예수의 말씀 중 허투루 듣는 것이 하나도 없겠지만, 특히 이 구절들은 예수의 가르침을 전혀 모르는 사람에게 예수의 핵심 가르침을 한마디로 전달할 때 뽑을 만한 핵심 사상입니다. 이게 지키기 어렵다고 하면 예수를 따르는 사람이라고 말하기 어렵지 않을까요? 적어도 여호와의 증인은 그렇게 생각하는 것 같습니다.

물론 성경의 구절을 하나하나 다 지키려고 하다 보니 사회 통념과 맞지 않아 논란거리가 되는 일이 많습니다. 병역 거부 외에도 여호와의 증인을 유명하게 만드는 것은 수혈 거부입니다. 이것도 성경에 근거가 있습니다. 예수의 말은 아니고 예수가 죽은 후 제자들(사도)이 한 말이지만, "여러분은 우상에게 바쳤던 제물을 먹지 말고 피나 목 졸라 죽인 짐승도 먹지 마시오. 그리고 음란한 행동을 하지 마시오. 여러분이 이런 몇 가지만 삼가면 다 잘될 것입니다."(사도행전 15장 29절)라고요. 이 구절 때문에 여호와의 증인 신자들은 수술 시 피가 필요할 때도 수혈을 거부합니다. 심지어 그들은 선짓국도 안 먹습니다. 수혈 거부는 선짓국을 안 먹는 것처럼 개인의 '기호'라고 생각할 수도 있지만 심각한 문제가 되기도 합니다. 부모가 신자라면 어린 자녀의 수혈도 거부하고 의사가 신자라면 환자에게도 수혈을 시행하지 않기 때문입니다. '시골 의사'라는 필명으로 유명한 박경철 씨의 저서 『시골 의사의 아름다운 동행』(리더스북 2011)에는 수혈이 필요한 환자에게 수혈 명령을 내렸는데도 따르지 않는 여호와의 증인 신자인 의사의 이야기가 나옵니다.

지금 말하고자 하는 것은 여호와의 증인이 병역을 거부하고 수혈을 거부하는 것은 그들의 신념에 따른 행동이라는 점입니다. 그래서 양심수처럼 자신의 행동을 일반화합니다. 박경철 씨가 말한 그 의사는 왜 너의 종교적 신념을 다른 사람에게까지 강요하느냐는 박경철 씨의 힐난에 믿음을 가진 사람으로서 자기 자신과 타인에게 이중 잣대를 갖는 것은 믿음을 버리는 것과 같기 때문이라고 대답합니다. 누구에게나 적용되는 믿음이라고 생각하는 게지요. 여호와의 증인이나 평화주의자의 신념을 일반화하여 모든 사람이 군대를 거부하면 어떻게 될까요? 당연히 전쟁이 없어집니다. 그들은 그런 세상을 꿈꾸고 있는 겁니다. 비현실적일지 모르지만 하나의 신념이지요.

군대 가기 싫은 두 가지 이유

병역을 거부하면 어떻게 될까요? 당연히 법을 위반했으니 처벌을 받습니다. 과거에는 일단 훈련소에 들어갔다가 거기서 총기 지급을 할 때 받기를 거부하여 항명죄로 처벌을 받았는데, 지금은 아예 입소를 거부하여 병역법 위반으로 처벌을 받는다고 합니다. 그 편이 형을 덜 받기 때문이라는데, 대부분 1년 6개월의 징역형을 받습니다. 남들이 군대 가는 만큼 징역을 사니 그게 그거라고 생각할 수도 있습니다. 복무 기간이 가장 짧은 육군은 21개월 복무이니 병역 거부를 하고 징역을 사는 것이 더 낫다고 여기는 사람도 많고요. 하지만 결정적인 차이는 군대를 다녀오면 자랑스러운 예비역이지만 병역 거부자는 전과자가 되어 공공 기관이나 웬만한 기업에는 취업을 할 수 없다는 데 있습니다. (그런데 요즘 군대에서 이러저러한 구타나 사고로 죽는 군인이 많은 것을 보면 군대가 감옥보다 꼭 나은지 의심이 듭니다. 감옥에서는 적어도 죽지는 않으니까요.) 그런 어마어마한 불이익이 있는데도 우리나라에서는 해방 이후에 양심적 병역 거부를 이유로 감옥에 간 사람이 1만 명이 넘는다고 합니다. 유엔인권이사회가 2013년 6월 3일 펴낸 「양심적 병역 거부에 관한 분석 보고서」에 따르면 2012년 기준으로 전 세계에 양심적 병역 거부로 감옥에 갇혀 있는 사람이 723명인데, 그중 한국인은 물경 669명이라네요![4] 무려 92.5%가 한국 사람입니다.

왜 이렇게 우리나라에만 양심적 병역 거부 때문에 감옥에 있는 사람이 많을까요? 여호와의 증인 신자가 우리나라에만 유독 많은 걸까요? 외국의 경우에는 여호와의 증인 외에 퀘이커, 메노나이트, 제칠일안식일예수재림교회 신자도 병역 거부를 합니다. 유명한 권투 선수 무하마드 알리는 이슬람 신자로서 병역 거부를 했고요. 우리나라에는 퀘이커나 메노나이트 신자가 거의 없고, 제칠일안식일예수재림교회는 병역 거부를 하다가 1970년대에 우리나라의 교단 차원에서 젊은이의 피해가 너무 크다고 중단했습니다.

여호와의 증인도 전 세계 약 800만 명(2014년)의 신자 중 우리나라에는 10만여 명이 있을 뿐입니다. 그런데도 왜 우리나라만 수감자가 그렇게 많을까요? 일단 세계적으로 징병제, 그러니까 병역 의무자를 강제적으로 징집하는 제도를 시행하지 않는 나라가 많기 때문입니다. 가고 싶은 사람만 군대에 가니 병역 거부를 할 이유가 없죠. 그리고 결정적으로 징병제를 시행하는 나라라도 대체복무를 실시하는 곳이 많기 때문입니다. 대체복무란 총을 들고 근무하는 대신에 군대 내에서 총을 들지 않고도 근무할 수 있는 일을 맡거나 민간에서 봉사하는 것을 말합니다. 우리가 선진국이라고 생각하는 모든 나라는 대체 복무를 한다고 보면 됩니다. 그런데 우리나라는 선진국의 대열에 끼었다고 하면서도 대체복무를 인정하지 않아 해마다 수많은 젊은이들이 감옥을 택할 수밖에 없는 현실입니다. (선진국에서 하니 우리도 해야 한

257면 참조

다는 주장은 대중에의 호소 논증인데 11장에서 다룹니다.[*])

이런 현실이 양심적 병역 거부자 가족들에게 엄청난 비극을 불러온다는 것이 더 큰 문제입니다. 우리나라에서 양심적 병역 거부는 2001년에 시사주간지 『한겨레21』에 잇달아 보도되어 사회적으로 주목을 받았습니다. 이때 우리나라 성우계의 전설이라 할 수 있는 양지운 씨의 사연도 알려지게 되었는데, 여호와의 증인 신자인 그의 두 아들 모두 병역 거부로 감옥에 갔습니다. (양지운 씨 본인은 군 복무 후 신자가 되었기 때문에 병역 거부자는 아닙니다.) 대부분의 종교인처럼 여호와의 증인 신자도 가족이 다 함께 신앙생활을 하는 경우가 많기 때문에 아들이나 친척 남자들 모두가 감옥에 가는 기막힌 경우가 흔합니다. 일가친척이 이렇게 동일한 범죄로 수감되는 경우가 우리 말고 또 있을까요? 양지운 씨는 이런 경험 때문에 국가인권위원회 홍보 대사를 맡고 있습니다.

왜 인권 후진국이라고 비난하는 나라에서나 남아 있는 양심적 병역 거부자 처벌이 우리나라에서는 아직도 시행되고 있을까요? 뭐니 뭐니 해도 양심적 병역 거부에 대해 부정적인 인식이 뿌리 깊게 남아 있기 때문입니다. 그런 인식이 남아 있는 이유는 양심적 병역 거부자의 주장을 제대로 이해하려고 하지 않는 탓이 큽니다. 그렇다면 왜 제대로 이해하려고 하지 않을까요? 양심적 병역 거부를 부정적으로

생각하니 이해하려고 하지 않는 것입니다. 악순환이죠.

상대방의 주장을 비판하기 위해서는 그 주장을 올바로 이해해야 한다는 것이 논리적 사고에서는 기본 중의 기본입니다. 그러지 않으면 허수아비를 공격하는 오류를 저지르게 됩니다. 5장에서 본격적으로 다루겠지만, 논쟁 상대방이 실제로 하지 않은 주장을 비판하는 122면 참조 잘못을 허수아비 공격의 오류라고 합니다. 양심적 병역 거부에 대한 비판자도 허수아비를 공격하고 있습니다. 양심적 병역 거부자 보고 대뜸 "저놈들, 군대 가기 싫어 거부한다."라고 비판하는 사람이 많습니다. "군대 가기 싫으면 솔직히 가기 싫다고 말해."라고도 비아냥거립니다. 또 대체복무를 시행하면 군대 가기 싫어하는 사람들이 악용할 것이므로 대체복무는 안 된다는 주장도 있습니다. 맞습니다. 양심적 병역 거부자도 '군대 가기 싫어서' 병역을 거부합니다. 그러나 그때의 '군대 가기 싫다'는 의미는 비판자들이 '군대 가기 싫다'고 말할 때의 의미와 다릅니다. 비판자들이 '군대 가기 싫다'고 말할 때는 무슨 의미일까요? 힘든 일이 하기 싫다거나 군 복무 기간에 학업이나 돈벌이 따위의 자신이 하던 일이 단절되는 것이 싫다는 뜻일 것입니다. 군 복무는 일상생활보다 훨씬 힘들고 군대에 다녀오면 그 기간 동안 학업이나 경력에서 뒤처지게 되는 것은 부정할 수 없는 사실입니다.

그러나 양심적 병역 거부자들이 그런 뜻에서 군대에 가기 싫어할까요? 단언컨대 아닙니다. 양심적 병역 거부에 대해 지금까지 간단하게 설명한 것만 보아도 그런 것이 아니라는 사실을 단박에 알 수 있습니다. 현재 우리나라에도 대체복무 비슷한 제도가 있기는 합니다.

공익근무요원·산업기능요원·전문연구요원은 민간에서 근무하는 것으로 병역 의무를 대신합니다. 그러나 우리나라의 양심적 병역 거부자는 이 제도로도 대체복무를 할 수 없습니다. 그런 근무를 하기 위해서는 4주간의 군사 훈련이 필요한데, 군사 훈련이니만큼 총을 들고 하는 훈련이 있으니 양심적 병역 거부자는 그마저도 거부하는 것입니다. 군의관의 경우는 5주간의 군사 훈련을 받으면 그다음에는 국군의무학교에서 훈련을 받고 나서 군대에서 총 잡을 일 없이 의사로 근무하면 되는데 그것도 거부하고요. 가령 야구 선수인 박찬호 씨처럼 국제 대회에서 금메달을 따서 나라의 위상을 드높였다는 이유로 병역 면제 혜택을 받더라도 4주간의 군사 훈련만은 마쳐야 합니다. 4주 내내 총을 들고 있는 것도 아니니 눈 딱 감고 4주만 훈련을 받으면 모든 일이 끝납니다. 이 경우에는 예비군 훈련도 없습니다. (군대에 갔다 온 다음에 여호와의 증인 신자가 된 사람은 예비군 훈련을 거부하여 전과자가 됩니다.) 양심적 병역 거부자들은 4주간의 군사 훈련만 받으면 민간 근무로 대체되거나 모든 의무가 끝나는데도 그것을 거부하여 1년 6개월씩 실형을 사는 사람들입니다. 과연 이 사람들이 힘든 일이 싫어서 또는 경력의 단절을 저어해서 병역을 거부했을까요? 약간만 생각해봐도 아니라는 것을 바로 알 수 있습니다.

대체복무제를 시행하면 악용될 것이라는 주장도 허수아비를 공격하는 잘못을 저지르고 있습니다. 현재 입법 논의 중인 대체복무제는 현역 복무의 1.5배 정도에 해당하는 기간을 사회 복지 기관이나 공익 기관에서 복무하게 하는 제도입니다. 현재 해군이나 공군이 육군보다 복무 기간이 2~3개월 길지만 근무 조건이 낮다는 이유로 자원하는 것을 보면 1.5배 정도라면 군대 대신 대체복무를 할 것도 같습니다. 그러나 대체복무를 이미 시행하고 있는 국가를 보면 대체복무를 무작정 받아들이는 것이 아니라 정말로 '진지한 신념'을 가지고 병역 거부를 하는 것인지, 아니면 거짓으로 그러는 것인지 진지성 심사를 합니다. 어릴 때부터 특정 종교를 믿었는지, 군대 외에 다른 영역에서도 평화주의 신념을 가지고 있는지 심사하는 것입니다. 물론 온갖 꼼수를 통해 이런 심사를 통과하는 사람도 없지 않을 것입니다. 그러나 그런 일부 부작용을 우려해 대체복무제를 시행하지 않고 수많은 전과자를 양산하는 것이 무슨 의미가 있는지 생각해봐야 합니다. 더구나 현재 양심적 병역 거부에 대한 여론을 생각해보면 대체복무자는 사회생활에 지장이 많을 텐데, 그것을 감수하고서 거짓으로 대체복무를 할 것 같지는 않아 보입니다. (물론 그 여론이 옳다는 이야기는 아닙니다.)

양심적 병역 거부자를 위한 대체복무는 현재 시행되고 있는 공익근무요원·산업기능요원·전문연구요원 따위와 비교할 때 4주간의 군사 훈련이 있느냐 없느냐를 제외하고는 아무 차이가 없습니다. 양심적 병역 거부자는 그 군사 훈련만 안 받는다면 어떤 것도 감수하겠다는 자세가 되어 있습니다. 그런데 현재 시행 중인 제도에 대해서는 아무런 반감이 없는 사람들이 유독 양심적 병역 거부자를 위한 대체복무에 대해서만 형평성 운운하며 반감을 보이는 것은 논리적 근거가 없다고 볼 수밖에 없습니다.

애매어의 오류

어떤 낱말이 두 가지 이상의 뜻을 가지고 있을 때 그 낱말은 애매하다고 말합니다. '말'은 타고 다니는 말과 입으로 하는 말의 두 가지 이상의 뜻이 있으니 애매한 말입니다. '다리'도 사람의 다리와 책상의 다리가 있으니 역시 애매하고요. 국어학에서는 동음이의어와 다의어를 구분합니다. 동음이의어는 우연히 소리만 같을 뿐이지 뜻이 전혀 다른 경우이고, 다의어는 어떤 낱말의 중심 의미가 확장되어 주변 의미로도 쓰이는 경우입니다. 예컨대 타고 다니는 '말'과 입으로 하는 '말'은 내용상 서로 관련이 없고 우연히 소리가 같을 뿐이므로 동음이의어지만, '다리'의 경우는 사람의 다리에서 책상의 다리로 확장되었으므로 다의어입니다. 이건 뭐 초등학교에서도 배우는 쉬운 내용이지요.

낱말이 애매해서 헷갈리는 경우는 주로 동음이의어가 아니라 다의어에서 생깁니다. 가령 동음이의어인 타고 다니는 '말'과 입으로 하는 '말'은 의미가 워낙 다르므로 그 낱말이 쓰이는 구체적인 맥락에서 무슨 '말'을 가리키는지 대체로 알 수 있습니다. "2014년은 말의 해이다."라고 말할 때의 '말'이 입으로 하는 말이라고 생각하는 사람은 아무도 없잖아요? 반면에 다의어는 워낙에 중심 의미에서 파생해서 생겼기 때문에 애매함이 잘 해소되지 않습니다. 어떤 광고에서 아버지가 대통령이 되고 싶다는 아들에게 "그럼 대통령이 되면 아빠는 뭐 시켜줄 거야?"라고 물으니 아들이 "탕수육!"이라고 대답합니다. 아버지가 생각하는 '시키다'와 아들이 생각하는 '시키다'가 다의어이기 때문에 이런 우스운 대화가 생기는 것입니다.

애매어는 이런 말장난에서도 쓰이지만 논증에서도 쓰입니다. 논증에서는 자세히 보면 서로 다른 뜻인데 같은 뜻인 것처럼 한 낱말을 쓰고 있을 때 애매어의 오류를 저지른다고 말합니다. 예를 들어 "교회에서는 우리 모두가 죄인이라고 한대. 근데 죄인이라면 감옥에 가야 하잖아? 그러니 교회에 다니는 사람들은 모두 감옥에 가야겠네."라는 논증을 보죠. 전제에 '죄인'이라는 말이 두 번 쓰였는데 이때 두 '죄인'은 서로 다른 뜻입니다. 첫 번째 죄인은 종교적인 의미에서 죄인이고 두 번째 죄인은 법적인 의미에서 죄인입니다. 크리스트교를 배경으로 하는 영어에서는 이게 신(sin)과 크라임(crime)으로 구분되지만 우리말에서는 구분이 안 됩니다. 전제의 두 '죄인'이 같은 뜻이어야 원하는 결론이 나올 수 있는데 글자의 생김새만 같지 사실은 다른 뜻의 다른 말이므로, 원하는 결론은 나오지 않습니다. 따라서 이 논증은 잘못된 논증이고, 이런 유형의 잘못을 애매어의 오류라고 부릅니다.

애매어의 오류는 낱말 차원에서만 생기는 것이 아니라 구절에서도 생깁니다. 앞에서 본 "저놈들, 군대 가기 싫어 거부한다."에서 '군대 가기 싫어한다'라는 구절이 애매어입니다. 이것을 논증 형식으로 재구성해보면 다음과 같습니다.

> 군대 가기 싫어하는 사람은 비난이나 처벌을 받아 마땅하다.
> 여호와의 증인 신자는 군대 가기 싫어한다.
> 여호와의 증인 신자는 비난이나 처벌을 받아 마땅하다.

앞에서 이미 살펴보았듯이 첫 번째 전제의 '군대 가기 싫어한다'와

두 번째 전제의 '군대 가기 싫어한다'는 서로 다른 뜻입니다. 첫 번째 전제의 경우는 힘든 일이 싫거나 경력의 단절을 걱정한다는 뜻이지만, 두 번째 전제의 경우는 어떤 신념에 의해 병역을 거부한다는 뜻이니까요. 이 논증은 그 차이를 무시하고 병역을 거부한다고 해서 첫 번째 전제에서와 같이 개인적인 욕심으로 거부하는 것으로 몰아가려는 의도를 담고 있습니다. '군대 가기 싫어한다'가 갖는 부정적인 뉘앙스를 양심적 병역 거부자들에게 덮어씌우는 것이죠.

양심적 병역 거부에 대한 비판이 저지르는 더 큰 애매어의 오류는 '양심'에 대한 해석에서 생깁니다. 양심적 병역 거부 이야기가 나오면 가장 흔히 나오는 비판은 "그래, 너는 양심적이어서 군대 안 가냐? 나는 뭐 비양심적이어서 군대 갔다 온 줄 아냐?"라고 부르대는 것입니다. 원색적이고 말초적인 언어가 난무하는 댓글이나 술자리에서만 이런 비판이 있는 것은 아닙니다. 알 만큼 아는 사람들도 그런 말을 합니다. 한 일간지의 A 논설위원은 아예 제목부터 "군대 가면 비양심적인가"라는 칼럼에서 이렇게 말합니다.

양심적 병역 거부가 '좋은 사람들의 병역 거부'로 인식되거나 자칫 군대 가는 사람이 비양심적인 사람으로 간주되지 않을까 두렵다.[5]

또 서울지방병무청장을 지낸 전문가 B는 이렇게 말합니다.

어떤 한 종교인의 교리를 빙자한 병역 회피 기도를 '양심적 병역 거부'라 표현한다면 조국의 부름을 받아 조국을 지키다 장렬히 산화한 이들 젊은이를 '양심'이라는 단어와 대칭되는 '비양심적 병역 이행자'로 적어야 마땅할 것이다.[6]

재미있는 것은 두 사람 모두 친절하게 '양심'의 뜻을 칼럼에 적고 있다는 점입니다. A 논설위원은 '사람으로서 마땅히 가져야 할 바르고 착한 마음'이라고, B 전문가는 양주동의 『현대국어대사전』을 빌려 '사물의 선악 정사를 판단하고 명령하는 의식 능력, 도덕적 의식'이라고 적고 있습니다. 그런데 이 두 가지는 서로 다른 뜻입니다. B 전문가가 인용한 뜻은 착한 마음이라는 뜻이 아니라 착한지 안 착한지 판단하는 도덕적 의식이라는 뜻입니다. 이것은 어떤 일이 옳고 어떤 일이 그른지 판단할 수 있는 의식, 다시 말해서 앞에서 말한 사상이나 신념을 말합니다. 양심은 이렇게 착한 마음이라는 뜻도 있고, 옳고 그름을 판단하는 신념이라는 뜻도 있는 것입니다. 그리고 양심적 병역 거부라고 할 때의 '양심'은 신념의 의미에서의 양심입니다. 양심수라고 할 때의 양심도 역시 신념의 의미라는 것을 우리는 이미 살펴보았습니다. 착한 마음의 의미에서 양심은 평가적인 개념입니다. 예컨대 "저 사람 참 양심적이야."라고 말할 때는 그 사람을 칭찬하는 의미이고 반대로 "저 사람 참 비양심적이네."라고 말할 때는 비난하는 의미입니다. 그러나 신념의 의미에서의 양심에는 그런 평가적인 의미가 없습니다. 거기에 무슨 착하고 말고의 뜻이 있는 것이 아니라는 말입니다. 단지 옳고 그름을 판단하는 신념을 가지고 있고 그것에 따라 행동한다는 뜻일 뿐입니다. 우리말에서 '양심적'이라고 할 때는 양심의 두 가지 의미로 모두 쓰이는데, '비양심적'이라고 할 때는 착한 마음의 의미로만 쓰입니다. 그런데도 양심적 병역 거부에서의 양심을 '착한 마음'이라고 해석하여 군대 간 사람이 '비양심적'이게 된다는 주장은 '양심'의 애매성을 이용한 애매어의 오류입니다. A 논설위원은 양심의 뜻을 하나밖에 모르고 있고, B 전문가는 양심의 뜻을 국어사전에서 제대로 찾았으면서도 여전히 자신이 알고 있는 대로만 해석하고 있습니다.

아마 양심수도 뭔가 착한 죄수 같은 느낌을 주나 봅니다. 실제로는 그런 뜻이 전혀 없는데도요. 그래서 정부에서는 양심수가 없다고 자꾸 부인하나 봅니다.

이런 연유 때문에 양심적 병역 거부에 대해 많이 연구하고 양심적 병역 거부자의 인권 신장을 위해 애쓰는 김두식 교수는 '양심적 병역 거부' 대신에 '양심에 따른 병역 거부'를 쓰자고 제안합니다. '비양심적 병역 거부'를 떠올리는 연상 작용에서 벗어나길 기대하면서요.[7] 그러나 '양심'이 착한 마음이라고만 알고 있다면 또는 다른 뜻이 있음을 알면서도 그렇게만 해석한다면 여전히 말짱 도루묵입니다. 상대방의 주장을 자비롭게 이해하려는 마음이 부족하다면 계속해서 애매어의 오류를 저지를 것입니다.

국방의 의무냐 양심의 자유냐

양심적 병역 거부자에 대해 "너만 양심적이냐?"라고 비아냥대는 태도만 바꾼다면 대체복무에 대한 논의를 꽤 합리적으로 할 수 있습니다. 그런 태도로는 양심적 병역 거부자를 잘난 척하는 사람이나 위선자로 생각하기에 그들과 합리적인 토론을 하지 않으려고 하기 때문입니다. 그러나 이미 보았듯이 양심적 병역 거부자는 양심을 그런 뜻으로 쓰지 않습니다. 물론 지금 양심에 따른 행동이라고 해서 모두 올곧고 적법하다고 주장하는 것은 아닙니다. 앞에서 아주 일관적인 극우 분자가 자신까지 포함해서 유대인이라면 모두 처벌받아야 한다는 신념으로 유대인을 공격한다면 그도 양심에 따른 행동을 하는 것으로 보아야 한다고 말했는데, 그런 사람은 분명히 사회적으로 해롭습니다. 그러나 양심적 병역 거부자가 위선적인 사람이 아니라 신념에 따른 행동을 하는 사람이라는 것만 인정하면, 그다음부터는 그의 행동이 사회적으로 해로운지 아닌지만 판단하면 되므로 합리적인 토론이 가능합니다.[8]

양심적 병역 거부에 대한 국민들의 태도도 많이 바뀌었습니다. 2013년 11월에 한국 갤럽이 실시한 여론 조사에서 국민의 76%는 양심적 병역 거부에 대해 여전히 이해할 수 없다고 답했습니다. 그러나 주목할 만한 것은 양심적 병역 거부자를 징역형에 처하는 대신 대체복무 제도를 도입하는 안에 대해서 68%가 찬성했다는 점입니다.[9] 나와 다른 신념을 가지거나 행동을 하는 사람을 이해하기 어려울 때가 많습니다. 그렇다고 해서 처벌을 하는 것은 또 다른 문제입니다. 누군가를 처벌하는 까닭은 처벌을 함으로써 비슷한 범죄를 예방하거나 그 사람을 교화하기 위해서입니다. 그러나 양심적 병역 거부자에 대한 처벌은 이런 목적을 전혀 달성하지 못합니다. 해방 이후 꾸준히 처벌해왔는데도 양심적 병역 거부자가 해마다 600명씩 곰비임비 생겨나는 것을 보면 예방 효과는 거의 없습니다. 신념에 의해 감옥에 간 사람들이 징역을 산다고 해서 자기 생각을 바꿀 턱도 없고요. 물론 그런 예방이나 교화가 있든 없든 잘못한 값을 치르기 위해 처벌을 받아야 한다는 주장도 있기는 합니다. 그러나 그런 주장은 "눈에는 눈, 이에는 이."가 통용되던 구시대의 형벌관일 뿐입니다. "너 이놈 당해봐라."라는 식의 생각으로 아무 의미 없는 형벌을 수백 명에게 치르게 하는 것이 우리 사회에 어떤 도움이 되는지 고민해봐야 합니다. (형벌은 11장에서 더 자세히 설명하겠습니다.)

241면 참조

방금 말한 갤럽 조사에서도 드러나지만 입대를 앞두거나 막 마친 젊은이들의 양심적 병역 거부에 대한 반감이 큽니다. 나는 고생하는데 저 사람들만 편하게 지내려고 한다는 생각을 하기 때문이지요. 그러나 형평성에 근거한 이런 반감을 다른 대체복무에는 보이지 않으면서 유독 양심적 병역 거부자에게만 보이는 것은 오히려 형평성에 맞지 않는다는 점은 이미 살펴보았습니다. 그리고 양심적 병역 거부자가 실제로 총만 들지 않는다면 어떤 고생도 마다하지 않으리라는 점도 이미 보았고요.

대체복무의 걸림돌은 아이러니하게도 같은 크리스트교 내에 있습니다. 크리스트교의 다른 교파들이 이단인 여호와의 증인에게 특혜를 주는 정책을 받아들일 수 없다고 맹렬하게 반대하기 때문입니다. 그러나 이단이냐 아니냐는 특정 종교 내부의 문제이고, 국교를 인정하지 않는 국가에서 특정 종교의 논점을 토대로 국가 정책을 정할 수는 없습니다. 일종의 집안 싸움을 외부에 꼰지르는 것도 볼썽사납고요. 양심적 병역 거부자의 대부분이 특정 종교인이긴 하지만, 양심적 병역 거부는 종교적인 문제가 아니라 양심의 자유라는 헌법에 보장된 가치에 대한 문제입니다. 크리스트교 측에서도 그 종교를 믿지 않는 사람들도 공감할 수 있는 가치를 근거로 문제를 제기해야 설득력이 생길 것입니다.

물론 헌법에는 양심의 자유뿐만 아니라 국방의 의무도 명시되어 있습니다. 헌법재판소가 2004년과 2011년에 연달아서 양심적 병역 거부자를 처벌하는 병역법이 합헌이라고 결정한 이유도 바로 국방의 의무가 양심의 자유보다 우선한다고 생각하기 때문이었습니다. 그러나 국방의 의무와 양심의 자유가 서로 배타적이라고 생각하는 것, 그러니까 둘 중 하나를 선택하면 다른 쪽은 버려야 한다고 생각하는 것은 잘못된 이분법입니다. 제대로 된 이분법이라면 "A 또는 B"에서 A를 선택하면 B를 선택할 수 없고 B를 선택하면 A를 선택할 수 없어야 합니다. "짝수냐 홀수냐."처럼요. 그러나 A와 B를 동시에 선택할 수 있는데도 없는 것처럼 주장하는 논증은 잘못된 이분법이라고 불립니다. "국방의 의무냐 양심의 자유냐."도 그런 잘못된 이분법입니다. 양심의 자유를 지키면서도 국방의 의무를 얼마든지 이행할 수 있기 때문입니다. 이미 시행되고 있는 여러 가지 형태의 대체복무는 군대에 복무하지 않으면서도 국방의 의무를 잘 수행할 방법을 제시하고 있습니다. 양심적 병역 거부자들도 그런 형태로 국방의 의무를 이행하겠다는 것입니다. 다만 총을 드는 군사 훈련만 하지 않겠다는 것이죠. 총 쏘는 연습을 몇 번 하지 않게 하는 것이 그렇게 힘든 걸까요?

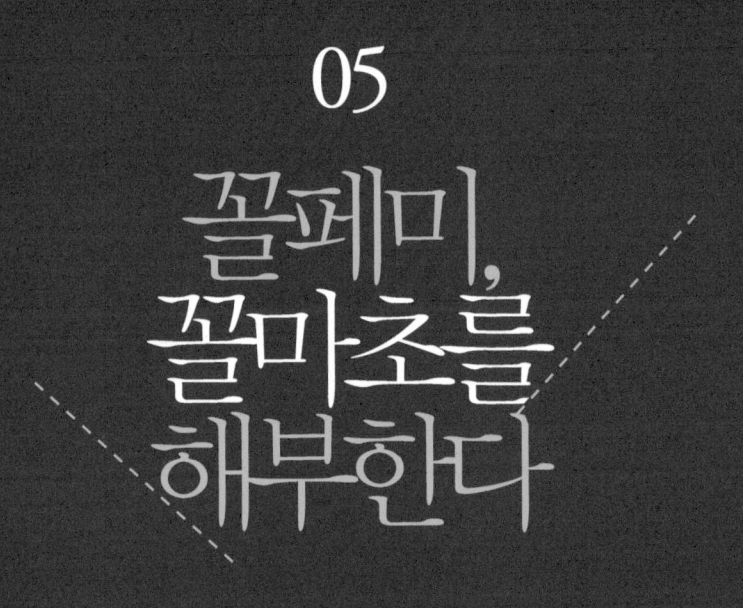

05

꼴페미, 꼴마초를 해부한다

여성 차별과 허수아비 공격의 오류

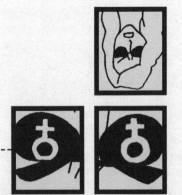

죠리퐁, 테트리스, 쏘나타 III

　과자 '죠리퐁'과 게임 '테트리스'와 자동차 '쏘나타 III'는 무슨 관련이 있을까요? 아무 관련이 없어 보이지만 인터넷 검색 사이트에서 이 세 가지는 '여성부(여성가족부)'와 연관 검색어로 함께 뜹니다. 왜 그럴까요? 바로 다음과 같은 이유 때문입니다.

　여성가족부는 과자 죠리퐁이 여성 신체의 특정 부위를 연상시킨다는 이유로 판매 금지를 추진하고 있다. 그리고 블록을 맞추는 형태의 컴퓨터 게임인 테트리스는 남녀의 성행위를 묘사한다는 이유로 역시 법적 제재를 요청했다. 한편 자동차 쏘나타 III의 전조등은 남성 신체의 특정 부위와 비슷해서 불매 운동을 벌여야 한다고 주장하고 있다.

마치 신빙성 있는 주장처럼 들리지만, 말짱 거짓말입니다. 여성가족부는 이런 일을 추진한 적이 없습니다. 그런데도 인터넷에는 여성가족부가 정말로 그런 일을 했다고 딱 잘라 말하는 글들이 버젓이 올라오고 있고, 여성가족부 홈페이지의 게시판에는 "아이들이 좋아하는 죠리퐁 없애지 말아주세요."나 "여성가족부 정말 할 일 없네요."라는 글이 올라옵니다. "버섯이나 전복도 판매 금지하지 그러세요."라고 비아냥거리기도 하고요.

죠리퐁, 테트리스, 쏘나타 III는 여성가족부 3대 루머라고 불립니다. 왜 이런 루머가 돌까요? 여성가족부는 충분히 그런 일을 하고도 남는다고 생각하기 때문입니다. 남성을 위한 정부 부서는 없는데 여성만을 위한 부서는 있다는 것에 대한 반감도 작용하고, 또 여성가족부가 실제로 게임이나 노래 가사 등에 대해 규제를 하려고 했기 때문에 3대 루머 속의 일들도 충분히 할 수 있다고 생각한 것입니다.

페미니스트와 꼴페미

이제는 대놓고 여성 차별을 주장하는 사람은 없습니다. 공개적인 자리에서 여성을 비하하거나 차별하는 발언을 하다가는 뭇매를 맞기 십상입니다. 미국 하버드대의 로런스 서머스(Lawrence H. Summers) 총장은 2005년에 "여성이 선천적으로 수학과 과학 능력이 떨어진다."라는 발언을 했다가 총장직에서 물러나야 했습니다. 이 발언은 과학적인 검증 대상이고 서머스 총장은 여성에 대한 수학과 과학 교육의 기회를 늘려야 한다는 취지에서 이 말을 했는데도 말입니다. 차별적인 의도가 없더라도 여성은 남성과 다르다는 말을 하기가 쉽지 않은 세상입니다.

이런 세상이 되기까지 페미니스트의 공이 큽니다. 페미니즘은 남녀 동권론 또는 여권 확장론으로 해석됩니다. 남자와 여자에게 똑같은 권리를 부여하자거나 그동안 남성에게 미치지 못했던 여성의 권리를 확장해야 한다는 주장입니다. 100여 년 전에 여자는 아예 학교에 다닐 수 없었고, 30~40여 년 전만 해도 학교에 다닐 수는 있었지만 남자 형제들에게 양보하고 집안 살림을 하거나 돈을 벌어야 했습니다. 그러나 지금은 대학 진학률이 여자가 더 높습니다.[1] 각종 시험에서도 여성은 두각을 나타냅니다. 특히 고시에서는 여성 합격자 수가 남성 합격자 수와 거의 비슷하거나 그보다 더 많습니다.[2] 페미니스트들이 교육을 받을 권리에서 여성과 남성이 차별받을 이유는 없다고 꾸준히 주장했고, 그 주장은 어떤 반박을 허용하지 않을 만큼 당연하게 받아들여졌기 때문입니다.

그러다 보니 많은 사람들이 이제 여성 차별은 없어졌다고 생각합니다. 여자가 대학도 남자보다 더 많이 가고 고시도 더 많이 붙으니 여성 차별은 얼토당토않다는 것입니다. 여성가족부는 여성·청소년·가족·아동 관련 정책을 맡은 기관입니다. 여성 정책 중 가장 중요한 것이 양성 평등을 실현하는 것이지만 이미 남성과 여성이 평등하게 되었고 더 나아가 여성이 더 앞서 가고 있으니, 양성 평등을 위한 정책과 그것을 맡는 기관이 따로 있을 필요가 있느냐는 볼멘 소리가 나오는 것입니다. 평소에 이런 불만이 있다 보니 죠리퐁, 테트리스, 쏘

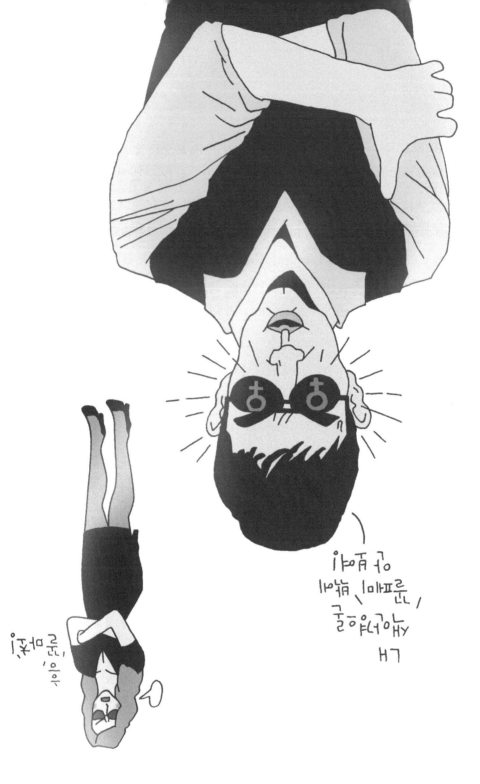

나타 III 루머가 나올 때마다 여성가족부가 정말로 그랬다고 믿고 싶어하는 것입니다.

여성 차별을 반대하는 진영, 또는 양성 평등을 주창하는 진영, 다시 말해서 페미니즘에 대한 반감은 꼴페미에 대한 공격으로 나타납니다. '꼴페미'는 꼴통인 페미니스트를 가리키는 신조어입니다. 꼴통은 본디 머리가 나쁜 사람을 속되게 부르는 말입니다. 그런데 실제로는 그런 뜻보다는 말이 통하지 않을 정도로 답답하여 합리적인 대화가 곤란한 사람을 가리키는 말로 더 많이 쓰이는 것 같습니다. 2장에서는 꼴통인 수구 진영을 가리키는 신조어로 '수구꼴통'이 있고 줄여서 '수꼴'이라고 부른다고 했습니다. 마찬가지로 꼴페미는 합리적인 대화가 통하지 않는 페미니스트를 말할 것입니다. 그러나 현실은 그렇지 않습니다. 인터넷에서는 여성의 정체성을 내세우기만 하면 대체로 꼴페미로 부르는 경향이 있습니다.

꼴페미보다 더 심한 말들도 많이 쓰입니다. '보슬아치' '된장녀' '김치녀' 등이 그런 말입니다. 보슬아치는 여성의 특정 신체 부위와 벼슬아치를 합한 것으로서 여성에게는 상당히 치욕스러운 말입니다. 여자인 것을 벼슬로 안다는 뜻으로, 여성이라는 성별을 특권으로 내세워 각종 의무에서 면제되거나 특혜를 받으려고 하는 여자를 가리킵니다. 보슬아치가 워낙 상스럽다 보니 실제로는 된장녀나 김치녀가 더 많이 쓰이는 것 같습니다. 된장녀는 '젠장'이라는 욕지거리와 비슷하게 발음되는 된장과 여자를 합한 말이라는 설도 있고, 머리에 똥밖에 안 든 여자라고 말하기에는 점잖지 못해서 된장으로 순화(?)한 말이라는 설도 있습니다. '된장질하다'라는 동사로도 많이 쓰이는

데, 허영기가 많고 남성 의존적인 행태를 말합니다. 그러니까 명품을 밝히며 스스로의 힘으로 노력하기보다 사회적 조건이 좋은 남자와 결혼하여 인생을 고치는 것을 목표로 삼는 행동이 된장질이고, 된장질하는 여자가 된장녀입니다. 김치녀는 김치만큼 흔하디 흔한 한국 여자라는 뜻입니다. 데이트할 때 데이트 비용은 남자가 내야 하고 데이트는 차 있는 남자와 해야 하고 결혼할 때 집은 남자가 사야 한다고 생각하는 한국 여자들이 흔하다고 보는 것 같습니다.

보슬아치, 된장녀, 김치녀는 인터넷에서 가루가 되도록 까입니다. 대체로 우리 회사에 다니는 누구누구가 된장녀라거나 어제 소개팅한 여자가 김치녀였다거나 하는 식으로 글을 올리면 그 여자는 남자들의 공분의 대상이 됩니다. 지금까지 살펴본 바에 따르면 이런 여자들은 어느 정도 비난을 받을 소지가 있습니다. 문제는 여성의 권리를 주장하거나 여성의 정체성을 내세우면 꼴페미라고 비난을 받고 꼴페미는 된장녀나 김치녀와 동일시되기가 쉽다는 것입니다. 정말로 페미니스트들은 꼴페미일까요?

허수아비 공격의 오류

여러 명이 동시에 온라인에 접속하여 즐기는 컴퓨터 게임 중에 허수아비를 공격하게 하는 것이 있습니다. 리니지나 월드 오브 워크래프트 같은 게임에서 본격적인 게임에 들어가기에 앞서 허수아비를 가지고 연습을 하도록 하는데, 전투 기술을 습득하게 하거나 자신의 능력치가 어느 정도인지 어림잡아보도록 하는 배려입니다. 그러나 어디까지나 허수아비이기 때문에 순전히 낮은 레벨의 초보자들이 연습용으로 상대할 뿐입니다.

게임에서도 그렇지만 전쟁에서도 허수아비를 이겼다고 승리한 것이 아닙니다. 『삼국지연의(三國志演義)』에서 오(吳)나라 진영에 있던 제갈량은 짙은 안개가 낀 날 수십 척의 배에 허수아비를 세워 위(魏)나라 진영에 들어갑니다. 위나라 수군은 안개 때문에 허수아비가 실제 적군인 줄 알고 화살로 오나라 배를 공격합니다. 결국 제갈량은 허수아비에 박힌 10만 개의 화살을 힘 안 들이고 얻게 됩니다. 오나라 군대가 후퇴하자 위나라 군대는 이긴 줄 알았겠지만 사실은 제갈량의 계략이 승리한 거죠. 그는 처음부터 화살을 얻기 위해 허수아비로 적군을 속인 것이니까요.

이렇게 허수아비는 이기기도 쉽지만 이겨봐야 아무 의미가 없습니다. 그 정도가 아니라 위나라 군대처럼 허수아비를 공격하느라 힘을 허투루 쓰게 되면 정작 실제 전쟁에서는 지게 됩니다. 논쟁도 싸움이라는 점에서 전쟁과 비슷하기에 허수아비 공격이 자주 쓰입니다. 단 전쟁과 달리 논쟁에서는 허수아비를 공격함으로써 상대방을 이긴 것처럼 현혹할 수 있습니다. 논쟁 상대방의 진짜 주장이 아니라 허수아비 주장을 비판했는데도 논쟁에서 이긴 것처럼 생각되는 것입니다. 이러한 잘못을 허수아비 공격의 오류라고 합니다.

허수아비 공격은 대체로 두 가지 방식으로 이루어집니다. 첫 번째 방식은 상대방이 하지 않은 주장을 상대방이 했다고 뒤집어씌워 비판하는 것입니다. 물론 상대방의 주장과 전혀 상관없는 주장을 둘러

씌우면 현혹하는 효과가 없으므로 상대방의 실제 주장과 조금이라도 관련 있는 내용을 갖다 붙입니다. 서울시 교육청에서 체벌을 금지하자 그 정책에 반대하는 쪽은 "체벌 금지는 교육을 포기하자는 것"이라고 비판합니다.[3] 학교 현장에서 교육을 포기하자고 주장한다면 누가 봐도 비난할 것이므로 비판하기 좋은 표적이 됩니다. 체벌 금지 논란은 교육 현장에서 아득하게 오래된 논란이지만, 체벌을 옹호하는 쪽이나 금지하자는 쪽 모두 자신의 방식이 교육적 효과가 크다고 생각하기 때문에 그렇게 주장한다는 것은 약간만 생각해봐도 알 수 있습니다. 그런데도 자신과 반대인 쪽은 교육을 포기하자는 주장을 한다고 몰아가는 것은 상대방의 주장을 대놓고 왜곡하는 것입니다. 물론 체벌을 옹호하는 입장에서는 체벌을 금지하는 것이 곧 교육을 포기하는 것과 '다름 없다'는 주장을 할 수도 있고, 아마 그런 의도로 주장을 했을 것입니다. 그러나 그러기 위해서는 왜 그런지 근거를 제시해야 합니다. 체벌 반대 쪽도 체벌 옹호 쪽은 교육을 포기하고 조폭처럼 학생들을 쥐어패자고 주장한다고 얼마든지 비판할 수 있을 텐데, 그러면 체벌 옹호 쪽은 얼마나 억울하겠습니까?

두 번째는 상대방의 주장을 부풀려서 비판하는 방식입니다. 누군가가 비가 오는 날에 "나는 이렇게 비가 오는 날이 좋아."라고 말하자 듣던 사람이 "그럼 일 년 내내 비만 오면 좋겠어?"라고 말합니다. 아무리 비 오는 날을 좋아하는 사람이라도 날마다 비가 오면 좋아할 리가 없다는 것은 상식인데 상대방의 말을 일부러 과장되게 해석하고 있습니다. '언제나'나 '전혀'같이 모든 대상에 적용되는 주장은 비판하기가 쉽습니다. 그 주장이 들어맞지 않는 단 하나의 반례만 들어도 비판이 되니까요. "일 년 내내 비가 오면 좋겠다."라는 주장도 그런 주장이지요. 그러나 비판하기도 쉬운 만큼 그런 주장을 하는 사람도 거의 없습니다. 그런데도 상대방의 주장을 그렇게 극단화해서 허수 아비를 만들어 공격하는 것입니다.

꼴페미라는 허수아비

페미니스트를 꼴페미로 공격하는 것도 허수아비 공격의 오류 혐의 가 짙습니다. 앞서 말했듯이 여성가족부는 죠리퐁, 테트리스, 쏘나타 III를 금지하라는 정책을 세운 적이 없습니다. 그런데도 여성가족부가 그런 금지를 했다고 단정하고서 맹공격하는 것은 노골적으로 상대방 의 주장을 꾸며내는 첫 번째 방식의 허수아비 공격의 오류입니다.

설령 여성가족부가 그런 정책을 세웠다고 해봅시다. 실제로는 그 렇지 않았지만 어디까지나 가정입니다. 그렇다고 해서 페미니스트 가 꼴페미로 비판받는 것이 정당화될까요? 그런 정책은 여성가족부 가 양성 평등을 위해 추진하는 여러 정책 중 하나일 뿐이며, 혹시 거 기에 상식과 어긋나는 면이 있다고 하더라도 여성가족부의 정책이나 설립 목적을 싸잡아 비판하는 것은 상대방의 주장을 부풀려서 비판 하는 두 번째 방식의 허수아비 공격의 오류입니다.

더 중요하게는 혹시 여성가족부가 그랬다고 하더라도 여성가족부 가 페미니스트를 대표할 수 있느냐는 점을 생각해봐야 합니다. 여성 가족부는 페미니스트들의 단체는 아니지만 양성 평등 정책을 실현하는 곳이니 페미니스트와 가까운 곳이라고 쉽게 생각할 수 있습니다. 2014년 현재 우리나라의 여성가족부는 청소년 보호 업무까지 맡고 있기 때문에 인터넷 게임을 규제하거나 대중음악을 심의하는 일을 하고 있습니다. 여성가족부 산하의 청소년보호위원회가 중심이 되어 심야 시간대에 청소년이 인터넷 게임에 접속하지 못하게 하는 법(게임 셧다운제)을 발의하여 2011년부터 시행하다가 반발이 심하여 부모가 원하는 경우 적용을 해제하는 식으로 완화되었습니다. 이 위원회는 '술'이라는 낱말이 들어간 대중가요를 청소년유해매체로 지정하는 일도 하고 있습니다. 인터넷 시대에 무엇인가를 못 하게 막는 일은 보수적인 것으로 인식됩니다. 그런 연유로 여성가족부에는 꼴통의 이미지가 씌워졌으며 이는 '여성가족부=꼴페미'라는 등식을 각인시켰습니다.

그러나 청소년 보호는 페미니즘의 주된 관심사가 아닙니다. 그리고 여성가족부는 정부 기구라는 본질 때문에 정책에서 보수적이라는 한계를 가질 수밖에 없습니다. 하지만 페미니즘은 기본적으로 진보적인 이념이기 때문에 규제나 심의 같은 보수적인 정책과 전혀 상관이 없을 뿐만 아니라 오히려 거기에 반대각을 세우는 입장입니다. 내친김에 말하자면 '진짜' 페미니스트들은 여성가족부가 페미니즘의 이념에 역행한다고 주장하기도 합니다. 여성·가족·청소년·아동 업무를 한데 묶어놓은 것만 봐도 알 수 있다고 하는데, 여기에는 가족·청소년·아동을 돌보는 일은 여성의 고유 업무라는 생각이 깔려 있기 때문이라는 거죠. 그런 일은 국가가 담당해야 할 복지 업무인데도 여성 정책과 관련시켜 생각하는 것은 가정과 육아는 여성의 일이라는 전통적인 가족 이데올로기를 답습하고 있다는 것입니다.[4] 이는 성 정체성과 성 역할에 대한 반성에서 출발하는 페미니즘의 정신과 맞지 않습니다. 따라서 여성가족부를 페미니스트들이 모인 단체로 여기고 페미니스트를 꼴페미라고 비판하는 것은 허수아비 중의 허수아비를 공격하는 꼴입니다.

우리나라의 페미니스트들은 하지도 않은 일 때문에 비판받는 일이 많습니다. 인터넷 토론 게시판의 영원한 단골 주제인 군대 문제가 그 대표적인 예입니다. 군 가산점 제도와 여성 의무복무 문제는 페미니스트를 비롯한 여성들이 반대하고 남성들이 찬성한다고 생각되어 성별 간의 갈등 문제로 비화되어 있습니다. 하지만 잘 들여다보면 이것 역시 허수아비 공격의 오류입니다.

먼저 정확한 명칭이 '제대 군인의 공무원 채용 시 가산점 제도'인 군 가산점 제도를 봅시다. 군 가산점제는 1999년에 위헌 결정을 받아 폐지되었지만 이 제도를 부활하라는 요청이 정치권에서나 네티즌들 사이에서 아직도 끊임없이 이루어지고 있습니다. 그런데 위헌 결정을 내린 주체는 여성가족부도, 페미니스트도 아니고 헌법재판소입니다. 헌법재판소의 헌법재판관들은 대부분 남성들로 이루어져 있고 대체로 보수적인 판결을 내린다는 것은 잘 알려진 사실입니다. 물론 애초에 위헌 신청을 한 이들이 여성들이긴 하지만 장애인 남성과 함께 신청한 것입니다. 그런데도 군 가산점 제도가 페미니스트, 그것도 꼴페미에 의해 폐지되었다고 생각하고 여성가족부나 위헌 신청한 여성들이 졸업한 이화여대를 공격해대는 것은 공격 대상을 잘못 잡아도 한참 잘못 잡은 것입니다.

군 가산점 제도는 남녀 간의 성별 대결도 아닙니다. 군 가산점 제도가 부활한다고 해도 혜택받는 이들은 소수의 남성들뿐입니다. 위헌 신청을 한 장애인처럼 군대를 가고 싶어도 갈 수 없는 남성은 그 제도의 혜택을 받을 수 없을뿐더러, 그 제도는 공무원 시험을 보는 아주 소수에게만 혜택이 돌아가므로 대부분의 제대 남성은 수혜자도 아닙니다. 군 복무를 의무라고 생각하고 무조건적인 희생을 강요할 수는 없으므로 군 제대자에게 어떤 식으로든 혜택을 주어야 한다는 점에 많은 여성들도 동의합니다. 여성의 아들이나 오빠나 남동생도 군 제대자일 수 있는데 그러지 않겠습니까? 다만 그 혜택이 사회에서 이미 차별받는 집단인 여성이나 장애인의 권리를 빼앗아 또다시 차별하는 방식으로 이루어져서는 안 된다는 것이 군 가산점 제도 위헌 판결의 취지입니다.

그동안 군 가산점 제도가 군대와 관련된 주된 토론 주제였다면 최근에는 남성만의 의무 병역 논란까지 가세했습니다. 우리나라 헌법에 따르면 모든 국민은 법률이 정하는 바에 의하여 국방의 의무를 져야 합니다. 그런데 병역법에는 남성만이 병역 의무를 수행해야 한다고 되어 있습니다. 헌법재판소는 2014년 3월에 여성은 남성과 달리 군 복무에 적합한 신체가 아니라는 이유로 재판관 전원 일치로 병역법의 합헌 판결을 내렸습니다. 군 가산점제 폐지와 마찬가지로 남성만의 의무 병역제도 페미니스트가 아니라 헌법재판소가 판결한 것입니다. 그런데도 페미니스트들이 남자들만 군대에 가는 것이 정당하다고 주장한 것으로 엉뚱한 허수아비를 만들고 있습니다. 페미니즘이 남녀의 고유한 성 역할을 부정한다는 것은 기본 중의 기본이므로 헌법재판관들이 제시한 근거를 지지하지 않으리라는 것은 삼척동자도 압니다. 페미니즘에서는 남성 의무복무에 대해 여자들은 군대 대신 출산을 하지 않느냐는 논리를 편다고 알려져 있지만 사실 페미니스트는 출산을 여성의 의무로 생각하지 않습니다. 그리고 페미니즘 진영 안에서도 여성 징병 주장을 옹호하는 입장이 꽤 있습니다. 특히 남성들에게 대표적인 꼴페미로 꼽히며 인터넷에서 온갖 악플을 받는 페미니스트인 김신명숙 씨도 거기에 찬성합니다.[5]

왜 꼴마초는 없나요?

왜 여성가족부나 페미니스트에 대해 이런 근거 없는 비판이 난무하는 것일까요? 앞에서 말했듯이 남녀 평등은 이제 어느 정도 이루어졌고 심지어 여성이 우월한 영역도 많이 생기는데 아직도 여성 차별 타령을 하느냐는 반감 때문일 것입니다. 하지만 우리나라에서 남녀 평등이 정말로 이루어졌을까요? 남녀 평등을 객관적인 지수로 나타내는 여러 가지 방법이 있습니다. 세계경제포럼의 세계 성격차지수에 따르면 2013년에는 136개국 가운데 우리나라가 111위였습니다. 한편 유엔개발계획의 성불평등지수에 따르면 2013년 우리나라는 146개국 가운데 27위였습니다. 한쪽은 너무 낮고 다른 쪽은 꽤 높은 순위입니다. 어느 쪽이 정확할까요? 한성대 이내찬 교수는 평가들이 이렇게 극단으로 갈리는 문제를 해결하기 위해 기존 조사의 한계점을 보완하여 2013년에 「OECD 국가의 성차별 수준 국제 비교」를 발표했습니다. 그에 따르면 우리나라는 OECD 34개국 중에서 31위를 기록했습니다. 매우 낮은 순위죠? 전문 기술직 종사자 비율, 소득, 고용률 등에서 낮은 순위를 기록해서 그렇답니다. 한국여성정책연구원에서 발간한 2013년 「여성관리자패널조사」에 따르면 1,000명 이상 고용한 대기업의 남성 임원 비율은 3%인 반면 여성 임원 비율은 0.2%에 불과합니다. 이른바 유리 천장이라는 것이 존재하는 거죠. 여성 차별에 대해서는 다른 통계를 볼 것도 없이 세계적인 컨설팅 업체인 맥킨지가 2013년 작성한 「맥킨지 제2차 한국보고서 신성장공식」을 보면 됩니다. 거기에는 다음과 같이 적혀 있습니다.

(…) 한국은 타 선진국 대비 맞벌이 가구 수가 훨씬 적으며, 많은 한국 여성들은 결혼 혹은 첫 아이 출산과 동시에 직장을 그만둔다. 이로 인해 30세에서 39세 사이 여성의 노동 참여율은 국가 평균(57%) 대비 15% 포인트 낮은 수준에 머물러 있는데도, 출산 후 여성들의 직장 복귀를 지원하기 위한 기업 혹은 정부 차원의 노력은 매우 미미한 실정이다. 한국 기업들이 요구하는 장시간의 근로 역시 맞벌이 부부가 동시에 풀타임으로 근로하는 것을 어렵게 만드는 요인이다. 따라서 가정에 남아서 자녀 양육 및 교육을 담당하는 몫은 주로 여성에게 돌아가게 된다. 또한 여성들은 추후 노동 시장으로 복귀하게 되더라도 교육 수준 및 이전 경력과 상관없이 시간제 혹은 저숙련 근로자로 전락하는 경우가 많다.

여성 차별을 인정하지 않는 쪽에서는 여성들의 고용률이나 소득이 낮은 것은 취업보다는 남자 한번 잘 잡아 인생을 고치려고 하는 된장녀들이 많기 때문이며, 고위층에 여자들이 많지 않은 것은 직장에서 여성의 특권만 내세우고 남성처럼 헌신적으로 일을 하지 않는 김치녀가 많기 때문이라고 주장하기도 합니다. 된장녀나 김치녀가 많아 여성들의 취업이나 승진이 안 되는 걸까요, 아니면 거꾸로 취업이나 승진이 안 되기 때문에 된장녀나 김치녀가 생기는 걸까요?

어느 사회나 된장녀와 김치녀 같은 행동을 하는 여성들이 있습니다. 그리고 꼴페미라고 불리는 여성들도 어느 사회에나 있습니다. 영어에도 꼴페미에 해당하는 페미나치(feminazi)가 있는 것을 보면 서양이라고 해서 다른 것 같지는 않습니다. 마찬가지로 꼴페미, 된장녀, 김치녀와 똑같은 행태를 보이는 남성들도 있습니다. 그런데 그런 남성들에게는 꼴마초, 된장남, 김치남이라는 말을 붙이지도 않고 비난하지도 않습니다. 왜 그럴까요? 두 가지 이유 때문입니다.

첫째는 자신의 선입견에 맞는 행동들만 눈에 많이 띄는 편향된 통계의 오류를 저지르기 때문입니다. 7장에서 자세히 설명하겠지만 182면 참조 편향된 통계의 오류는 자신에게 유리한 사례만 편향되게 지적하는 것을 말합니다. 어려운 경제 현실과 비정규직의 증가로 지금까지 경제적인 활동을 주로 담당한 남성들의 경제적인 입지가 예전에 비해 많이 약해지자 그에 대한 적대감을 여성이라는 집단에 표출하고 그 적대감에 들어맞는 대상이 있을 때 더 편향되게 일반화하는 것입니다. 쉽게 말해서 우리 주변에는 꼴페미도 있고 꼴마초도 있는데 페미니즘에 대한 반감이 있는 사람들에게는 꼴페미만 눈에 띄는 것입니다.

그 대표적인 예가 '김 여사'입니다. 김 여사는 운전을 못하는 여성을 비꼬기 위해 붙인 말입니다. 사람들은 황당하거나 답답하게 운전하는 여자를 만나면 "역시 여자는 운전을 못해."라고 생각하고, 어떤 남자 운전자는 "집에서 밥이나 하지 운전도 못하면서 왜 차를 갖고 나왔냐?"라고 욕을 합니다. (그래서 어떤 여성 운전자는 아예 차의 뒷유리창에 "밥도 설거지도 다 해놓고 나왔어요."라고 써 붙이고 다닌답니다.) 미숙한 운전자를 만났을 경우 상대가 남자면 그 개인의 잘못으로 돌리지만 여자면 여자라서 못한다고 싸잡아 비난합니다. 정말로 여자는 운전을 못하나요? 그런 것을 보여주는 통계는 전혀 없습니다. 오히려 안전운전 불이행 교통사고 비율은 1,000명당 남성은 6건인 데 비해 여성은 1.8건이라는 여성 운전자에게 유리한 통계가 여럿 있습니다.[6] 물론 남성이 여성보다 운전을 더 오래 한다는 점을 감안해야 하고, 또 '김여사'라고 비꼬는 것은 꼭 안전운전을 안 해서가 아니라 거꾸로 너무(?) 안전운전을 하기 때문이기도 합니다. 그렇지만 중요한 것은 여자가 운전을 못한다는 객관적인 통계 없이 순전히 여성에 대한 편견만으로 그런 주장을 한다는 점입니다.

백 보 양보하여 꼴페미와 같은 여성들이 많이 있다고 해봅시다. 그렇다고 해도 그 여성들은 전혀 페미니스트들도 아니고 양성 평등의 이념을 실현하고 있지도 않습니다. 그런 여성들은 그냥 개념 없는 여자일 뿐입니다. (그래서 된장녀나 김치녀가 아닌 여자를 '개념녀'라고 부릅니다.) 자신의 특권만을 내세우고 남에게 기생하려는 그런 개념 없는 사람은 남자든 여자든 어디에나 있습니다. 그런데도 남자의 경우에는 그냥 개념 없는 사람이라고 치부하면서 여자의 경우에는 그 여성성을 들추어내 비판합니다. 물론 페미니즘도 차별받는 여성이 한 개인으로서 차별받는 것이 아니라 여성이라는 집단에 속함으로써 차별받음을 강조합니다. 그러나 강자가 약자의 집단성을 거론하는 것은 근거 없는 차별을 위함이지만, 약자가 스스로의 집단성을 거론하는 것은 그 차별의 근거 없음을 지적하기 위한 것이므로 같은 선상에서 비난할 수 없습니다.

꼴마초라는 말은 붙이지 않으면서 꼴페미라는 말은 붙이는 두 번째 이유는 양성 평등을 주장하는 목소리를 들으려는 노력을 하지 않기 때문입니다. 인터넷에 보면 더치페이를 안 하는 여자를 욕하는 글이 자주 올라옵니다. 한국 여자들은 더치페이도 할 줄 모르고 남자들 등이나 쳐먹는다고 비난합니다. 물론 그런 여자들도 있을 것입니다. 그런데 그것을 그 여자 개인의 문제라고 생각하지 않고 여성 전체의 문제로 몰아가 여성 혐오로 발전시켜서는 곤란합니다. 인터넷 사이트 중 특히 여성 혐오가 심하다고 비판받는 곳이 있습니다. 이 사이트에 대해 다음과 같은 비판적인 글이 있습니다.

일베가 여성 혐오를 정당화하는 방식은 전형적인 일반화의 오류와 허수아비의 오류다. 실제로 남자를 등쳐먹는 여성이 있을 수 있다. 그것을 모든 여성의 문제로 환원하고 규정한 뒤, 마음껏 분노를 쏟아낸다. 언젠가 일베에 종군위안부가 자발적인 취업에 가까웠다는 글이 올라와 모두의 공분을 샀을 때, 그건 한 미친놈의 주장이고 내부적으로도 욕을 많이 먹었으니 일베 모두를 싸잡아 욕하지 말라는 게 일베의 논리였다. 옳은 말이다. 그토록 이중 잣대를 싫어하는 집단인 만큼 이것을 여성에 대한 일베의 태도에도 반영해주

길 바란다.[7]

　자신을 이해해달라는 태도를 페미니즘에 대해서도 보여달라는 것입니다. 페미니즘이 무슨 주장을 하는지 또 양성 평등이 무슨 뜻인지 약간만 이해하려는 노력을 해도 꼴페미와 페미니스트를 동일시하는 것은 허수아비 공격의 오류임을 쉽게 알 수 있습니다. 인터넷에 "페미 급수의 종류와 그들의 화법"이라는 글이 돌아다닙니다. 꼴페미들이 토론에서 막히면 어떻게 빠져나가는지를 등급화한 글입니다. 그 글에서 "토론 시, 페미들의 기본적인 자세"는 다음과 같다고 말합니다.

　상대방 얘기는 좀처럼 들으려고 하지 않고, 오로지 자기 주장만 내세우는데, 자기 주장만 전부 옳다고 합니다. 상대방의 얘기는 무슨 말을 하든지 간에 여러 가지 변명을 붙여 이렇게 저렇게 다 틀렸다고 지적하고 나서면서 자신의 틀린 점에 대해서 절대로 인정하지 않습니다.

　맞습니다. 이런 사람들은 어디에나 있습니다. 이런 사람들을 보고 꼴통이라고 합니다. 페미니스트 중에 꼴통은 꼴페미가 되고 마초 중에 꼴통은 꼴마초가 됩니다. 그러나 꼴페미가 페미니스트인 것은 아닙니다.

06

"그래, 우린 이상하다. 어쩔래?"

동성애 편견과 자연주의의 오류

퀴어와 스트레이트

2010년에 SBS에서 「인생은 아름다워」라는 드라마가 방영되었습니다. (같은 제목의 영화도 있는데, 1997년에 나온 이탈리아의 명작 영화입니다.) 최정상 드라마 작가인 김수현 씨의 작품으로 유명하기도 했지만, 더 유명해진 것은 공중파 방송에서 동성애를 직접 다루었다는 점 때문이었죠. 동성애가 직접적인 주제는 아니고 김수현 작가의 다른 드라마처럼 가족이 중심이 되는 드라마지만, 동성애자도 가족의 소중한 구성원이고 평범한 사람이라는 것을 보여주었다는 점에서 큰 호응을 받았습니다.

그러나 짐작하겠지만 지지만 있었던 것은 아닙니다. 드라마가 방영될 때는 물론이고 종영한 다음에도 동성애에 반감을 가진 사람들이 시청자 의견 게시판에 동성애에 반대하는 의견을 올리고 거기에 제작진을 지지하는 쪽에서 다시 댓글을 올리는 토론이 계속되었습니다. 결국에는 신문에 반대 광고까지 실리게 되었습니다. 참교육 어머니 전국모임과 바른 성문화를 위한 국민연합이라는 단체에서 「인생은 아름다워」 보고 '게이' 된 내 아들, AIDS로 죽으면 SBS 책임져라!"라는 제목으로 광고를 냈던 것입니다. 또 다른 광고 제목은 "며느리가 남자라니 동성애가 웬 말이냐!"입니다. (이 광고 제목은 나중에 동성애 인권 단체에서 "며느리가 남자라니 농번기에 좋겠구나."라고 패러디되어 쓰였습니다.)

그나마 신문광고니까 점잖게 동성애를 반대했습니다. 실명으로 올려야 하는 시청자 게시판에도 그 나름대로 논거를 갖춘 동성애 반대 의견이 표명되었습니다. 그러나 실명이 아닌 인터넷의 댓글들이나 오프라인의 상황은 전혀 다릅니다. 동성애자를 보고 '호모 새끼' '변태 새끼' '더럽다'라는 욕이 난무합니다. 동성애자를 혐오하는 문화는 동서고금을 통해 흔하게 있어서 동성애 혐오를 가리키는 '호모포비아'(homophobia)라는 말까지 있습니다. 사실 호모포비아는 정확한 말이 아닙니다. '포비아'는 공포증을 뜻하므로 특정 대상에 대해 포비아가 있다면 그 대상에게 혐오 정도가 아니라 공포까지 느껴야 하는데 그렇지 않거든요. 고소공포증을 생각해보면 쉽게 알 수 있습니다. 고소공포증이 있는 사람은 높은 곳에 오르면 식은 땀이 흐르거나 심장이 빨리 뜁니다. 그러나 호모포비아가 있는 사람들이라고 해서 동성애자가 옆에 왔을 때 그런 증상이 나오는 것은 아닙니다. "더러운 호모 새끼, 저리 꺼져!"와 같은 혐오를 보이는 것뿐이죠. 심하게는 동성애자라는 이유로 폭행하는 경우도 있습니다. 우리나라에서도 애인과 어깨동무하고 걷다가 집단 폭행을 당했다는 사례가 동성애자

온라인 커뮤니티에 올라옵니다. 실제로 경찰에 신고한 사례는 별로 없습니다. 피해자가 동성애자라는 사실이 알려지는 것을 꺼리기 때문이겠죠. 무서우면 때리나요? 신학 교수 스티븐 V. 스프링클(Stephen V. Sprinkle)이 쓴 『누가 무지개 깃발을 짓밟는가』(Unfinished Lives, 알마 2013)는 미국에서 동성애 혐오 범죄로 희생당한 14명의 이야기를 다루고 있습니다. 그런데 그 책에 따르면 범죄자들은 동성애자 앞에서 느끼는 공황('게이 패닉') 때문에 그런 일을 저질렀다고, 그러니까 정당방위라고 우겼답니다. 새빨간 거짓말이죠. 그러니 호모포비아, 곧 동성애 공포증보다는 동성애 혐오라고 부르는 것이 더 정확합니다. 혐오가 질병인지 아닌지는 잘 모르겠으니 혐오 '증'이라고는 부르지 맙시다.

지금 동성애 혐오를 말하고 있지만, 그 혐오는 동성애자에게만 향하는 것은 아닙니다. 그 혐오는 남성 동성애자인 게이, 여성 동성애자인 레즈비언뿐만 아니라 이성과 동성 모두에게 성적 지향이 있는 양성애자, 그리고 생물학적으로 타고난 성별과 실제 정체성이 다른 트랜스젠더도 대상으로 합니다. 게이·레즈비언·양성애자·트랜스젠더의 알파벳 머리글자를 따면 LGBT가 되는데, LGBT는 성적 지향이 일반적이지 않은 사람들, 곧 성 소수자를 뜻합니다. 영어로는 '이상한' '색다른' 사람이라는 뜻의 '퀴어'(queer)가 성 소수자를 가리키는 말로 널리 쓰입니다. 참고로 이성애자는 영어로 '스트레이트'(straight)라고 합니다. '곧바르다'는 뜻입니다. '퀴어'나 '스트레이트'를 보니 이성애는 옳고 동성애는 옳지 않다는 뜻이 말에 이미 들어가 있네요. 그런데도 동성애자들 스스로 그 말들을 씁니다. 우리나라에서는 동성애자들이 스스로를 '이반'이라고 부르는데, '일반적'이지 않다는 뜻이라고 합니다. '이반'이나 '퀴어'나 정상에서 벗어나 있다는 뜻에서는 비슷하죠? 아마 그 말들이 처음 나왔을 때는 자조적으로 쓰였을 겁니다. 그러나 지금은 동성애자들 스스로 당당하게 그 말을 씁니다. 이제는 "그래, 우린 이상한 사람이다. 어쩔래?"와 같은 패기가 느껴지네요.

참, 이 글에서는 동성애 혐오를 주제로 말하겠지만 사실은 LGBT 모두에 대한 반감·혐오·경멸·편견·미움을 다룬다고 이해해주세요. LGBT 중 남성 동성애자에 대한 혐오가 가장 흔하긴 합니다. 아마 어느 문화에서든 남자는 이래야 한다는 마초 문화가 지배적이라서 게이는 그 문화에 역행한다고 생각되기 때문에 그런 것 같습니다.

우리나라에서는 동성애자라고 해서 처벌하지는 않습니다. (군대에서는 동성애 행위를 처벌하는 법이 남아 있습니다.) 국제 LGBT 협회(ILGA)의 2013년 보고서에 따르면 유엔 가입 국가 중에 동성애가 합법인 국가는 114개이고 불법인 국가는 전체의 40%인 76개라고 합니다.[1] 대부분 아시아나 아프리카의 이슬람 국가들인데, 알제리 같은 곳은 2개월 형이지만 이란은 태형이고(채찍으로 때립니다!), 사우디아라비아·예멘·수단은 놀랍게도 사형입니다. 심지어 영국 같은 선진국도 1950년대까지는 동성애자를 처벌했습니다. 현대 컴퓨터의 이론적 토대를 마련하고 제2차 세계대전에 참전하여 독일군의 암호를 해독한 것으로 유명한 수학자 앨런 튜링(Alan M. Turing)도 바로 그 동성애 처벌법으로 처벌을 받았습니다. 당시 19세 청년과 동성애 관계였던 튜링은 1952년에 투옥과 성욕을 감소시키는 호르몬 주입 중 하나를 선택해야 했는데 호르몬 주입을 선택했다고 합니다. 그는 결국 1954년에 사이안화칼륨(청산가리)을 먹고 자살했습니다. 시신 옆에 먹다 남은 사과가 있어서 여러 가지 뒷이야기가 나왔습니다. 백설공주를 흉내 냈다거나 애플 사의 한입 베어 먹은 사과 로고가 튜링을 기리는 것이라는 이야기인데요, 모두 신빙성이 없습니다.

그런 나라에 견주면 우리나라는 참 다행이라고요? 그런 미개한 나라와 비교하면 되나요. 우리는 처벌만 하지 않을 뿐이지, 사회적인 따돌림은 그에 못지않습니다. 동성애자라고 써 붙이고 다니지 않으므로 옆에 있는 사람이 동성애자라는 것을 알 수는 없습니다. 방송인 홍석천 씨처럼 커밍아웃을 하거나 동성인 어른끼리 손을 잡고 가는 경우에나 동성애자라는 것을 알 수 있습니다. 그런 사람이 옆에 있을 때 땀을 흘리거나 심장이 빨리 뛰지는 않아도 뱀을 본 것처럼 징그러워하거나 똥을 본 것처럼 더러워하는 사람도 있고, 손가락질하며 욕하는 사람도 있고, 심하면 폭행하는 사람도 있습니다. 그런 사람들은 동성애자가 방송에 나오면 재수없다고 채널을 돌리고 동성애 차별 금지를 담은 차별금지법 같은 것이 이슈에 오르면 반대하는 댓글을 무수히 답니다. 2003년에는 동성애자인권연대의 활동가이던 당시 19세의 육우당(본명을 밝히지 못하고 필명으로만 알려져 있습니다)이 그런 차별 문화를 견디지 못하고 자살했습니다. 서울학생인권조례는 '성적 지향'에 따른 차별을 금지하고 있는데[*] 그 조례를 변경하려는 71면 참조 시도가 끊이지 않습니다. 반기문 유엔 사무총장도 학교에서의 동성애 혐오와 괴롭힘을 개탄하고 있습니다.[2] 2013년 9월에는 김조광수·김승환 씨의 동성 결혼식이 열렸는데 어떤 남자가 오물을 던지는 일도 있었습니다.

왜 이런 동성애 혐오가 나올까요? 도대체 왜 동성애자라고 하면 그렇게 싫어하는 걸까요? 동성애가 무슨 전염병도 아니고 동성애자가 나를 해치는 것도 아닌데 말입니다. 아, 잘못 말했네요. 동성애를 전염병처럼 생각하는 사람들도 있습니다. 동성애는 에이즈 전염의 온상이라고 생각하는 사람도 있고 동성애를 허용하면 동성애자가 늘어난다고 생각하는 사람도 있습니다. 그리고 동성애자가 나를 해친다고 생각하는 사람도 있습니다. 동성애자를 만났는데 나를 덮칠 것 같아서 무서웠다고요. 이것 말고도 동성애를 혐오하는 근거는 많습니다. 이제부터 살펴보죠.

왜 동성애를 혐오하는가?

동성애를 혐오하는 사람들에게는 동성애를 비판하는 나름의 근거가 있습니다. 대표적인 것을 열거하면 다음과 같습니다.

동성애는 자연의 섭리에 반대된다.
동성애는 생식(生殖)을 못한다.
동성애는 질병이다.
동성애는 선천적이 아니다.
동성애는 에이즈를 유발한다.
동성애는 더럽다.

동성애를 허용하면 동성애자가 늘어난다.

동성애는 성경에 금지되어 있다.

동성애를 혐오하는 사람들은 위와 같은 근거를 들어 다음과 같은 주장을 합니다.

동성애는 허용해서는 안 된다.

동성애는 비도덕적이다.

비도덕적이라고 해서 모두 처벌하지는 않습니다. 거짓말을 하는 것은 분명히 비도덕적이지만 거짓말을 한다고 해서 모두 처벌하지는 않잖아요? 고의로 거짓말을 하여 재산상의 이득을 얻거나 상대방에게 재산상의 피해를 입혀야 사기죄로 처벌합니다. 동성애가 비도덕적이라고 주장하는 사람 중에도 처벌해야 한다고 강하게 주장하는 쪽부터 처벌할 정도는 아니라고 주장하는 쪽까지 다양하게 있을 것입니다. 그들은 거짓말이 처벌을 받든 안 받든 비난의 대상이 되고 욕을 얻어먹을 짓인 것처럼, 동성애도 처벌을 하든 안 하든 비난받을 짓이라고 생각합니다. 그러니 동성애를 허용하거나 조장해서는 안 된다는 것이죠.

'책머리에'에서 설명했듯이 논증이 성공적이기 위해서는 첫째로 12면 참조 근거가 참이어야 하고, 둘째로 근거가 참이라고 하더라도 그 근거에서 주장(결론)이 따라 나와야 합니다. 근거가 맞는 말이라고 해도 하고자 하는 주장이 따라 나오지 않을 수 있으므로 둘째 과정까지 거쳐야 설득력 있는 논증이 됩니다. 따라서 우리는 동성애 혐오 논증이 성공적인지 살펴보기 위해 이 두 가지 과정을 모두 거쳐야 합니다. 첫째, 근거들이 정말로 맞는 말인가? 둘째, 근거들이 맞는 말이라고 하더라도 동성애는 비도덕적이라는 결론이 따라 나오는가? 이 중 첫째 질문은 사실 확인의 문제이고 둘째 질문은 논리적인 문제입니다. 다시 말해서 첫째 질문에 대답하기 위해서는 의학자나 사회과학자와 같은 이들의 도움을 받아야 하고, 둘째 질문에 대답하기 위해서는 논리학자의 도움을 받아야 한다는 뜻입니다. 첫째 질문은 관련 학자가 명쾌하게 대답해줄 것입니다. 논리적인 접근을 하는 이 책은 둘째 질문에 집중할 것입니다. 그래도 첫째 질문부터 우선 살펴보도록 하죠. 틀린 근거를 가지고 있으면 그 근거로부터 주장이 따라 나오는지는 볼 필요도 없으니까요. 적어도 사실 관계는 맞는 주장을 해야 되겠죠?

이번 장은 검토할 내용이 좀 많은 편입니다. 그래도 하나하나 지멸 있게 살펴보겠습니다. 우리 사회에서 특히 동성애 혐오가 터무니없이 진행되고 있으며, 성 소수자의 인권 보호는 인권의 잣대이기 때문입니다. 또 동성애 혐오 논증을 검토하는 과정은 바로 앞 단락에서 보듯이 논증을 평가하는 아주 좋은 사례이기 때문입니다.

그들의 허술한 근거

첫 번째 근거부터 살펴봅시다. 동성애가 자연의 섭리에 반대된다는 말은 무슨 뜻일까요? 두 번째 "동성애는 생식을 못한다."라는 근거가 그 첫 번째 근거의 구체적인 내용입니다. 동성애는 생식을 못하므로 자연의 섭리에 어긋난다는 말입니다. ("동성애자의 신체 구조는 성관계에 적절하지 않다."라는 근거도 있는데 여기서는 다루지 않겠습니다.) 동성애를 통해서는 정말로 생식을 할 수 없습니다. 기적이 일어나지 않는 이상 동성애자끼리의 성관계를 통해서 아이를 가질 수는 없으니까요. 들머리에서 말한 드라마 「인생은 아름다워」에 반대하는 광고인 "며느리가 남자라니 동성애가 웬 말이냐!"를 보면 "동성애는 가정과 사회와 국가를 무너뜨립니다."라는 주장과 함께 그 근거로 다음과 같은 문장이 나옵니다.

남자끼리 여자끼리 결혼한다면 어떻게 자녀를 낳겠습니까?

지당한 말이죠. 어, 시작부터 동성애 혐오의 근거가 맞는 말이네요? 그렇지만 어쩌겠어요. 맞는 말은 맞는 말이죠. 그러면 동성애가 자연의 섭리에 반대된다는 근거는 맞는 말로 인정해야겠습니다. 그래도 동성애를 혐오하는 논증이 성공하는 것은 아닙니다. 근거가 맞더라도 그 근거에서 결론이 따라 나오는지 살펴봐야 한다고 했잖아요? 그 검토는 좀 있다 합시다.

세 번째, "동성애는 질병이다."라는 근거는 어떤가요? 동성애 혐오자는 동성애는 질병이므로 치료하면 낫는다고 주장합니다. 동성애를 일종의 변태 성욕으로 보는 거죠. 이 근거는 판단하기가 아주 쉽습니다. 1974년에 미국정신의학협회는 동성애를 정신질환 목록에서 뺐습니다.[3] 그리고 1990년에는 세계보건기구(WHO)도 동성애를 질병 목록에서 제외했습니다. 세계보건기구의 결정이 내려진 5월 17일은 국제적으로 동성애자 차별 반대의 날로 지정되어 기념되고 있기까지 합니다. 전문의 단체와 세계보건기구까지 동성애는 질병이 아니라고 인정했는데 더 이상 할 말이 없지요? 질병이 아니므로 치료할 필요도 없습니다. 「인생은 아름다워」 반대 광고를 낸 바른 성문화를 위한 국민연합의 실행위원이라는 어떤 목사는 한때 동성애자였다가 믿음으로 극복했다고 합니다. 또 막장 드라마 작가로 유명한 임성한 씨의 2013년 드라마인 「오로라 공주」에서는 동성애자가 절을 하루에 1,000배씩 해서 정체성을 회복했다고 말하는 장면이 나옵니다. 동성애는 질병이 아니므로 극복하고 말고, 회복하고 말고 할 대상이 아닙니다. 동성애에 대한 무지와 동성애자에 대한 천박한 인권 의식을 드러낸다고밖에 말할 수 없습니다. 물론 성적 지향은 바뀔 수 있습니다. 그러나 이는 우리의 다른 취향이 바뀌는 것이나 똑같습니다. 짜장면을 좋아하던 사람이 어느 날 짬뽕으로 취향이 바뀌는 것이나 마찬가지입니다. 그런데 짜장면에서 짬뽕으로 취향이 바뀐 사람이 '믿음으로 극복했다'고 말하고, '정체성을 회복했다'고 말하나요? 그런데 만에 하나 질병이면 또 어떤가요? 그렇다고 해서 동성애가 비도덕적이라는 비난을 받아야 하나요? 이것도 좀 있다 살펴봅시다.

"동성애는 질병이다."라는 근거가 틀렸다는 것을 아는 사람은 그다음 근거인 "동성애는 선천적이 아니다."가 얼마나 어이없는지 단박에 깨달을 것입니다. 동성애가 치료해야 할 질병이라고 생각하는 혐오론자들은 동성애가 후천적으로 보고 배워서 생겼다고 주장합니다. 동성애가 선천적일까요, 후천적일까요? 모르겠다고요? 그럼 다른 질문을 던져볼게요. 이성애는 선천적일까요, 후천적일까요? 그런 걸 왜 묻느냐고요? 그래요, 그런 질문을 하는 사람은 아무도 없습니다. 태어날 때부터 이성을 좋아하는지, 아니면 무엇인가로부터 영향을 받아서 이성을 좋아하는지 누가 궁금해합니까? 그냥 이성을 좋아하나 보다 생각하지요. 그런데 동성애가 선천적인지 후천적인지는 왜 물을까요? 그것은 동성애가 질병이라고 지레짐작하기 때문입니다. 전문가들이 동성애가 질병이 아니라고 결론을 내렸으므로, 우리는 이성애가 선천적인지 후천적인지 묻지 않는 것처럼 동성애가 선천적인지 후천적인지 물을 필요가 없습니다. 참고로 미국정신의학회 홈페이지에서는 "동성애·이성애·양성애의 원인이 무엇인가?"라는 질문에 대해 "아무도 모른다."라고 대답하고 있습니다. 한때는 동성애가 문제 있는 가족 관계나 잘못된 심리 발달 때문에 생긴다고 생각된 적도 있지만 그것은 오해이고 편견이라고 덧붙이고요.[4]

이번에는 다섯 번째, "동성애는 에이즈를 유발한다."라는 근거를 살펴봅시다. 앞에서 보았듯이 「인생은 아름다워」 반대 광고의 제목이 "「인생은 아름다워」 보고 '게이' 된 내 아들, AIDS로 죽으면 SBS 책임져라!"였습니다. 그리고 자세히도 설명합니다. 동성애자의 에이즈 감염 확률이 일반인에 비해 730배 높고, 유엔의 보고에 의하면 에이즈 환자 160만 명 중 50%가 동성 간의 성 접촉에 의한 것이고, 에이즈 환자 중 약 절반이 동성애자랍니다. 도대체 어디서 이런 자료들이 나왔는지 모르겠습니다. 유엔의 에이즈 기구에 따르면 2012년의 에이즈 감염 인구는 3,500만여 명인데[5] 160만 명이라는 통계부터가 신뢰도를 떨어뜨립니다. 에이즈는 HIV라는 바이러스에 의해 감염됩니다. (에이즈는 HIV에 감염되었을 때 나타나는 증상일 뿐이므로 HIV라고 써야 더 정확한데 에이즈가 더 일상적인 표현이므로 그렇게 쓰겠습니다.) 에이즈는 HIV 보균자인 동성애자뿐만 아니라 이성애자에 의해서도 전염될 수 있고 또 성관계뿐만 아니라 수혈이나 모자 수유에 의해서도 전염됩니다. 에이즈 환자는 아프리카에 가장 많습니다. 그런데 아프리카에 동성애자가 특별히 많다는 이야기는 금시초문입니다. 그런데도 에이즈와 동성애의 관련성을 대놓고 말하는 것은 "나, 무식해요."라고 자랑하는 것밖에 안 됩니다. 이런 편견은 에이즈 확산에도 일조합니다. 성관계를 통한 에이즈 감염을 막기 위해서는 콘돔을 이용한 안전한 성관계가 최우선인데, 에이즈는 동성 성관계에서나 걸린다고 생각하고 이성 간의 성관계에서는 콘돔 사용을 기피하게 하기 때문입니다.

또 에이즈는 이제 죽는 병도 아닙니다. 의학의 발달로 에이즈는 당뇨병이나 고혈압처럼 평생 관리를 받으며 살 수 있는 병입니다. 그러니 "「인생은 아름다워」 보고 '게이' 된 내 아들, AIDS로 죽으면 SBS 책임져라!"라는 광고 문안에는 세 가지 잘못이 겹쳐 있습니다. 「인생은 아름다워」를 본다고 게이가 되나요? 게이가 된다고 에이즈에 걸리나요? 에이즈에 걸리면 죽나요? 모두 "아니올시다."입니다. 이 광고 문안이 얼마나 엉터리인지 알기 위해 반대의 경우를 상상해봅시다. 연애에는 도통 관심이 없는 노총각이 있다고 합시다. 이 노총각이 남녀간의 지고지순한 사랑을 다룬 드라마 「겨울연가」를 열심히 봅니다. 그러자 그 어머니가 이렇게 광고를 냅니다. "「겨울연가」 보고 '스트레이트' 된 내 아들, AIDS로 죽으면 KBS 책임져라!" (스트레이트는 이성애자를 뜻한다고 앞에서 말했습니다.) 얼마나 웃기나요? "「인생은 아름다워」 보고 '게이' 된 내 아들, AIDS로 죽으면 SBS 책임져라!"도 똑같이 웃깁니다.

여섯 번째 근거인 "동성애는 더럽다."는 일상 대화나 인터넷에서 동성애자를 욕할 때 가장 많이 쓰이는 근거입니다. 이제 왜 더럽다고 하는지 그리고 그 근거가 얼마나 무지에서 비롯되었는지 알 것입니다. 동성애가 더럽다고 하는 것은 동성애가 질병이라거나 에이즈를 유발한다고 생각하기 때문입니다. 그러나 동성애가 질병이라거나 에이즈를 유발한다는 생각은 모두 잘못임을 이미 보았습니다. 그러니 동성애가 더럽다고 말하는 것은 아무 근거가 없는 것입니다. 여러분 보고 누가 그냥 더럽다고 하면 어떻겠어요? 수긍하겠어요? 이번에도 만에 하나 동성애가 더럽다고 해봅시다. 그렇다고 해서 동성애가 비도덕적이라는 결론이 나오나요? 이것도 좀 있다 살펴봅시다.

일곱 번째 근거인 "동성애를 허용하면 동성애자가 늘어난다."는 「인생은 아름다워」를 보고 '게이'가 된다는 주장에 담겨 있는 근거입니다. 최근 '생활과 윤리'라는 교과목이 고등학교에 새로 생겼는데, 거기에서 동성애 인권을 다루고 있습니다. 주로 크리스트교 계열의 동성애 혐오론자들은 그것을 보고 고등학생들이 동성애를 따라 할 수 있다고 비판합니다. 동성애 드라마를 보거나 동성애를 옹호하는 글을 읽고 동성애자가 된다는 생각이 얼마나 터무니없는가는, 이성에 관심 없는 사람이 이성애를 다룬 드라마를 보고 이성에 관심이 생기지 않는 것을 보면 알 수 있습니다. 앞서 말한 「겨울연가」 패러디에서처럼요. 1977년에 미국 샌프란시스코 의원에 당선된 하비 밀크

(Harvey B. Milk)는 미국에서 선출직 공무원이 된 최초의 동성애자였습니다. (그전에도 있었겠죠? 정확히 말하면 밀크는 자신이 동성애자라고 밝힌 최초의 선출직 공무원입니다.) 「밀크」(Milk, 2008)는 그의 인생을 다루고 있는 영화입니다. 그 영화를 보면 동성애자가 교사가 되어 학생들을 동성애자로 만들려고 한다는 비판에 대해 다음과 같이 반박하는 장면이 나옵니다.

그럼 동성애를 어떻게 가르칩니까? 그게 프랑스어 같은 건가요? 저는 이성애자 부모 사이에서 태어났습니다. 이성애자 선생님에게 배웠고 완전한 이성애자 사회에서 자랐어요. 그럼 제가 왜 동성애자가 된 걸까요? 이건 당신들을 공격하기 위한 말이 아닙니다. 하지만 만약 아이들이 선생들에게 세뇌된다는 게 사실이라면 아마 길가에 더 많은 수녀님들이 돌아다니는 참상이 벌어졌겠죠.

수녀가 거론되는 것은 그 당시에 수녀가 교사를 많이 했기 때문입니다. 수녀인 교사를 보고 수녀가 되지 않듯이 동성애자 교사를 보고 동성애자가 되지 않는다는 말이죠. 밀크 자신이 이성애자 부모에게서 자라고 이성애자 교사에게 배웠지만 이성애자가 되지 않은 것처럼요.

그런데 이번에는 다른 시각에서 질문을 던져보기로 해요. 동성애자가 되면 안 됩니까? 뭐가 문제예요? "동성애를 허용하면 동성애자가 늘어난다."라는 근거에는 이미 동성애는 비도덕적이라는 주장이 담겨 있습니다. 이런 생각은 3장에서 말했듯이[*] 입증해야 할 결론을

74면 참조

미리 근거로 전제하고 있다는 점에서 논점 회피의 오류를 저지르고 있습니다. 동성애가 비도덕적이라는 주장은 입증해야 할 결론인데도 그것을 이미 입증된 것처럼 근거로 쓰고 있으니까요.

동성애 혐오자들은 동성애자들끼리 결혼하면 아이를 입양해서 기른다던데, 그러면 아이가 행복하겠느냐고 비판하기도 합니다. 이런 비판도 역시 논점 회피의 오류를 저지르고 있습니다. 동성애 가족은 불행하다는 것을 미리 전제하고 있으니까요. 동성애 가족이라서 불행한 것이 아니라 어머니 없는 가족이라서 불행하다고 변명할 수도 있는데, 거기에는 한부모 가정은 불행하다는 근거 없는 편견이 깔려 있습니다.

2012년에는 성 소수자 단체가 서울시 마포구에 성 소수자 관련 현수막을 걸려고 하자 구청이 청소년에게 유해하다는 이유로 허락하지 않는 일도 있었습니다. 다시 한번 말하지만 "동성애가 청소년에게 유해하다."는 주장은 "이성애가 청소년에게 유해하다."는 주장처럼 입증되어야 할 결론입니다. 그러나 "이성애가 청소년에게 유해하다."는 주장이 지금까지 한 번도 입증된 적이 없는 것처럼 "동성애가 청소년에게 유해하다."도 입증된 적이 없습니다.

마지막으로 "동성애는 성경에 금지되어 있다."라는 근거를 봅시다. 우리나라에서 동성애 차별을 금지하는 차별금지법이 제정되지 않도록 적극적으로 반대하거나 동성애 인권을 교육하는 '생활과 윤리' 과목을 앞장서 비판하는 곳은 바로 크리스트교 단체들입니다. 이들 단체는 동성애를 그렇게 열렬히 혐오하는 이유가 성경에 동성애가 금지되어 있기 때문이라고 말합니다. 일단 우리나라는 헌법에 국교는 인정하지 않고 종교와 정치가 분리된다고 명시하고 있습니다 (헌법 제20조 2항). 지리산 청학동이나 미국의 아미시 마을처럼 종교로 이루어진 공동체에서야 종교적인 교리가 적용되겠지만, 정교분리의 국가에 그런 교리를 들이대 왈가왈부하거나 거기에 굴복하는 것은 헌법에 어긋납니다. 말은 이렇게 하지만 크리스트교가 우리 문화에 워낙 깊숙이 들어와 있기 때문에 정치에 관여하지 말라고 무시하기도 어렵고 무시당하지도 않습니다. 만통교라는 신흥 종교에서 동성애가 만통교 경전에 금지되어 있다고 말한다고 해서 누가 콧방귀나 뀌겠습니까마는, 크리스트교는 다르지요. 크리스트교는 동성애를 성경 말씀으로 반대하니 성경을 한번 볼까요?

여자와 한자리에 들듯이 남자와 한자리에 든 남자가 있으면 그 두 사람은 망측한 짓을 하였으므로 반드시 사형을 당해야 한다. 그들은 피를 흘리고 죽어야 마땅하다. (레위기 20장 13절)

성경 말씀대로 살겠다는 신조를 가질 수도 있습니다. 좋습니다. 그런데 성경을 보니 동성애는 '망측한 짓'이라고만 말한 것이 아니라 '사형을 당해야 한다'고도 말하고 있습니다. 왜 성경에 따라 동성애는 망측한 짓이라고 생각하면서 사형을 시키라는 성경 말씀은 따르지 않나요? 동성애를 비난하는 것은 할 만한 일이지만 사형시키자는 것은 좀 무리라고 생각해서 거기까지는 주장하지 않는 것 아닌가요? 자기들도 성경 말씀을 일관되게 지키지 못하면서 종교가 없는 사람들에게 성경을 근거로 무슨 요구를 한다는 것은 얼마나 어처구니없는 일인가요?

자연주의의 오류

지금까지 동성애 혐오론자들이 내세운 근거들이 얼마나 튼튼하지 못한지 살펴보았습니다. 그런데 그중 몇 가지는 맞는 근거로 인정하고 넘어갔습니다. 동성애가 자연의 섭리에 반대된다는 근거가 그것이었습니다. 그리고 또 몇 가지는 맞지는 않지만 맞는 말이라고 인정해보자고도 했습니다. 동성애가 질병이라거나 더럽다는 근거가 그것이었습니다. 그 근거들이 맞는다고 해도 거기에서 그들이 원하는 결론이 따라 나오는지 검토하기 위해서였습니다. 동성애가 자연의 섭리에 반대된다고 해봐요. 또 동성애가 질병이라고 해봐요. 또 동성애가 더럽다고 해봐요. 그렇다고 해서 동성애가 비도덕적이라는 결론이 따라 나올까요?

이 질문에 대답하기 위해서 사실 판단과 가치 판단을 구분해봅시다. 어려운 말처럼 들리지만 그리 어렵지 않습니다. 세상이 어떠어떠하다고 기술하는 것이 사실 판단이고 그 사실에 대해 평가를 내리는 것이 가치 판단입니다. 예를 들어 저기 달리는 자동차가 빨간색이라고 말하는 것이 사실 판단이고 그 자동차가 멋있다고 말하는 것은 가치 판단입니다. 어때요, 쉽지요? 그런데 문제는 사실 판단에서 가치 판단이 따라 나오느냐는 것입니다. 다시 말해서 사실 판단을 근거로 해서 가치 판단을 결론으로 주장할 수 있느냐는 것입니다. 사실 판단에서 가치 판단을 이끌어내려는 것을 자연주의의 오류라고 부릅니다. 자연적인 것(사실)이 곧 좋은 것(가치)이라는 생각은 잘못이기 때문에 '자연주의의 오류'라는 말이 붙었습니다. 사실 판단은 세상이 '어떻다'고 단순히 기술만 하고 있을 뿐입니다. 거기에서 세상이 '어떠해야 한다'는 가치 판단을 이끌어내는 것은 전혀 별개의 일입니다. 그런데도 사실 판단만으로 가치 판단이 따라 나온다고 생각하는 것은 잘못입니다. 아까 든 예를 생각해보면 쉽습니다. 자동차가 빨간색이라고 해서 거기서 멋있다는 결론이 꼭 따라 나오나요?

동성애가 자연의 섭리에 반대된다는 근거의 구체적인 내용은 "동성애는 생식을 못한다."라는 것이었습니다. 동성애는 생식을 못한다는 것은 부인할 수 없는 사실이라고 했습니다. 어떤 동성애자도 자신들이 생식을 할 수 있다고 우기지 않습니다. 그런데 이 사실 판단으로부터 동성애는 비도덕적이라는 주장이 따라 나온다고 생각하면 그것은 자연주의의 오류입니다.

자연주의의 오류인지 아닌지 판별하기 위해서는 비슷한 사실 판단이 성립할 때 언제나 비슷한 가치 판단이 성립하는지 살펴보면 됩니다. 그때 상식적으로 받아들이기 힘든 반대 사례가 있다면 사실 판단에서 가치 판단을 이끌어내려는 그 시도는 오류가 됩니다. 빨간색이지만 멋있지 않은 자동차가 그 반대 사례입니다. 그런 자동차는 많겠죠? "동성애는 생식을 못한다."라는 사실 판단에서 "동성애는 비도덕적이다."라는 가치 판단을 도출하려는 시도도 그런 반대 사례가 있는지 보면 그것이 왜 오류인지 쉽게 알 수 있습니다. 이성애 짝이지만 생식을 못 하는 경우는 많습니다. 불임 부부들이지요. 그렇다고 그들을 비도덕적이라고 비난하나요? 불임도 서러운데 비도덕적이라고까지 비난받으면 얼마나 억장이 무너지겠습니까? 생식을 못 한다는 사실 판단에서 비도덕적이라는 가치 판단은 전혀 나오지 않습니다.

자연주의의 오류를 저지르는 주장은 '자연스럽다'라는 말이 갖는 애매한 특성을 이용하고 있습니다. (애매함에 대해서는 4장에서 설명했습니다.) '자연스럽다'라는 말은 사실 판단에 쓰이기도 하고 가치 판단에 쓰이기도 하기 때문입니다. 자연스럽다고 하면 자연 법칙에 들어맞는다는 뜻도 되고 긍정적이고 바람직하다는 가치 평가도 들어 있습니다. 자연의 순리에 맞는다고 말하면서 '자연스레' 이상하지 않고 정상적이라는 평가로 넘어가는 것입니다. 그러나 자연 법칙에 맞는다고 해서 모두 바람직한 것은 아닙니다. 자연스럽지만 나쁜 것도 얼마든지 있고 부자연스럽지만 좋은 것도 얼마든지 있습니다. 태풍이나 지진은 자연스러운 현상이지만 좋다고 말할 수 없습니다. 늙는 것도 자연 법칙이지만 좋은가요? 나이 들어 노안이 오는 것은 자연 현상이지만 그 자연 현상을 극복하기 위해서 돋보기를 쓰는 것은 바람직하지 않나요? 가뭄도 자연스러운 현상입니다. 그러나 아프리카의 가뭄 지역에 가뭄을 이기기 위해 펌프를 보내는 사업은 자연을 거스르므로 나쁜 일일까요?

물론 자연스러운 것이 좋은 경우도 많습니다. 자연산 회는 양식 회보다 맛있다고 하고 비싸기도 합니다. 제철 과일이나 채소 따위의 자연산 식품은 가공 식품보다 건강에 좋다고 하지요. 식품 상표는 유기농이나 환경 친화적이라는 것을 알려서 자연산임을 강조합니다. 자연산이니까 안전하고 건강에도 좋다는 뜻이겠죠? 그러나 자연산이

106면 참조

면 모두 안전한가요? 독버섯이나 기생충 등 자연산이지만 독이 있고 해로운 것은 쎄고 쌨습니다. 결론적으로 자연스럽다는 것과 바람직하다는 것은 관련이 없습니다. 말이 난 김에 말하자면, 자연스러운지 안 자연스러운지 판단하기 어려운 경우도 많습니다. 인간이 옷을 입고 신발을 신는 것은 자연스러운 현상일까요, 아닐까요? 벌거벗고 사는 사람들을 보고 미개하다고 비난하기도 하지만 숲이나 바다에서 누드로 지내는 문화를 선진 문화라고 소개하기도 합니다.

이제 동성애가 질병이라거나 더럽다는 근거가 설령 맞는다고 하더라도 거기에서 동성애가 비도덕적이라는 주장이 따라 나오지 않는다는 것은 쉽게 알 수 있을 것입니다. 우리는 다른 질병에 걸린 사람을 안타깝게 생각하지만 비도덕적이라고 생각하지 않습니다. 그런데도 유독 에이즈에 대해서는 천벌이라고 생각하는 경향이 강한데 에이즈 환자에 대한 인권 의식이 전혀 없는 것입니다. 또 더럽다고 해서 비도덕적이라고 말할 수 없는 것은 당연합니다. 인도의 불가촉천민(不可觸賤民)은 다른 사람의 몸에 닿기만 해도 그 사람을 더럽힌다고 여겨져서 이름부터가 '접촉할 수 없다'고 되어 있습니다. 불가촉천민은 주로 오물 수거나 시체 처리처럼 더럽다고 생각되는 일에 종사합니다. 그렇다고 해서 그들을 비도덕적이라고 생각하고 피하는 관행은 전 세계로부터 반인권적이라는 비난을 받고 있습니다.

노비 제도가 미풍양속?

전통이기 때문에 옳다고 주장하는 방식이 있습니다. 예컨대 지금은 없어진 호주제 폐지 논란이 한창일 때 옹호하는 쪽에서는 호주제가 우리 민족의 전통이므로 보존해야 한다고 주장했습니다. 전통이라는 것은 정말로 있다면 부인할 수 없는 '사실'이므로 전통에 호소하여 특정 주장을 펼치는 것도 사실 판단에 근거해서 가치 판단을 끌어내는 논증 방법입니다. 그러므로 이것도 자연주의의 오류 혐의에서 벗어날 수 없습니다. 호주제 논란도 그렇습니다. 우선 호주제가 정말로 우리의 전통인지는 확인해봐야 합니다. 일제강점기에 들어온 것을 우리의 전통이라고 할 수는 없으니까요. 그렇지만 전통이라고 일단 해봅시다. 그렇다고 해서 바람직하다거나 계승해야 한다는 결론이 따라 나오나요? 전혀 그렇지 않습니다. 전통 중에는 바람직한 것도 있고 바람직하지 않은 것도 있으므로 바람직한지 여부는 전통과 상관없이 따져봐야 합니다. 노비 제도나 남존여비 문화는 우리의 '유구한' 전통이지만 그것을 바람직하다고 말할 사람은 아무도 없지 않나요?

동성애가 혐오스럽다고 주장하는 쪽도 지금까지 말했듯이 자연주의의 오류를 저지르고 있지만, 전통에 호소하기도 한다는 점에서 자연주의의 오류를 또 한번 저지르고 있습니다. (전통에의 호소 논증은 11장에서 다시 설명됩니다.) 그들은 동성애가 오랫동안 사회에서 인정받지 못했으므로 옳지 않다는 주장을 펼칩니다. 우리의 미풍양속에 어긋난다고 말입니다. 그렇다면 동성애가 역사에서 인정받지 못한 전

257면 참조

통인지부터 살펴봐야 합니다. 고대 그리스 사회는 동성애를 지고지
순한 사랑으로 묘사했지만 그 사회를 미개하다고 보는 시각은 없었
습니다. 오히려 그리스가 주변 문화를 미개하다고 깔보았죠. 어쨌든
동성애가 역사에서 인정받지 못한 것이 사실이라고 해서 동성애를
허용할 수 없다고 주장하는 것은 자연주의의 오류를 저지르는 것입
니다. 참, 동성애가 우리의 미풍양속에 어긋난다는 주장은 논점 회피
의 오류이기도 합니다. 동성애를 배타시하는 문화가 '아름답고 좋은'
풍속인지는 입증이 되어야 하는데 이를 당연하게 전제하고 있으니까
요. 마찬가지로 우리 전통이었던 노비 제도나 남존여비 문화는 미풍
양속이 아니었잖아요.

　사람들은 대체로 오래된 것에 안심하는 경향이 있습니다. 새로운
것을 검증하는 데 게으르기도 하고 지금까지 믿어온 것을 바꾸는 데
겁을 내기도 하기 때문입니다. 그래서 전통에 호소하여 어떤 주장을
합니다. 진보주의자보다는 보수주의자가 많은 이유이지요. 그러나
오래된 믿음이라고 해서 그 오랜 기간 동안 그 믿음이 도덕적인 검증
을 통과했다는 뜻은 아닙니다. 아무 반성 없이 관습적으로 믿어왔을
가능성도 있으니까요. 물론 오래된 것이 좋은 것도 있어요. 와인이나
친구나 바이올린은 오래된 것이 좋습니다. 그런 것들이야 연륜과 관
련된 것들이니까 그렇지만 믿음의 정당함은 연륜과 상관없습니다.
따라서 전통이라고 해서 꼭 옳다고 말할 수는 없습니다. 마찬가지로
새로운 것이라고 해서 옳은 것도 아닙니다. 바람직한가 바람직하지
않은가는 햇수와 상관없이 검토해야 할 주제입니다.

다양한 사랑의 형태

우리 주변의 이성애자를 살펴봐도 그 성적 취향은 다 다릅니다. 이성을 굉장히 밝히는 사람도 있고, 딱히 동성애자는 아니지만 이성에 그다지 관심이 없는 사람도 있습니다. 성적 욕구도 굉장히 강한 사람이 있고 별로 그렇지 않은 사람도 있습니다. 성적 욕구가 굉장히 강한 사람은 그렇지 않은 사람이 이해가 안 가겠지만 그렇다고 해서 비난하지는 않습니다. 세상살이가 다 그렇습니다. 나와 취향이 다른 사람을 그냥저냥 인정하는 것이죠. 물론 어떤 경우에는 너무 취향이 달라서 이해가 안 가는 경우도 많지만, 그래도 좀 다른 사람이라고 생각하지 비도덕적인 사람이라거나 피해야 할 사람이라고 비난하지는 않습니다. 그 사람이 어떤 취향을 갖고 살든 나에게 아무 피해를 주지 않으니까요. 우리는 2장에서 설명했던[*] 철학자 존 스튜어트 밀의 해악의 원리, 그러니까 어떤 행위가 다른 사람이나 사회에 해악을 끼치지 않는 한, 그 행위의 자유가 보장되어야 한다는 원리를 암암리에 받아들이고 있습니다.

52면 참조

이성애의 형태가 그렇게 다양한 것처럼 사랑은 이성으로 향할 수도 있고 동성으로 향할 수도 있습니다.[6] 이성애든 동성애든 아예 사랑에 관심이 없는 사람도 있고요. 이런 여러 가지 형태의 사랑 중에 왜 유독 동성애에 대해서만은 혐오감을 가진 사람이 많을까요? 성인 간의 합의된 동성애는 다른 사람에게 아무런 해악도 끼치지 않는데 말이죠. 아무 이유 없이 혐오하는 사람들도 있지만 그 혐오를 나름대로 정당화하는 여러 논증들이 제시되고 있습니다. 지금까지 그 주장을 살펴보았습니다. 그 결과 그 논증이 가져다 쓰는 근거는 맞는 말이 아니거나, 설령 맞는 말이라고 하더라도 거기서 동성애가 비도덕적이라는 결론은 나올 수 없음을 보았습니다.

그렇다고 해서 동성애자가 좋은 사람이라고 말하는 것으로 알아듣는다면 그것 또한 오해입니다. 좋은 이성애자도 있고 나쁜 이성애자도 있듯이 좋은 동성애자도 있고 나쁜 동성애자도 있습니다. 앞에서 말한 앨런 튜링 같은 천재 동성애자도 있지만 미국 희대의 살인마인 존 웨인 게이시(John Wayne Gacy) 같은 동성애자도 있습니다. 동성애자는 그냥 평범한 사람입니다. 그냥 성적 지향만 다를 뿐입니다. 취미가 다른 것처럼요. 참, 존 웨인 게이시가 동성애자이므로 동성애는 나쁘다고 누군가가 논증한다면 그것은 2장에서 본 채식주의자 논증 57면 참조처럼 한통속으로 몰아가기의 오류입니다.

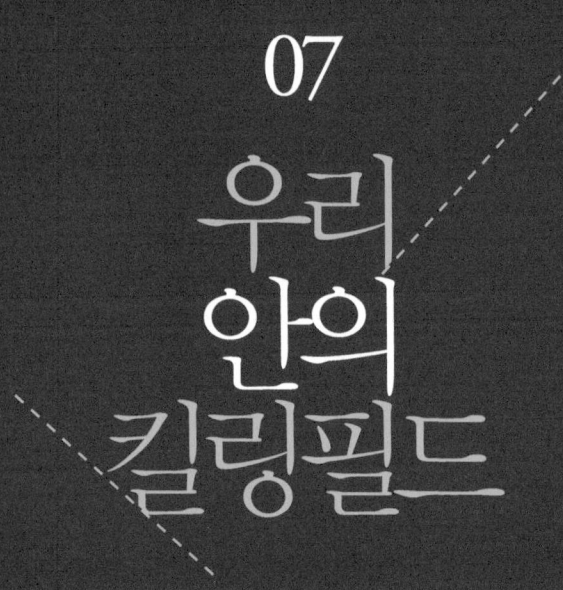

07

우리 안의 킬링필드

지역·인종 차별과 통계의 오류

추신수와 전라도

　야구는 우리나라에서도 인기가 있지만 미국이 본고장입니다. 미국의 메이저리그는 세계 최고의 야구 리그입니다. 한국 선수들 중에도 이 메이저리그에서 뛰는 선수들이 여럿 있습니다. 그중에서 실력으로 보나 연봉으로 보나 최고의 선수는 뭐니뭐니해도 추신수 선수입니다. 그런데 추신수 선수의 개인 홈페이지에 누군가가 글을 남긴 모양입니다. 그 사람은 추신수 선수가 그동안 언론과 인터뷰한 내용이나 신문에 연재하고 있는 글에서 노무현 대통령이나 김대중 대통령의 서거에 대해 애도를 표한 것이나 전라도 출신의 야구 선수인 김병현·최희섭 선수에 대해 언급한 것을 열거하면서 이렇게 물었답니다. "혹시 부모님, 조부모님, 아니면 아내가 전라도 출신이냐?"고요. 공인이라는 사람이 지역 감정에 휩쓸려 전라도 사람들에 대해 치우친 감정을 갖고 있다고 하더랍니다. 그리고 만약 추 선수의 가족 중에 전라도 사람이 있다면, 더 나아가 추 선수가 전라도 사람을 좋아한다면 더 이상 팬으로 남지 않겠다는 말도 했답니다.

추신수 선수는 그 글을 읽고 자신의 생각을 이렇게 일기로 남겼습니다.

> 그 글을 읽고 순간 정신이 멍해지는 느낌이 들었습니다. 많은 분들이 아시다시피 전 부산 출신입니다. 제 가족들 중에 경상도 출신이 있는지, 전라도 출신이 있는지는 언급도 하고 싶지 않아요. 그분의 주장대로라면 미국 사람들이 단지 흑인이나 아시아인 들이라고 해서 무조건 인종 차별을 하는 것과 무슨 차이가 있을까요? 미국 사람들도 유색 인종의 겉만 보고 차별을 하는 것처럼 그분도 단지 '전라도 사람'이라는 겉모습 때문에 무조건 싫다라고 하는 것과 마찬가지잖아요.[1]

그리고 추 선수는 단호하게 이렇게 말합니다. 만약 자기 팬들 중에 지역 감정에 사로잡힌 분이 계시다면, 그래서 떠나겠다고 하신다면 말리지 않겠다고요.

홍어와 고담 대구

우리나라의 지역 감정 중 가장 심각한 것으로 전라도 지역에 대한 차별이 꼽히고 있습니다. 전라도 출신이라고 할 때 일상생활에서 차별받거나 공직 또는 기업체의 고위층에서 불이익을 받는 현실은 널리 지적되었습니다.[2] 그러던 것이 전라도 출신의 김대중 씨와 전라도 출신은 아니지만 전라도의 지지를 받은 노무현 씨가 연달아 대통령을 지내면서 전라도 차별로 대표되는 지역 차별은 어느 정도 해소된 것처럼 보입니다. 전라도에 대한 혐오를 퍼뜨리는 세대가 점점 줄어들고 전라도 출신 사람과 자주 접하게 되면서 거부감이 사라진 덕분일 것입니다.

그러나 한편에서는 지역 차별이 완전히 뿌리 뽑히지 않은 것 같습니다. 인터넷을 사용하는 젊은 세대들은 전 세계가 교류하는 글로벌 시대에 좁은 땅덩어리에서 지역 차별을 하는 것은 구리다고 생각해야 마땅할 것 같습니다. 그런데 현실을 살펴보면 젊은 세대들이 인터넷을 통해 지역 감정을 전수받고 다른 사람들에게 전파하기까지 합니다. 지역 차별을 전파하는 방법이 부모로부터 특정 지역 사람들은 어떻다고 배우는 밥상머리 교육에서 인터넷으로 바뀐 것입니다.

인터넷 공간에서 지역 감정을 대표하는 말은 '홍어'입니다. 물고기 홍어 말입니다. 홍어는 인터넷에서 전라도 사람들을 업신여길 때 쓰입니다. 홍어는 보통 삭혀서 먹기 때문에 아주 독한 냄새가 납니다. 발효 음식이 대개 그렇듯이 그 맛에 중독된 사람들은 즐겨 찾지만 그 맛에 익숙하지 않은 사람들은 기겁을 합니다. 우리나라에서는 홍어가 많이 잡히는 전라도에서 주로 홍어를 먹습니다. 그래서 홍어는 전라도 지역을 대표하는 음식이 되었을 뿐만 아니라 홍어 하면 전라도를 떠올리게 되었습니다. 그런데 왜 홍어가 전라도 사람들을 업신여기는 말이 되었을까요? 경상북도 영덕 하면 대게가 떠오르지만 그렇다고 해서 대게가 영덕 사람을 업신여기는 말은 아닌데요?

'홍어'는 메이저리그 못지않게 인기가 많은 우리나라 프로야구에서 전라도를 지역 연고로 하는 기아 타이거즈 팀을 부르던 별명이었습니다. 물론 친근한 뜻으로 부르는 별명이 아니라 타 팀의 팬들이 기아 타이거즈 팀을 놀릴 때 붙이던 이름이었습니다. 이런 별명은 이 팀에만 있는 것이 아닙니다. 한화 이글스 팀을 '치킨'이라고 부르거나 엘지 트윈스 팀을 '엘쥐'라고 부르는 것이나 매한가지였습니다. 그러니까 홍어니 치킨이니 하는 말들은 야구 팬들 사이에서나 쓰이던 것이었고 거기에 지역 차별적인 의미는 없었습니다. 적어도 2010년 정도까지는 그랬습니다. 그러던 것이 일베저장소라는 사이트를 중심으로 홍어에 대해서만 정치적인 의미가 덧붙여져서 기아 타이거즈 팀에 국한하지 않고 전라도 사람들을 비하할 때 쓰는 말로 확장되었습니다.

치킨이나 엘쥐 같은 별명도 여전히 쓰이는데 왜 홍어에만 민감하게 반응하느냐고 생각할 수 있습니다. 그러나 치킨이나 엘쥐는 야구 팬들끼리만 통하는, 좋게 말하면 애교 섞인 말이고 나쁘게 말해봐야 치기 어린 말일 뿐입니다. 그 말들은 그 팀이 연고로 하는 지역을 가리키는 데는 안 쓰입니다. 이에 반해 홍어는 특정 지역 사람 전체에 대한 혐오감을 드러내기 때문에 심각한 문제가 됩니다. 새로 만들어진 말 중에 '드립을 친다'는 말이 있습니다. 어처구니없는 말이나 막말을 할 때 '드립을 친다'고 하지요. 연극이나 방송에서 출연자가 대본에 없는 대사를 즉흥적으로 하는 경우 애드리브(ad lib)를 친다고 하는데 아마 거기서 나온 말 같습니다. 여러 종류의 드립이 있는데 그중 지역을 거론할 때는 '지역 드립'이라고 합니다. 사회적으로 주목받는 인물의 출신 지역을 끄집어내 비난할 경우 지역 드립을 친다고 합니다. 들머리에서 추신수 선수에게 "혹시 부모님, 조부모님, 아니면 아내가 전라도 출신이냐?"라고 묻는 것이 대표적인 지역 드립입니다. 물론 추신수 선수 앞에서 대놓고 말하지는 못하겠지만, 막말이 허용되는 인터넷 공간이라면 "누구누구는 홍어라더라."라는 식으로 특정 인물을 낙인 찍는 데 지역 드립이 쓰입니다. 가령 정치와는 아무 상관없는 운동 선수나 연예인들까지 본인이나 심지어 사돈의 팔촌의 출신 지역까지 거론해가며 혐오의 대상으로 삼는 식입니다.

다른 지역 연고의 프로야구 팀도 별명을 가지고 있는데 유독 홍어만 비하적인 의미로 쓰이는 것은 인터넷 문화가 있기 이전부터 전라도 지역에 대한 부정적인 지역 감정이 있었기 때문일 것입니다. 이제 오프라인에서는 그런 지역 차별이 많이 사라진 반면 저급한 온라인 문화가 지역 차별을 다시 만들어내는 형국이 되었습니다. 홍어라는 비아냥을 받는 전라도 사람들도 참지 못하고 대구를 '고담 대구'라고 부릅니다. 고담(Gotham)은 만화 주인공으로 시작해 영화에까지 진출한 슈퍼히어로 캐릭터인 배트맨이 활동하는 가상의 도시로서 각종 범죄가 끊이지 않고 일어나는 곳입니다. 대구가 사건·사고가 많다고 생각하여 고담 대구라고 부르는데, 특정 지역을 혐오하는 발언인 것은 홍어나 마찬가지입니다. 인터넷의 지역 차별적 발언들에 무비판적으로 휩쓸려서 특정 지역에 혐오감을 갖게 된 이들이 사회에서 특정 지역 사람을 만나게 되면 어떤 생각을 갖겠습니까? 부정적인 선입견을 가질 수밖에 없을 것입니다.

인터넷의 지역 차별 발언은 급기야 삐뚤어진 역사관까지 낳습니다. 5·18 희생자의 관을 찍은 사진을 보고 홍어 냄새가 진동한다고 하거나 관 앞에서 우는 유족들에게 "아이고, 우리 아들 택배 왔다. 착불이오."라는 댓글까지 올라왔습니다. 정상적인 사람은 할 수 없는 패륜적인 행동입니다. 인터넷에는 5·18 민주화운동을 폭도들이 일으킨 폭동이라거나 북한의 사주를 받은 사건이라고 생각하는 사람들이 여전히 있습니다. 가령 기아 타이거즈 팀이 졌다는 기사에 "폭도 진압했다."라는 댓글이 버젓이 올라옵니다. 어떤 역사적 사실에 대해 얼마든지 비판적인 평가를 할 수 있습니다. 그러나 그런 평가는 공인된 학문적인 토론을 통해 정식으로 이루어져야 합니다.

과학에서는 공인된 학계의 토론을 거치지 않고 비전문가들 사이에서만 과학인 척 유포되는 주장을 사이비 과학이라고 합니다. 우주가 신에 의해 창조되었다는 것을 종교적 서사로 받아들이는 것이 아니라 과학적 사실로 믿거나 외계인이 있다고 주장하는 것이 대표적인 사이비 과학입니다. 마찬가지로 역사에서도 학계를 통한 논의를 거치지 않고 음모만 내세우는 주장을 사이비 역사라고 할 수 있습니다. 히틀러의 유대인 학살을 부정하는 주장이 대표적인 사이비 역사입니다.[3] 히틀러는 유대인을 학살하지 않았다거나 소규모로 학살했다는 주장을 얼마든지 할 수 있습니다. 단 공인된 학술 공간에서 해야 합니다.

5·18 민주화운동은 폭도들이 일으킨 폭동이라거나 북한의 사주를 받은 사건이라고 얼마든지 주장할 수 있습니다. 그러나 역시 공인된 학술 공간에서 해야 합니다. 그러지 않고 인터넷 공간에서 부정확하

고 날조된 자료에 근거해서 생청스레 왜곡된 역사를 만들어내는 것은 위험하기 짝이 없고 비겁한 짓입니다. 그런 왜곡된 역사는 좋게 말하면 사이비 역사이지만, 실은 날조이고 조작입니다.

외국인 사절?

지역 차별이 출신 지역에 따른 편견을 근거로 그 지역 출신에게 공정하지 않은 대우를 하는 것처럼 인종 차별은 인종적인 편견 때문에 특정 인종에게 공정하지 않은 대우를 하는 것입니다. 인종 차별은 지역 차별보다 훨씬 오래되었고 광범위합니다. 대표적인 인종 차별의 행태는 노예제입니다. 인종이 다르다는 이유로, 피부색이 다르다는 이유로 사람이 다른 사람을 노예로 부린 것입니다. 노예는 인간에게 있다고 생각되는 기본적인 권리를 전혀 인정받지 못하고 물건처럼 사고팔리던 사람입니다. 어쩌면 노예 주인이나 노예제 찬성자들은 노예를 사람으로 생각하지 않았을 가능성이 큽니다.

영화 「미션」(The Mission, 1986)은 18세기에 남아메리카에서 선교 활동을 하던 선교사의 실화를 바탕으로 합니다. 이 영화에서 원주민의 아이가 아름다운 노래를 부르자 유럽인들은 앵무새에게도 노래를 가르칠 수 있다면서 아이를 노래 잘하는 짐승으로 취급합니다. 유럽인들은 원주민이 밀림 속에 사는 동물이라면서 칼과 채찍으로 일을 시켜야 한다고 말합니다. 원주민을 노래 부를 줄 아는 짐승으로 취급한 것은 노예나 흑인을 말할 줄 아는 짐승으로 취급한 것이나 기생을 말할 줄 아는 꽃[解語花]으로 취급한 것과 똑같습니다. 같은 사람인데도 똑같은 인권을 가진 사람으로 생각하지 않으니 물건처럼 취급하고 짐승처럼 함부로 대한 것입니다. 히틀러가 유대인이나 집시를 대량 학살한 것도 자기와 똑같은 인간이라고 생각하지 않았기 때문일 것입니다.

이제 공식적인 노예 제도는 없어졌습니다. 그러나 노예제가 없어진 한참 후에도 피부색이 다르면 백인과 같은 학교에 다닐 수 없었고 심지어 버스에서도 따로 앉아야 했습니다. 1960년대의 흑인 인권 운동의 성과로 그런 차별은 공식적으로는 없어졌습니다. 서구 사회에서는 노예 제도나 인종 학살의 전례가 있어서 그런지 인종 차별적인 발언이나 행동에 대해 엄격하게 제재하는 편입니다. 증오 범죄(hate crime)로 처벌하기도 하고 그렇게까지는 안 해도 공적으로 매도당합니다. (아무리 인종에 대한 증오를 드러냈다고 해도 표현의 자유가 더 중요하므로 증오 범죄로 처벌해서는 안 된다고 하는 주장도 있습니다.)

그러나 인종 차별에 대한 처벌이나 매도는 어디까지나 발언이 공개되었을 때의 일이고 내심으로는 차별적인 생각을 하거나 끼리끼리 모여서 차별적인 발언을 하기도 합니다. 미국의 프로농구 팀 구단주인 도널드 스털링은 여자 친구가 유명한 흑인 농구 선수들과 찍은 사진을 보고, 경기장에 흑인을 데려오지 말고 흑인과 찍은 사진도 지우라는 말을 했다가 녹음 파일이 공개되는 바람에 미국 프로농구계에서 영구 제명되고 수십억 원의 벌금도 물었습니다. 그는 자신의 발언에 대해 사과했지만 발언이 공개되지 않았다면 인종 차별적인 발언을 사적으로는 계속했을 것입니다.

단일 민족으로 살아온 우리나라는 인종 차별이 문제되지 않았습니다. 개항 이후 외국인들이 들어와 살기 시작했지만 주로 우리보다 힘 있는 나라 사람들이었기 때문에 차별을 할 수가 없었죠. 그러다가 최근에는 우리나라도 돈을 벌러 온 외국인 노동자의 이주나 국제 결혼이 늘어나 다문화 사회가 되어가고 있습니다. 그런데 그들이 주로 우리보다 못사는 나라 출신이라고 생각하기 때문에 얕잡아보게 되고 차별을 하게 됩니다. 이제 인종 차별이 남의 문제가 아닌 것입니다.

2009년 버스에서 한 남자가 우리나라 대학에 연구교수로 있는 인도 사람에게 "냄새 난다" "더럽다"라고 욕한 사건이 있었습니다. 그 남자는 인도 사람과 동행하던 한국 여자에게 "새까만 자식이랑 사귄다."라고 욕을 했고요. 인도 교수와 여자는 그 남자를 모욕죄로 고소했습니다. 우리나라에서 인종 차별로 고소한 최초의 사건입니다. 그런데 경찰관도 가해자인 남자에게는 존댓말을 하고 인도 교수에게는 반말을 했다고 합니다.[4] 결국 남자는 벌금형을 선고받았고 국가인권위원회는 그 경찰에게 재발 방지를 권고했습니다. 2011년에는 외국인이라고 해서 대중 목욕탕에 못 들어오게 한 사건도 있었습니다. 입장을 거절당한 사람은 우즈베키스탄 출신이지만 귀화했기 때문에 사실은 외국인도 아니었습니다. 목욕탕 주인이 외국인이 오면 손님들이 싫어한다고 변명한 것을 보면 외국인에 대한 편견을 많은 사람들이 가지고 있는 것을 알 수 있습니다.

이런 사례 몇 가지로 우리나라의 인종 차별을 짐작하기보다 통계적인 방법으로 조사된 자료가 더 믿을 만할 것입니다. 스웨덴의 두 경제학자가 80여 개국 국민들에게 다른 인종과 이웃으로 살고 싶으

냐고 질문하는 방식으로 각 나라의 인종 차별 지수를 조사했습니다. 이 조사에서 우리나라 사람들의 3분의 1이 싫다고 대답했는데 이는 다른 나라에 비해 상당히 높은 수치입니다.[5] 물론 우리보다 선진국인 프랑스 같은 나라도 그 지수가 높게 나옵니다. 그렇다고 해서 우리나라 사람들의 인종 차별적인 생각이 용서되는 것은 아닙니다. 인종 차별을 하는 나라가 많다는 사실이 우리가 그것을 따라 해도 되는 이유가 되는 건 아니니까요.

우리나라는 인종 차별적인 시각이 있다고 해도 그것이 인종 차별이 심한 나라에서와 같은 폭력의 형태로 나타나지는 않습니다. 인종이 다르고 출신 지역이 다르다는 이유만으로 범죄를 저지르는 증오 범죄도 아직은 없습니다. (다른 나라에는 종교가 다르고 성 정체성이 다르다는 이유만으로 저지르는 증오 범죄도 있습니다.) 그러나 차별 의식이 무장 심해지면 언제든지 폭력으로 발전할 수 있으므로, 우리의 차별 의식이 정당한지 반성해봐야 합니다.

편견과 고정관념

지역 차별이나 인종 차별 그리고 앞서 5장에서 살펴본 여성 차별은 모두 편견에 근거하여 차별적인 생각이나 행동을 한다는 점에서 115면 참조 같습니다. 이 차별들은 정당한 근거 없이 이루어지므로 인권을 침해한다는 점에서는 모두 똑같습니다. 그래도 경중을 가려보자면 인종 차별이나 여성 차별이 더 악랄합니다. 인종이나 성별은 겉으로 드러나므로 숨길 수가 없어서 단박에 차별의 소지가 되기 때문입니다. 그렇다고 해서 지역 차별이 덜 억울하다고 할 수는 없습니다. 인종이나 성별은 바꿀 수 없으니까 억울해도 그대로 살지만 고향은 바꿀 수 있으니까 사정이 낫지 않느냐고 말하기에는 고향을 숨기는 현실이 너무 처절하기 때문입니다. (수술로 성별을 바꾸는 것은 성 정체성 때문이지 차별 때문은 아닙니다. 미국의 코미디 영화 「소울맨」(Soul Man, 1986)의 주인공은 백인인데 흑인으로 변장해서 흑인에게 주는 장학금을 받습니다. 대학 입학이나 장학생 선정에서는 백인이라서 오히려 차별을 받는다고 생각하기 때문입니다.)

방금 이런 차별들은 편견에 근거한다고 말했습니다. 편견이란 공정하지 못하고 한쪽으로 치우친 생각을 말합니다. 편견이 문제되는 이유는 확실한 근거 없이 자기 생각이 옳다고 믿기 때문입니다. 그런데 지역 차별이나 인종 차별을 하는 사람들이 자기들의 생각에 근거가 없다는 것에 동의할까요? 아마 펄쩍 뛸 겁니다. 곧 살펴보겠지만 그들은 자신들의 생각에 확실한 근거가 있다고 주장합니다. 따라서 차별을 한다고 생각하는 사람들의 판단이 정말로 차별에 근거하고 있다고 주장하기 위해서는 무조건 차별이라고 말해서는 안 되고 어떤 점에서 공정하지 못한지 보여주어야 논리적인 태도입니다.

우리는 어떤 집단에 대해 그 집단은 어떠하다고 일반화된 생각을 가지고 있습니다. 어느 학교 출신은 선후배 관계가 세다거나 어떤 나라 사람들은 미인이 많다거나 어떤 직업을 가지고 있는 사람들은 친절하다는 생각이 그런 예입니다. 우리는 그런 생각을 고정관념이라고 부릅니다. 고정관념이 꼭 나쁜 것만 있는 것은 아닙니다. 가령 전라도 사람에 대해서는 음식을 잘한다고 생각하고 흑인은 운동을 잘

한다고 생각하는 경향이 있는데 이는 부정적인 것이 아닙니다. 그런데 부정적인 고정관념이 있을 때는 그 집단의 구성원에게 심각한 영향을 끼치므로 그 고정관념이 편견인지 아니면 정당한 근거에 기초한 것인지 검토해봐야 합니다. 전라도 사람들에 대한 부정적인 고정관념으로는 뒤통수를 잘 때린다는 것이 있습니다. 간사하고 신뢰가 없다는 것입니다. 흑인에 대해서는 더럽다거나 머리가 나쁘다는 부정적인 고정관념이 있습니다. 앞서 인도인 교수의 사례에서 보았듯이 우리나라 사람들은 백인이 아닌 외국인에 대해서도 흑인에 대해서와 같은 고정관념을 가지고 있습니다. 전라도 사람은 뒤통수를 잘 때리기 때문에, 흑인은 더럽거나 게으르기 때문에 가까이 해서는 안 된다고 생각하는 사람들이 많습니다. 과연 이 주장이 근거가 있을까요?

"내가 경험해봐서 아는데…"

정말로 전라도 사람은 뒤통수를 잘 때릴까요? 정말로 흑인은 더럽고 게으를까요? 자신이 가지고 있는 생각이 옳다는 것을 보여주는 방법은 크게 두 가지가 있습니다. 하나는 직접 경험해보는 것이고 다른 하나는 경험해본 다른 사람의 증언을 끌어들이는 것입니다. 자신이 직접 경험해보고서 내가 해보니까 이렇더라고 주장하면 그 주장에 무게가 실리겠죠. 그러나 우리는 세상의 모든 일을 경험해볼 시간도 없고 능력도 없습니다. 그래서 이미 경험해본 다른 사람의 증언을 빌립니다. 어릴 때 밥상머리에 앉아 아버지·어머니로부터 배운 것이 우리 생각의 상당 부분을 지배합니다. 좀 자라서는 학교에서 많은 것을 배웁니다. 그리고 사회생활을 통해 알게 된 친구나 선후배 들한테도 배웁니다. "내가 아는 형한테 들었는데…"라는 식으로 이야기하는 것이 그것입니다. 또 개인적으로 독서를 통해서도 배우지만, 최근에는 인터넷을 통해서 많은 것을 알게 됩니다. 이 중 어떤 것이 권위가 있을까요? 다시 말해서 내가 생각하고 있는 것이 틀림없이 참이라고 분명히 말할 수 있는 것은 어떤 것일까요? 학교에서 배운 것 정도겠지요. 학교에서는 사회나 학계에서 정설로 인정된 것만 가르치니까요. 책에서 읽은 것도 어느 정도 진리로 받아들여지지만 그 저자가 권위 있는 사람인 경우에 한합니다.

자, 그러면 전라도 사람은 뒤통수를 잘 때린다거나 흑인은 더럽고 머리가 나쁘다는 생각은 어디서 배운 것일까요? 당연히 학교에서 그런 지식을 가르치지는 않습니다. 권위 있는 인물이 책을 통해 그런 주장을 한 적도 없습니다. 그런 주장은 밥상머리에서 부모님에게 배우거나 요즘은 인터넷을 통해 받아들입니다. 그러나 그렇게 알게 된 것이 신뢰 있다고 생각하는 사람들은 없습니다. "전라도 사람들은 뒤통수를 잘 때린대."라고 말하는 사람에게 "누가 그런 말을 해?"라고 물으면, "우리 아버지가 그러셨어."라거나 "내가 자주 가는 인터넷 사이트에서 그러더라."라고 말하지는 않습니다. 스스로도 근거가 안 된다는 것을 알기 때문입니다. 이렇게 그 분야에서 권위 있는 적합한 전문가가 아닌데도 거기에 의존하여 주장할 때 부적합한 권위에의 호소 오류라고 말합니다. 이런 잘못을 저지르지 않기 위해서 아예 자신이 직접 경험해봤다는 근거를 많이 듭니다. 군대 선임병이 전라도 출신인데 나를 만날 갈구었다거나 거래차 알게 된 전라도 사람이 뒤통수를 때리더라는 식입니다. 또 미국 생활 중에 만난 흑인 애들은 정말 게을렀다거나 지하철에서 마주친 이주 노동자들은 참 더러웠다고도 말합니다. 내가 경험한 것만큼 확실하고 믿을 만한 것이 어디 있겠습니까?

고정관념은 어떤 집단에 대한 일반화된 판단이라고 했습니다. 일반화된 판단이란 어떤 집단에 속한 사람은 모두 어떠어떠하다고 판단을 내리는 것인데, 아주 작은 집단이 아닌 이상 우리는 그 집단에 속한 사람들을 모두 접할 수는 없습니다. 그래서 구성원 중 일부를 관찰하고서 그 관찰을 토대로 이 집단은 모두 어떠어떠하다는 비약을 해야 합니다. 그 비약이 심하지 않기 위해서는 그래도 꽤 많은 수의 구성원을 관찰해야 합니다. 그러나 그 관찰이 충분하지 못한데도 일반화된 판단을 하는 경우가 왕왕 있습니다. 어느 중학교에 가서 하교하는 학생들 서너 명이 남학생인 것을 보고 이 학교는 남자 중학교라고 판단을 내린다고 해봅시다. 그 서너 명은 그 학교 학생 중 아주 일부분일 뿐입니다. 학교 전체에 대해 판단을 내리기에는 충분하지 못한 자료입니다. 이렇게 충분하지 못한 관찰 자료를 토대로 일반화된 결론을 내리는 잘못을 불충분한 통계의 오류라고 부릅니다. 3장에서 이미 성급한 일반화의 오류라고 소개한 바로 그 오류입니다. 81면 참조 충분하지 못한 자료를 토대로 성급하게 일반화하는 잘못이기 때문이죠. (성급한 일반화의 오류가 더 널리 알려져 있지만, 좀 있다 설명할 '편향된 통계'와 짝을 이루는 말로 이해하면 편리하므로 '불충분한 통계'로 설명하겠습니다.)

그러면 내가 만난 전라도 사람이나 흑인이 전라도 사람이나 흑인 전체에 대해 일반화된 판단을 할 만큼 충분할까요? 내가 전라도 사람이나 흑인을 만나봐야 얼마나 많이 만나겠습니까? 기껏해야 십 수 명이고 아무리 많아도 100~200명일 겁니다. 그런데 전라도 사람은 수백만 명이고 흑인은 수억 명입니다. 통계가 충분하기 위해서 얼마나 많은 자료가 있어야 하는지는 딱 잘라 말할 수 없습니다. 그 집단이 어떤 집단이고, 일반화하려는 특성이 무엇인가에 따라 다르기 때문입니다. 아무리 그래도 기껏 십 수 명을 관찰하고서 수백만 명, 수억 명의 집단에 대해 결론을 내린다는 것은 누가 봐도 충분하지 않습니다. "내가 경험해봐서 아는데…"라고 말하는 것은 불충분한 통계의 오류입니다.

돼지 눈에는 돼지만 보인다

그런데 이렇게 주장하는 사람이 있습니다. "맞아요. 나는 살아가면서 전라도 사람을 열 몇 명 정도밖에 만나지 못했습니다. 그런데 그 사람들이 하나같이 간사합니다. 처음 만나서는 간도 빼줄 듯이 하다가 결국에는 뒤통수를 치더라니까요. 전라도 사람이 아닌 사람 중에는 그런 사람이 하나도 없는데 왜 전라도 사람만 그럽니까? 이 정도면 전라도 사람은 모두 뒤통수를 잘 친다고 결론을 내려도 충분하지 않습니까?" "정말 그래요. 나도 흑인을 열 몇 명밖에 못 본 것은 인정합니다. 그런데 내가 만난 흑인은 하나같이 게을렀어요. 흑인 아닌 사람 중에는 게으른 사람을 못 봤는데 왜 유독 흑인만 그럴까요? 이 정도면 흑인이 게으르다고 결론 내려도 성급하지 않은 일반화 아닐까요?" 까마귀는 전 세계에 수백만 마리 이상 있을 겁니다. 그러나 우리는 살면서 기껏해야 십 수 마리의 까마귀만 관찰하고서 "까마귀는 모두 검다."라고 일반화합니다. 우리는 검은 까마귀만 관찰하고 검지 않은 까마귀는 본 적이 없으니까요. 이 일반화는 전혀 문제가 없습니다. 그런데 전라도 사람이나 흑인에 대한 판단을 왜 편견이라고 하나요?

혹시 검지 않은 까마귀가 있다면 "모든 까마귀는 검다."라는 주장은 틀리게 됩니다. 뒤통수를 치지 않는 전라도 사람이나 게으르지 않은 흑인은 없을까요? 당연히 있습니다. 그러면 편견을 가지고 있는 사람들은 이렇게 대답합니다. "맞아요. 당연히 그런 전라도 사람도 있죠. 그렇긴 하지만 내 말은 전라도 사람들은 대체로 뒤통수를 잘 친다는 말이에요. 뒤통수를 잘 치는 전라도 사람이 그렇지 않은 사람보다 많다는 뜻이에요." 정말 그럴까요?

일반화된 판단을 제대로 하기 위해서는 충분한 자료를 관찰하기도 해야 하지만 편향되지 않게, 다시 말해서 골고루 관찰해야 합니다. 아무리 많이 관찰을 해도 한쪽으로 치우쳐서 관찰한다면 전체에 대해 올바른 판단을 할 수 없습니다. 사과를 한 상자 살 때 맨 윗줄의 사과만 보고 사다가는 낭패를 볼 수 있습니다. 일부 악덕 업자들은 눈에 얼른 보이는 윗줄에만 질 좋은 사과를 올려놓고 아래에는 질 나쁜 사과를 깔아놓을 수 있기 때문입니다. 그래도 소비자가 사과 한 상자를 산다고 해봐야 한 상자에 들어 있는 사과는 몇 개 안 되니까 모두 관찰할 수 있습니다. 대형 마트에서 납품받는 사과를 검수하는 직원은 그 많은 사과를 어떻게 관찰할까요? 무작위로 골라서 검수할 수밖에 없습니다. 그게 통계의 표본 추출에서 기본적인 방법입니다. 자신의 주관에 따라 표본을 고르는 것이 아니라 우연에 따라 골라 관찰한 다음에 그것으로부터 집단 전체에 대해 일반화된 판단을 하면 신뢰도가 높은 판단이 됩니다. 그런데 그러지 않고 자신의 의도에 맞게 편향되게 관찰을 하고 일반화를 하면 편향된 통계의 오류를 저지른다고 말합니다.

여론 조사를 생각해보세요. 개고기 식용에 대해 어떻게 생각하는지 주변에 있는 사람에게만 물어보고서 결론을 내릴 수 없습니다. 내 주변 사람은 아무리 많아야 몇 십 명밖에 안 되므로 불충분한 통계의 오류를 저지르게 되기 때문입니다. 이번에는 우리 학교 학생 수천 명에게 물어봅니다. 불충분한 통계의 오류는 벗어나게 될 테니까요. 그러나 젊은 학생은 편중된 집단입니다. 그것을 토대로 우리나라 사람들의 개고기 식용에 대한 생각을 결론 내린다면 그때는 편향된 통계의 오류를 저지르게 됩니다. 어떤 집단에 대해 일반화된 판단을 하기위해서는 표본 집단이 충분해야 하지만 편향되어서도 안 됩니다.

편견을 가지고 있는 사람들은 아무리 많이 관찰하더라도 객관적으로 관찰하지 않습니다. 자신의 주관을 가지고 관찰 표본을 선택합니다. 가령 전라도 사람은 뒤통수를 때린다는 편견을 가지고 있는 사람은 그런 사람을 만났을 때만 주의 깊게 관찰해서 기억에 남겨두고 그러지 않는 사람은 무시해버립니다. 살아가면서 뒤통수 치지 않는 전라도 사람을 만날 일이 왜 없겠습니까? 당연히 있겠죠. 그런데 그때는 그냥 무시해버립니다. 내가 전라도 사람들은 뒤통수를 잘 친다는 생각을 가지고 있다는 것도 의식하지 못합니다. 그러다가 뒤통수를 때리는 전라도 사람을 만나면 그때는 무릎을 탁 치며 말합니다. "내가 뭐라고 그랬어? 전라도 사람들은 뒤통수를 잘 친다고 했지." 자신의 생각에 맞지 않는 것은 무시하고 맞는 것만 기억하는 것입니다. 군인이 되면 평소에 보이지 않던 군인이 눈에 많이 띄고 임신부가 되면 역시 임신부가 눈에 많이 띄는 것처럼 자신이 관심 갖는 것만 눈에 띕니다. 앞에서 대구에 대해 지역 차별적인 생각을 가지고 있는 사람들은 대구가 사고가 잘 난다고 하여 고담 대구라고 부른다고 했습니다. 그런 사람들은 다른 도시에서 사고가 나면 그런가 보다 하고 지나칩니다. 그러다가 대구에서 사고가 나면 "또 대구야."라고 반응합니다. 모두 편향된 통계의 사례입니다.

우리는 어떤 집단에 대해 얼마든지 어떤 판단을 할 수 있습니다. 주로 온라인 게임에서 쓰는 말로 '종특'이 있습니다. '종족 특성'의 준말로서 어떤 종족이나 집단이 공통으로 가지는 특징을 말합니다. 고전적인 게임인 '스타크래프트'의 테란·프로토스·저그 따위의 종족에는 고유의 특성이 있고, 판타지 게임에는 인간·엘프·오크 따위의 종족과 전사·마법사·치유사 따위의 직업이 있는데 그 개성이 다 다릅니다.[6] 어떤 특성의 캐릭터를 선택하느냐가 게임에 큰 영향을 끼칩니다. 그런데 게임에서 어떤 종족이나 캐릭터가 특정한 특성을 갖는 것은 처음부터 개발자가 그렇게 만들어놓았기 때문입니다. 그러나 게임이 아닌 현실의 종족이나 집단에도 그런 특성이 있을까요? 있을지도 모릅니다. 그래서 그런 특성은 일단 가설의 형태로 제시됩니다. 그다음에 그 가설이 맞는지 그른지 검증합니다. 관찰하는 사례가 가설을 지지하는 경우가 많으면 많을수록 가설의 신뢰도는 높아집니다. 이 과정에서 관찰하는 사례가 자신이 세운 가설에 유리하든 불리하든 똑같이 취급해야 합니다. 가설에 들어맞는 사례만 기억하고 그렇지 않은 사례는 무시한다면 올바른 검증이 되지 않습니다. 편향된 통계의 오류는 그런 과정에서 생깁니다. 방금 특정 지역에 대한 편견의 사례를 봤지만 특정 인종, 특정 성별에 대한 편견도 다 그런 식으로 고착되어갑니다.

개인적인 경험은 생생하고 확실하다는 장점이 있지만 그것만을 토대로 어떤 집단에 대해 일반화된 결론을 내리는 것은 지금까지 살펴본 것처럼 한편으로는 충분하지 못하고 다른 한편으로는 편향될 수 있습니다. 우물 안 개구리 같은 판단을 넘어서기 위해 우리는 객관적인 여론 조사나 통계를 이용해야 합니다. 전라도 사람이 어떻다거나 흑인이 어떻다는 고정관념도 하나의 가설입니다. 과학적인 통계나 조사를 이용하여 그 가설이 옳은지 그른지 검증하면 됩니다. 지금까지 그런 통계가 있나요? 전혀 없습니다. 게임이 아닌 현실에서 종특이란 검증된 적이 없습니다. 뒤통수를 때린다거나 게으르다는 판단은 주관적일 수밖에 없으므로 애초에 그런 조사가 불가능합니다. 그렇다면 집단에 대한 고정관념은 과감히 버려야 합니다. 그게 합리적이고 과학적인 자세입니다.

08

"그때 저는 19살이었어요"

학력 차별과 논점 일탈의 오류

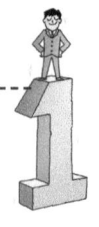

대학 훌리건

다음 말들이 무슨 의미인지 아시나요?

스카이, 서성한, 중경외시, 서포카, 인서울, 지잡대, 입결

모두 대학과 관련된 말입니다. 더 정확히 말하면 단순히 대학과 관련된 말이 아니라 대학의 서열과 관련된 말입니다. 예전에도 대학들 간의 서열이 있었습니다. 그러나 그때는 사람들이 끼리끼리 모여서 가십거리로 서열을 매겼다면 이제는 대학 서열을 정하는 인터넷 커뮤니티에 모여 대놓고 대학 줄 세우기를 합니다. 그 정도가 아니라 어느 학교가 서열이 높은가를 두고 싸우기까지 합니다. 정부기관이나 언론사도 대학 평가라는 이름으로 대학을 서열화하기는 합니다. 그러나 그때는 교수들의 연구 실적·교육 환경·졸업생의 평판도

등 다양한 기준을 가지고 평가하는 데 비해(이때의 대학 평가도 공정성에 대해, 그리고 평가라는 제도 자체에 대해 비판을 많이 받습니다), 인터넷 공간의 서열화는 '입결'이 주된 기준이 됩니다. 입결이란 '입시 결과'의 준말로서 커트라인, 곧 입학 합격선을 말합니다. 그러니까 대학의 입학 성적이 어디가 더 높으냐를 가지고 대학의 서열을 정하는 것입니다. 한 대학의 입학생 성적이 다 다르고 입학을 결정하는 방법도 다 다르며 결정적으로는 대학에서 그것을 공개하지 않기 때문에 네티즌들은 자신의 경험과 추측으로 서열을 매기고 다투는 것입니다.

대학생들은 자신이 다니는 대학의 서열이 나중에 사회에 진출했을 때 자신의 평판도가 된다고 생각하기 때문인지 단순히 애교심을 표현하는 수준을 넘어서서 다른 대학을 비방하는 싸움을 벌입니다.[1] 축구 경기에서 난동을 부리면서까지 자신의 팀을 응원하는 과격 팬을 '홀리건'이라고 부르는데, 우리 학교가 너희 학교보다 입결이 높다느니 그 학교는 졸업해도 취직이 안 된다느니 하고 대학의 서열을 놓고 다투는 모습은 완전히 홀리건 수준입니다. (실제로 대학 서열을 정하는 유명 인터넷 사이트 이름에 '홀리건'이 들어갑니다.) 인터넷에서의 싸움은 주먹이나 총칼이 아닌 키보드로 한다고 해서 '키보드 배틀'이라고 불리고 거기서 싸우는 사람은 '키보드 전사'(또는 '키보드 워리어')라고 불립니다. 그 정도로 이 싸움은 현실에서의 싸움 못지않습니다. 대학의 평판을 높이려는 대학 측도 은근히 이런 키보드 배틀을 부추기는 것이 아닌가 하는 의심을 받습니다. 대학 입학을 준비하는 학생들 역시 네티즌이므로 인터넷에서 벌어지는 대학 서열화의 영향을 크게 받으니까요.

네티즌의 서열화 놀이

'군벌' '문벌' '족벌' '학벌'의 공통점은 모두 '벌'이 들어간다는 점입니다. '벌(閥)'이란 '파벌'의 준말로 출신이나 이해관계가 같은 사람들끼리 뭉친 세력이나 집단을 말합니다. 그러니까 군벌은 군인들의 파벌이고 문벌이나 족벌은 가문의 파벌입니다. 마찬가지로 학벌은 출신 학교에 따라 형성된 파벌입니다. 어느 학교를 나왔느냐에 따라 사회적인 지위나 등급이 일종의 신분으로 결정됩니다. 봉건사회의 양반이나 상민처럼요. 과거에는 고졸자와 대졸자 간의 신분 차이만 있었다면 대학 진학률이 80%에 육박하는 지금은 어떤 대학을 나왔느냐가 평생을 따라다닙니다. 봉건사회에서 항상 차고 다녀야 했던 호패처럼요. 이른바 명문대 학벌은 끼리끼리 밀어주어 자신들의 당파적인 이익을 추구합니다. 어떤 대학을 나왔느냐는 사회생활을 할 때 취업·승진·사회적 대우, 심지어 결혼에까지 영향을 미치는 요소가 됩니다. 그리고 신분제 사회의 중요한 특징인 세습이 학벌에서도 이루어집니다. 좋은 학벌이 자손에게 대물림되어, 예전에는 "개천에서 용 난다."라고 했지만 이제는 "개천에서 미꾸라지 난다."라고합니다. 정말로 우리 사회의 학벌은 사회적 대우나 세습에서 봉건사회의 신분제도나 다름 없습니다.

네티즌들 사이의 지질한 대학 서열화 놀이도 학벌 사회의 씁쓸한 면을 잘 보여줍니다. 스카이(SKY)는 서울대, 고려대, 연세대의 영문 머리글자입니다. 뭐 우연의 일치지만 들어가기가 하늘만큼 어렵다는 뜻으로도 해석된다네요. 또 수도권 집중 현상이 심화되면서 서울에 있는 대학과 지방에 있는 대학 사이에도 넘을 수 없는 벽이 생기는데, '인서울'과 '지잡대'가 그것을 대표하는 말입니다. '인서울'은 서울에 있는(in) 대학을 가리키는 말로, 대부분의 대입 수험생들은 인서울 대학을 마지노선으로 잡습니다. '지잡대'는 '지방의 잡스러운 대학'을 줄인 말로 지방 대학을 아주 비하하는 말입니다. 옛날 같으면 삼류대라고 했을 텐데, 이제는 노골적으로 잡스러운 대학이라고 부릅니다. ('잡스럽다'는 인터넷 유행어입니다. '듣도 보도 못한 잡것'을 가리키는 '듣보잡'이 널리 쓰입니다.) 지방 대학을 모두 지잡대라고 부르는 것은 아니지만, 서울 또는 수도권 소재 대학에는 잡스러운 대학이라는 명칭을 붙이지 않는 것을 보면 분명 지방 차별적 발언입니다. 지방에 있지만 서울대와 동급으로 취급되는 공과 대학 중심 대학들을 따로 부르기 위해 대학 이름의 한글 머리글자를 따서 서포카라는 말도 생겼습니다. 지방에 소재하지만 다른 지방 대학과는 다르게 취급되고 싶은 거죠.

수험생들은 인서울하기 위해 목을 매고, 인서울이나 지잡대 같은 말들이 버젓이 쓰이는 것은 취업을 비롯한 사회의 평가가 인서울 대학에 후하기 때문입니다. 물론 그 꼭대기에는 서울대가 있고요. 우리나라의 정치·경제·사회·문화 등 모든 분야에서 서울대를 비롯한 명문대 출신들이 권력을 독점하고 있습니다. 예를 들어 18대 국회의원 당선자 299명 중에 40%인 109명이 서울대 출신이었습니다.[2] 2013년 행정고시(정확한 용어로는 5급 공채 시험)에서 서울대 출신은 36.8%를 차지했으며, 스카이 대학 출신은 67.6%나 됩니다.[3] 2013년

6월 말 기준으로 고위 공무원 중 서울대 출신은 29.6%이고, 스카이 대학 출신은 48%입니다.[4] 기업 쪽도 사정은 다르지 않아서 500대 기업의 최고 경영자(CEO) 중 서울대 출신은 26.3%이고, 스카이 대학 출신은 50%를 넘습니다.[5] 법원의 2008~2012년 인사 자료에서도 고등법원 부장판사 이상은 77%가 서울대 출신이고, 대법관 14명 중 12명은 서울대 출신입니다.[6] 이 정도면 가히 '서울대 공화국'이라는 말을 붙일 만합니다.

공부와 상관없을 것 같은 연예계에서도 서울대 출신은 프리미엄을 얻습니다. 서울대 출신 가수, 서울대 출신 탤런트처럼 '서울대 출신'이라는 말이 수식어처럼 따라다닙니다. 대학 다니던 사람이 드물었던 1960~1970년대에는 '학사 가수' '학사 배우'라는 말이 있었는데, 이제는 서울대가 그것을 대체하고 있습니다. 결혼 시장에서도 명문대 출신은 좋은 점수를 받습니다. 좋은 점수를 받는다는 것이 비유적인 의미가 아닙니다. 결혼 정보 회사에서 만든 등급표에 따르면 재산·키·몸무게와 함께 출신 대학 등급별로 점수를 매겨 회원들을 분류합니다.[7] 학벌이 재산이나 외모와 함께 현대 사회에서 신분을 결정하는 중요한 요소가 된 것입니다.

학력 차별은 정당하다!

이 책에서는 여러 가지 차별을 다루고 있습니다. 5장의 여성 차별, 6장의 성 소수자 차별, 7장의 지역 차별과 인종 차별, 9장의 장애인 차별이 그것입니다. 차별은 근거 없는 편견에서 비롯된 것이므로 윤리적으로 비난받으며 일부의 경우에는 법적으로 처벌하기도 합니다. (현재 차별을 금지하는 법으로는 장애인차별금지법과 연령차별금지법이 있습니다. 포괄적으로 차별을 금지하는 차별금지법은 성 소수자 차별 때문에 논란이 되어 2014년 현재 국회에서 통과되지 못하고 있습니다.) 그런데 이 장에서 다루는 학력 차별은 성격이 약간 다릅니다. 다른 종류의 차별과 다르게 학력에 따라 다르게 대우하는 것은 근거 없는 차별이 아니고 학력 차별에는 긍정적인 면이 있다는 주장이 있기 때문입니다. 예컨대 지역 차별이나 인종 차별은 다음과 같은 논증으로 이루어져 있습니다.

이 사람은 전라도 출신이다.
전라도 출신은 뒤통수를 잘 때린다.
따라서 이 사람은 뒤통수를 잘 때릴 것이다.

이 사람은 흑인이다.
흑인은 게으르다.
따라서 이 사람은 게으를 것이다.

논증이 성공하기 위해서는 일단 전제가 맞는 말이어야 합니다. 첫 번째 전제들은 당연히 맞는 말일 테니까, 관건은 두 번째 전제들이 맞는 말이냐입니다. 전라도 출신은 정말로 뒤통수를 잘 때릴까요, 흑인은 정말로 게으를까요? 우리는 이미 7장에서 그런 주장들은 불충분한 통계의 오류나 편향된 통계의 오류를 저지르고 있다는 것을 보

182면 참조

았습니다.* 편견인 거짓 전제에 불과한 거죠. 앞의 논증들은 거짓 전제에 근거하고 있으므로 당연히 결론은 따라 나오지 않습니다. 이러니 지역 차별이나 인종 차별은 전혀 근거 없는 주장입니다.

그러나 학벌을 옹호하거나 학력 차별에 긍정적인 면이 있다고 주장하는 사람들은 학력 차별 논증이 지역 차별이나 인종 차별 논증과 경우가 다르다고 주장합니다. 그들의 주장은 이런 식의 논증입니다.

> 이 사람은 삼류대 출신이다.
> 삼류대 출신은 능력이 떨어진다.
> 따라서 이 사람은 능력이 떨어질 것이다.

여기서도 문제가 되는 것은 두 번째 전제입니다. 삼류대 출신은 정말로 능력이 떨어질까요? 이 논증을 옹호하는 사람은 그 전제가 분명히 맞는 말이라고 주장합니다. 그런데 맞는 말이라는 것을 어떻게 알까요? 전라도 출신은 뒤통수를 잘 때린다거나 흑인은 게으르다는 통계는 존재하지 않을뿐더러 그런 통계 조사가 시도된 적도 없습니다. 시도를 한다고 하더라도 뒤통수를 잘 때린다거나 게으르다는 성질을 무슨 수로 측정하겠습니까? 반면에 삼류대 출신은 능력이 떨어진다는 통계는 있을까요? 또는 일류대 출신은 능력이 뛰어나다는 통계는 있을까요?

네, 있습니다. 이 논증이 문제가 없다고 생각하는 사람들은 그렇게 생각합니다. 일류대생이 삼류대생보다 입결이 높다는 사실은 편견이 아니라 객관적 사실이라고 생각하니까요. 입결에 따라 일류대와 삼

류대가 결정되는 것이므로 입결은 일류대가 삼류대보다 능력이 뛰어나다는 주장을 뒷받침하는, 훌륭하면서도 논점을 회피하지 않는 근거가 될 것입니다. 따라서 학력 차별은 엄격히 말하면 차별이 아닙니다. 차별은 근거 없는 편견에 따르는 것을 일컫는 부정적인 용어이지만, 학력에 따라 다르게 대우하는 것은 정당하게 차이를 두는 것이니까요. 입학 점수가 높은 학생을 합격시키고 낮은 학생을 불합격시키는 것을 차별이라고 부르지는 않죠. 마찬가지로 출신 학교에 따라 다르게 대우하는 것은 정당한 근거가 있으므로 결코 차별이 아닙니다. 학벌을 옹호하는 사람들은 옹호할 만한 근거가 있다고 생각하는 것입니다.

학벌 옹호자들도 출신 학교에 따라 과도하게 파벌을 조성하는 것은 분명 문제가 있다고 받아들입니다. 그러나 학벌 사회는 차별도 아닐 뿐만 아니라 우리 사회를 발전시키는 긍정적인 면도 있다고 봅니다. 사람들에게 좋은 학벌에 들게 하는 동기를 유발하여 사회 발전의 동력이 된다는 것이죠. 우리 사회가 이 정도로 발전한 것은 일류대에 들어가기 위해 모두 열심히 노력한 덕분이 아니겠습니까? 좋은 학교를 나왔을 때 더 많은 권력이나 수입이 생기지 않는다면 누가 노력하겠어요? 개미처럼 열심히 노력한 대가가 주어져야 베짱이처럼 게으름을 피우는 일 없이 열심히 노력할 것이고, 그것이 결국 우리 사회의 발전으로 이어지는 것입니다. 열심히 노력했으니 그에 걸맞은 보상을 해줘야 하지 않겠어요? 학벌을 옹호하는 쪽은 학벌 사회의 긍정적인 면을 이렇게 생각합니다.

학력 차별은 부당하다!

훌륭한 논증은 일단 전제가 맞는 말이어야 하는데, 우리는 7장에서 인종 차별이나 지역 차별을 옹호하는 논증들은 전제들부터 틀렸기 때문에 전혀 받아들일 수 없음을 보았습니다. 그런데 학력 차별을 옹호하는 논증은 들어보니 전제가 맞는 말 같아요. 그렇다면 학력에 따라 다르게 대하는 것은 차별이 아니라 정당한 대우 같습니다. 정말 그럴까요?

전제가 맞는 말이어도 결론이 따라 나오지 않을 수 있습니다. 아무리 맞는 말이라고 해도 논점에서 벗어났기 때문입니다. 살인 사건의 법정에서 피고인이 범행을 저질렀음을 입증해야 하는 검사가 이 살인 사건이 얼마나 잔인한지 장황하게 설명한다고 합시다. 검사는 살인 사건의 잔인함을 피고인이 범인이라는 주장의 근거로 제시한 것입니다. 물론 살인 사건이 잔인하다는 근거(전제)는 맞는 말입니다. 그렇다고 해서 그것이 '이 피고인'이 '그 살인 사건'을 저질렀다는 증거가 되나요? 전혀 아닙니다. 그런 잔인한 사건을 바로 이 피고인이 저질렀다는 증거를 대야죠. 그런데도 그 말은 분명히 맞는 말이고 워낙 충격적인 말이어서 거기에 현혹되어 전제가 결론과 관련이 있는지 따져보지 못하는 사람이 많습니다. 이런 종류의 잘못을 논점 일탈의 오류라고 부릅니다.

공모전 심사를 할 때 누군가가 작품을 준비하기 위해 굉장히 고생해서 병원에 입원까지 했다고 말한다고 해봅시다. 그리고 그 말이 사실이라고 해봅시다. 불쌍하기도 하고 대견하기도 합니다. 그렇다고 해서 그 사실이 공모전에서 작품을 선정해야 할 근거가 되나요? 전혀 그렇지 않습니다. 어디까지나 작품의 수준을 보고 평가해야 합니다. 이번에는 수학을 싫어하는 학생이 "난 수학 선생이 될 것도 아니니까 수학은 공부할 필요가 없어."라고 말한다고 해봅시다. 수학 선생님이 장래 희망이 아니라는 말은 맞을 것입니다. 그렇다고 해서 수학을 공부할 필요가 없나요? 학교에서 수학을 필수적으로 공부하게 하는 것은 학생들을 수학 교사로 기르기 위해서가 아닙니다. 학생들에게 논리적이고 분석적인 사고를 길러주기 위해서겠죠. 이런 사례들은 전제들이 모두 논점에서 벗어난 경우들입니다. 그래서 우리는 전제들이 맞는 말인지도 따져야 하지만 그 전제들이 결론과 관련이 있는지도 꼼꼼히 따져야 합니다. 그러지 않으면 논점 일탈의 오류를 저지르게 됩니다.

학력 차별을 옹호하는 논증도 논점 일탈의 오류인지 아닌지 따져봐야겠네요. 일류대 출신과 삼류대 출신의 능력에 대한 판단이 옳다면 거기서 어떤 사람의 능력을 판단하는 것은 올바른 추론 방식일까요? 일류대 출신은 능력이 뛰어나니까 이 사람은 능력이 뛰어날까요? 거꾸로 삼류대 출신은 능력이 떨어지니까 이 사람은 능력이 떨어질까요? 이 점을 따지기 위해서는 몇 가지 점에서 생각해봐야 합니다.

첫째, 앞서 일류대 출신의 능력이 뛰어나다는 것은 입결이 입증해준다고 했습니다. 입결이 높다는 것은 주로 수학능력시험(수능) 점수가 높다는 뜻입니다. 수능 점수가 높으면 그 사람의 능력이 높을까요? 학력 차별 옹호 논증이 주로 쓰이는 곳은 학교 졸업 후의 사회에서입니다. 사회생활에 필요한 능력이 있을 테고, 그 능력은 아주 다양할 것입니다. 과연 수능 점수가 높으면 사회생활에 필요한 능력도 뛰어날까요? 그 둘 사이가 비례한다는 것을 보여주는 어떤 증거도 없습니다. 아마 수능 점수가 높으면 성실할 것입니다. 그러면 그 성실성만 인정하면 되는데, 그 외의 능력까지 뛰어날 것이라고 생각하니 문제입니다. 또 입결과 사회생활에 필요한 능력 사이에 관련이 있다고 하더라도 입결은 대체로 19세 때의 능력치입니다. 그것도 수능을 치르는 날의 몸 상태나 기분에 좌우됩니다. 사람에 따라서 대기만성형의 인간도 있는데 19세 때의 단 1회의 시험 점수로부터 어떤 사람의 능력을 추론해낸다는 것은 아무리 생각해도 공정하지 않습니다.

둘째, 백 보 양보해서 19세 때 치른 수능 점수가 사회생활의 능력을 결정한다고 해봅시다. 그렇다고 하더라도 그것은 개인이 속한 집단의 평균치일 뿐이지 개인의 능력이 아닙니다. 다시 말해서 일류대 출신의 능력이 뛰어나다고 해도 그것은 일류대 출신 전체의 평균 능력이 뛰어나다는 것이지 바로 이 개인의 능력이 뛰어나다는 말은 아닙니다. 우리가 어떤 판단을 내릴 때는 한 개인에 대해서이지 집단에 대해서가 아닙니다. 삼류대 출신이라고 하더라도 일류대 출신보다 능력이 뛰어난 사람이 얼마든지 있을 수 있고, 지금 판단 대상이 되어 있는 바로 이 사람이 그런 사람일 수 있습니다. 물론 개인이 속한 집단의 능력 평균치가 높다면 그 개인도 능력이 뛰어날 확률이 높습니다. 그러나 이런 확률 때문에 자신의 능력을 제대로 평가도 받아보지 못하고 자신이 속한 집단에 도매금으로 묻혀버리는 사람은 얼마나 억울할까요? 이미 윤리적으로 옳지 않다고 알려진 남녀 차별을 생각해보세요. 남자가 여자보다 수학을 잘한다고 해서 (이것은 어디까지나 가정입니다) 수학 능력을 필요로 하는 직종에 남자를 우선 선발한다면 차별적인 행태라고 누구나 반발할 것입니다. 남자가 수학을 잘한다고 해도 그것은 어디까지나 평균적인 의미니까요. 학력 차별도 똑같습니다.

집단에 따라 평가하지 않고 개개인의 능력을 일일이 파악하기에는 수고와 비용이 많이 듭니다. 그래서 기업들은 누군가를 평가할 때 개인이 속한 집단을 보고 판단합니다. 학벌 사회를 비판하는 여러 학자들은 이를 '확률적 편의주의'라고 부릅니다.[8] 그러나 국가에서 인재를 뽑는 공무원 채용 시험은 왜 이런 편리한 제도에 기대지 않고 학력과 상관없이 하나하나 시험을 치러서 선발하겠어요? 다른 분야와 달리 인권 문제에 관해서는 아무리 비용이 많이 들더라도 억울한 희생양을 만들어서는 안 되기 때문입니다. 내 한 몸 희생하면 장기를 필요로 하는 여러 사람의 목숨을 구할 수 있지만, 그렇다고 해서 나보고 희생하라고 하면 납득되겠습니까? 인권은 어떤 비용을 위해서도 희생시킬 수 없습니다. 집단에 묻혀서 평가받아서는 안 된다는 것도 그런 인권 중 하나입니다.[9]

학력 차별을 옹호하는 논증의 전제는 맞을지 모릅니다. 그렇다고 해서 각 개인을 학력에 따라 차별해도 된다는 결론은 따라 나오지 않습니다. 그래도 된다는 논리는 논점 일탈입니다.

글로벌 시대의 글로벌 편견

　앞에서 우리나라의 정치·경제·사회·문화 등 모든 분야에서 서울
대를 비롯한 명문대 출신들은 권력을 독점하고 있음을 각종 통계치
로 보았습니다. 수능 점수가 진정한 능력이 아니라면 수능을 치른 한
참 후의 능력에 따라 평가된 이런 통계치가 일류대 출신은 능력이 뛰
어나고 삼류대 출신은 능력이 떨어진다는 증거가 되지 않을까요?

　우리는 7장에서 지역 차별이나 인종 차별은 편향된 통계의 오류의
결과임을 보았습니다. 자신이 가지고 있는 편견에 맞는 사례는 눈여
겨보고, 맞지 않는 사례는 무시하는 과정을 거쳐 지역이나 인종에 대
한 편견이 고착된다고요. 학력 차별도 그런 혐의가 있습니다. 그러니
까 일류대 출신의 사회적 평판이 좋고 삼류대 출신의 평판이 안 좋은
것은 일류대 출신의 잘하는 점만 보이고 삼류대 출신의 못하는 점만
보인 결과일 수 있다는 것입니다. 업무를 처리할 때 똑같이 잘했는데
도 일류대 출신이 그랬다면 "역시 대단해."라고 칭찬하지만 삼류대
출신이 잘하면 그런가 보다 하고 그냥 지나치지요. 거꾸로 똑같은 실
수를 할 때는 일류대 출신의 경우에는 그냥 지나치거나 한번 실수했
을 거라고 생각하는 반면 삼류대 출신의 경우에는 "그럼 그렇지."라
고 혀를 끌끌 차는 겁니다. 학력에 따른 편견도 이런 과정을 통해 고
착된 것입니다.

　성과를 제대로 평가할 수 있는 분야는 학벌이 의미가 없습니다. 앞
에서 연예인에게도 '서울대 출신'이라는 수식어를 붙인다고 했지만
가십거리 정도지 실제로 그것 때문에 그 연예인의 인기가 크게 올라

가지는 않습니다. 어느 서울대 출신 배우는 자신이 연기로 평가받지 못하고 '서울대 출신'이라는 타이틀이 붙는 것은 연기를 못하기 때문이라고 오히려 부담스러워합니다.[10] 서울대가 배우와 무슨 상관이냐는 거죠. 운동 선수도 어느 학교 출신인가는 중요하지 않습니다. 과거 국가대표 선수도 학연에 따라 선발하는 관행이 있었는데 히딩크 감독이 그것을 깨뜨리고 2002년 월드컵에서 좋은 성과를 낸 것은 유명한 이야기입니다.

우리는 인기 연예인이나 운동 선수가 삼류대를 나왔다고 깔보지 않습니다. 그런데도 다른 분야에서는 아직도 학벌을 중요하게 생각하는 것은 연기·노래·운동처럼 그것 자체의 능력만으로 평가하지 않아도 사회가 작동하기 때문일 것입니다. 교육 평론가 이범 씨는 정부가 주도하는 사업 영역에서는 특히 학벌주의가 득세한다고 말합니다. 수능과 비슷한 유형의 시험인 고시에 명문대 출신이 많이 합격하고 그들이 정부 관료로 많이 있으므로 그들과 친해져야 하는 민간 기업으로서는 능력과 상관없이 명문대 출신을 우대할 수밖에 없으니까요.[11] 그러나 우리 사회는 더 이상 정부 주도로 성장하는 사회가 아닙니다. 이제 세계와 함께 호흡하는 글로벌 시대입니다. 그런 시대에 학벌은 더 이상 무의미합니다. 연기 잘하는 데 서울대가 무슨 상관이냐고 말하는 것처럼, 일 잘하는 데 서울대가 무슨 상관이냐고 말해야 합니다. 학벌을 따지는 것은 논리적으로도 오류니까요.

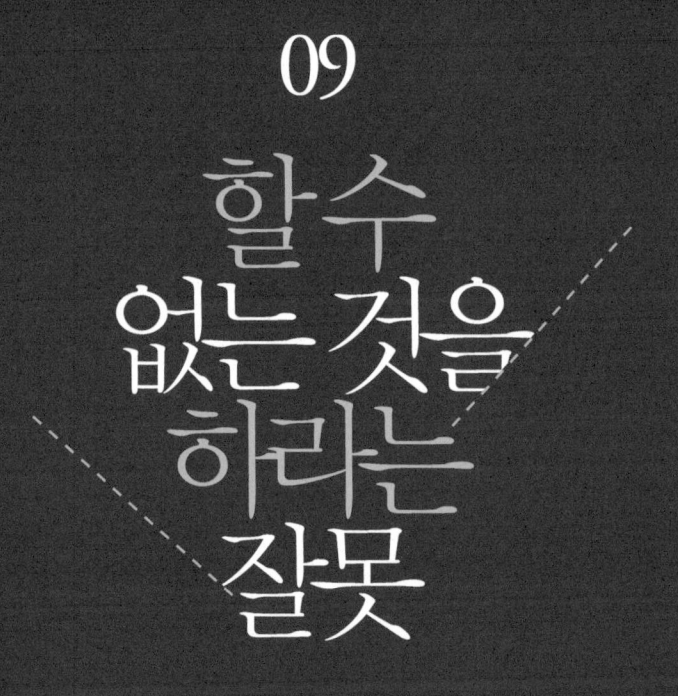

09

할 수 없는 것을 하라는 잘못

장애인 차별과 당위-능력의 오류

도가니법

「도가니」는 2011년 9월에 개봉한 영화입니다. 큰돈을 들여 만든 초대형 영화도 아니고 웃기거나 보는 재미가 있는 영화도 아닌데 460만 명이 관람했습니다. 청소년 관람 불가 등급을 받아 19세 이상만 관람했는데도요.

이 영화는 장애인 학교의 교장을 비롯한 교직원이 장애 학생을 성폭행한 사건을 소재로 하고 있습니다. 인간의 탈을 쓰고 어린 학생들에게, 그것도 장애가 있는 학생들에게 어떻게 그런 짓을 할 수 있는지 분노하게 하고, 그런 짓을 한 가해자가 법원에서 무죄 판결이나 솜방망이 처벌을 받는 것을 보고 또 분노하게 만드는 영화입니다. '도가니'라고 해서 음식을 소재로 한 영화가 아니라 그야말로 분노의 도가니를 보여주는 영화인 것입니다. 이 영화는 2009년에 출간된 공지영 씨의 소설을 원작으로 했습니다. 이 소설도 청각 장애인 교육

기관인 광주 인화학교에서 2000년부터 5년 동안 일어난 실화를 바탕으로 하고 있고요. 소설은 실제 일어난 사건의 반도 그리지 못했고, 영화는 반의 반도 그리지 못했다고 합니다.[1] 현실이 얼마나 시궁창이었는지 짐작할 수 있습니다.

「도가니」는 사회적으로 엄청난 반응을 불러일으켰습니다. 영화의 여파로 이른바 '도가니법'이라는 법률이 제정되었고 실제 사건의 가해자들이 다시 수사를 받고 법정에 세워졌습니다. 영화의 소재가 되었던 인화학교는 폐교되었고요. 인화학교 사건에서 성폭행 가해자들이 무죄 판결을 받은 이유는 피해자가 '항거 불능'일 경우에만 성폭행으로 인정하는 조항 때문이었습니다. 법원은 장애 아동들의 반항이 절대적으로 불가능한 항거 불능 상태가 아니었다고 본 것이죠. 그러나 이런 판단은 장애인에 대한 무지를 드러낸 것이라는 비판을 받았습니다. 청각 장애가 있고 지적 능력도 떨어지는 장애인이 소리쳐 반항하는 등의 적극적인 의사 표현을 하기 힘들다는 점을 고려하지 않았기 때문입니다. 2011년 10월에 긴급하게 통과된 도가니법(정확하게는 '성폭력 범죄의 처벌 등에 관한 특례법 개정안')은 항거 불능에 관한 조항을 삭제했습니다. 또 장애인과 13세 미만 아동에 대한 성폭행의 형량도 높이고 공소 시효도 없앴습니다. 장애 학생의 손발을 묶고 학교 행정실에서 성폭행했던 행정실장은 원래 불기소 처분되었는데, 영화 상영 이후 재수사를 받아 최종적으로 징역 8년을 선고받았습니다.

말로는 바꿀 수 없는 현실

　장애인을 혐오하고 차별하는 가장 흔한 형태는 언어적인 것입니다. '병신'이나 '벙어리'처럼 장애인을 비하하는 표현을 사용하는 거죠. 이런 표현을 장애인 당사자에게 직접 사용하는 경우도 있고 비장애인끼리 사용하는 경우도 있습니다. 신체 장애인에게 '병신 새끼'라고 욕하거나 말을 듣지 못한다고 청각 장애인 앞에서 '벙어리'라고 놀리는 경우가 앞의 사례입니다. 힘이 약한 장애인에게 모욕을 주는 행위로서 인간 망종이나 이런 짓을 합니다. 장애인에 대한 인권 의식이 없던 시절에는 장애인을 직접 거론하는 속담도 흔하게 쓰였습니다. "병신 달밤에 체조한다." "곱사등이 짐 지나 마나." "길 닦아놓으니까 미친년이 먼저 지나간다."처럼 장애인을 대놓고 낮잡아 보는 속담이 그런 예입니다.

　이제는 인간 망종이 아닌 이상 장애인 앞에서 그런 말을 하는 사람은 많지 않지만 비장애인끼리 욕을 할 때는 여전히 많이 쓰입니다. 뭔가 모자라는 행동을 하는 사람을 욕할 때 '병신'이라고 하는데, 워낙 많이 쓰여서 인터넷 게시판에서는 입력을 못 하도록 금칙어로 막아놓을 정도입니다. 그래도 네티즌들이 금칙어를 피하려고 '븅신' '빙신' '병진'처럼 에둘러서 표현할 만큼 이 말은 질긴 말입니다. 더 나아가 '병맛(병신 같은 맛)'이나 '병크(병신+크리티컬)' 같은 파생어까지 널리 쓰일 정도입니다. '바보'는 훨씬 더 많이 쓰이는 표현이지만 욕의 정도가 좀 떨어지고 '바보 노무현'처럼 가끔 애교 있는 의미로도 쓰입니다. '문둥이'도 욕으로 쓰지만 경상도에서는 친한 사이에서 애정이 담긴 말로 이해됩니다.

장애인을 비하하는 노골적인 속담은 이제 잘 쓰이지 않지만, 장애인 비하를 의식하지 못한 채 관용적으로 쓰이는 표현도 많습니다. "벙어리 냉가슴 앓듯" "꿀 먹은 벙어리" "장님 문고리 잡기" "장님 코끼리 만지기" "절름발이 교육〔경제〕" "청맹과니 정부〔행정〕" 등이 그런 보기들입니다. 사전에도 나오는 말들인데 좀 쓰면 어떠냐고 생각할 수 있겠지만, 사전에도 분명히 벙어리나 장님은 장애인을 낮잡아 이르는 말이라고 나와 있습니다. 비유적인 표현으로 생각할 수도 있겠지만 자신들을 가리키는 말이 욕으로 쓰이고 있다는 것을 알게 되는 당사자들은 얼마나 불쾌감과 모욕감을 느끼겠습니까? 그러니 이 말들은 올바른 표현이 아닙니다.

'병신' '귀머거리' '봉사' '앉은뱅이' '미친 사람' 등의 표현은 장애인을 비하하는 용어이므로 '장애인' '청각 장애인' '시각 장애인' '지체 장애인' '정신 장애인'으로 불러야 올바르다고 합니다. 이렇게 차별적인 편견이 없는 표현을 정치적으로 올바른 표현이라고 부릅니다. 언어학이나 논리학에서는 외연과 내포를 구분합니다. 외연은 어떤 말이 가리키는 대상이고 그 말이 가지고 있는 뜻이 내포입니다. 방금 말한 용어들은 비하하는 용어나 올바른 용어나 그 외연은 똑같습니다. 귀머거리나 청각 장애인이나 같은 사람을 가리키니까요. 그러나 하나는 업신여겨 낮춰 부르는 말이고 하나는 그러지 않으니 그 뜻은 완전히 달라집니다. 우리는 언어생활을 할 때 외연과 내포 어느 하나만 가지고 하지 않습니다. 따라서 내가 귀머거리를 보고 귀머거리라고 부르는데 뭐가 잘못이냐고 대거리하는 사람은 스스로 무식함과 저속함을 드러낼 뿐입니다. 그 말이 가지고 있는 부정적이고 모멸적인 내포를 모르고 있거나 알면서도 무시하는 거니까요. 정치적으로 올바르지 못합니다.

장애인을 비하하는 용어는 대부분 순우리말이고 그것을 대체하는 올바른 용어는 한자말입니다. ('병신'은 병든 몸이라는 뜻의 한자말입니다. '등신'이 '병신'과 비슷한 뜻으로 쓰이는데 말밑은 완전히 다릅니다. 등신은 제사 때 쓰려고 나무나 짚으로 사람 모양을 만든 것으로서 사람 구실을 못 한다고 욕할 때 등신이라고 합니다.) 순우리말이라고 해서 저속하고 한자말이라고 해서 품위 있다는 뜻은 아닙니다. 장애인에 대한 낮은 인권 의식이 우리 민중이 예전부터 써온 순우리말에 배어든 것뿐입니다. 그런 인권 의식이 바뀌지 않으면 현재는 올바른 표현으로 권장되는 '장애인'과 같은 한자말에도 역시 장애인을 업신여기는 내포가 생길 것입니다. 그런데 우려가 현실이 되었습니다. 장애인이라는 말조차도 욕으로 쓰이기 시작했기 때문입니다. 자기가 마음에 안 드는 사람을 욕할 때 "쟤 장애인이냐?"라고 하고, 사회적으로 물의를 많이 일으키는 특정 사이트의 회원들을 장애인이라고 부르는 것이 그런 예입니다. '병신'이라는 말이 순화되어 '불구자'가 되었고 불구자가 다시 순화되어 '장애인'이 되었는데, '장애인'마저 부정적인 의미로 쓰인다면 이제는 '디스에이블드'(disabled)와 같은 영어를 가져다 써야 하나요? 그것마저 욕으로 쓰이면요? 문제는 말이 아니라 현실입니다. 장애인을 차별하고 혐오하는 사람들의 시각을 바꾸지 않으면 정치적으로 올바르다고 알려진 어떤 말을 가져다 써도 그 말은 오염될 뿐입니다.

개인적으로는 장애인을 비하하고 장애인과 비장애인을 차별하는 문화가 완전히 없어진 다음에는 '병신'이나 '벙어리' 같은 순우리말을 살려 쓰는 것이 좋겠다는 생각을 해봅니다. 부정적인 말맛만 없다면 그 말들도 소중한 우리말이니까요. 시집살이의 고단함을 뜻하는 "벙어리 3년, 귀머거리 3년, 장님 3년"을 "언어 장애인 3년, 청각 장애인 3년, 시각 장애인 3년"으로 바꾸면 그 말맛이 전혀 살지 않습니다. 나도향의 「벙어리 삼룡이」나 이청준의 「병신과 머저리」 같은 문학작품을 「언어 장애인 삼룡이」나 「정신 장애인 두 명」으로 바꾸면 그 문학적 아름다움이 유지될까요?

"멀쩡한 사람도 못 누리는데…"

무의식적이더라도 장애인을 비하하는 언어를 쓰는 것은 장애인을 차별하고 무시하는 시각을 암암리에 가지고 있기 때문입니다. 많은 사람들이 그런 시각을 가지고 있기 때문에 장애인 차별이 그런 욕설로만 그치는 것이 아니라 여러 가지 구체적인 현실로 나타납니다. 우선 장애인은 비장애인에 비해 취업에서 어려움을 겪습니다. 한국장애인고용공단의 고용개발원이 발표한 '2013 장애인 경제활동 실태조사결과'에 따르면 장애 인구의 고용률은 47%로 비장애인 인구의 고용률인 96%의 절반에 불과합니다. 이것도 경중 장애인에서 중증 장애인으로 갈수록 고용률이 심각하게 떨어지며, 종사하는 업무도 단순 노무직이 많습니다. 이런 현실 때문에 우리나라에서는 일정 규모 이상의 사업체는 장애인을 의무적으로 고용하게 하는 제도를 시행하고 있으나, 많은 기업들은 장애인을 채용하는 대신 부담금을 납부하고 있습니다. 그 편이 더 효율적이라고 판단하기 때문입니다.

장애인에 대한 편견을 적나라하게 보여주는 현실은 장애인 관련 시설을 혐오 시설로 보고 주민들이 설립을 반대하는 것입니다. 일례로 서울시의 은평문화원장은 "서울시는 정신 병원·결핵 병원·요양원·불구 청소년 요양 시설·소년원·장애 보호 육성 시설·천사원·갱생원 등 (…) 혐오 시설을 은평구에 퍼부었다."[2]라고 말하여 장애인 단체의 비난을 샀습니다. 설령 혐오 시설이라고 하더라도 자신이 사는 지역에 들어서는 것을 반대하는 님비 현상은 사회적으로 논란의 대상이 되어왔습니다. 그런데 장애인 복지 시설을 혐오 시설로 간주하는 시선 자체가 놀랍습니다. 이런 시선을 보여주는 사례는 수없이 많습니다.

사례를 하나 더 말해보면, 서울시가 강원도 양양군의 하조대에 장애인 수련 시설을 설립하려고 하자 주민들이 "하조대 관광지에 혐오 시설인 장애인 시설이 들어서면 관광 경기 활성화에 도움이 되지 않는다."라고 반대 시위를 벌였습니다.[3] 이러한 반발 때문에 멀쩡히 장애인 시설인데도 '장애인'이라는 말을 못 붙이는 일도 생겼습니다. 성남시장애인종합복지관을 이전·건립하려던 경기도 성남시는 주민들의 반발이 거세자 결국 이름을 한마음복지관이라고 짓게 되었습니다.[4]

주민들의 반대 정도가 아니라 아예 지방자치단체가 만든 자치 법규(조례, 규칙 등)에 장애인은 도서관이나 박물관 등의 공공 시설에 출입할 수 없다고 명시하기도 합니다. '정신 이상자'나 '타인이 혐오할

만한 결함이 있는 사람'은 입장을 막는 것입니다.[5]

　장애인들에게는 취업에서의 불이익이나 장애인 시설에 대한 편견도 문제지만 더 심각한 것은 기본권을 제한받는 점입니다. 예컨대 어떤 곳을 돌아다닐 수 있는 권리인 보행권은 인간이라면 누구나 가져야 할 권리입니다. 비장애인이라고 하더라도 집 밖에 나갔는데 차가 쌩쌩 달리는 도로만 있고 인도도 횡단보도도 없다면 어떻겠습니까? 또 많은 사람들이 오가는 곳인데도 대중교통이 없어서 갈 엄두를 못 내거나 비싼 돈을 내고 택시를 타야 한다면 어떻겠습니까? 그때는 인간의 기본권인 보행권을 침해받았다고 합니다. 장애인도 마찬가지입니다. 보도와 횡단보도가 있지만 턱이 있으면 휠체어를 탄 신체 장애인은 오갈 수 없습니다. 버스가 있어도 휠체어를 타고 오를 수 없다면 그림의 떡입니다. 또 시각 장애인용 유도 블록이 없어서 시각 장애인은 밖에 나갈 엄두도 못 냅니다. 도서관이나 박물관에 장애인 출입 금지 규정이 없다고 해도 턱이 있거나 시각 장애인용 유도 안내 설비가 없으면 장애인은 시민으로서의 기본권을 누리지 못합니다.

　장애인에 대한 기본권 제한은 집 안에서도 일어납니다. 누구나 텔레비전 방송에서 정보를 얻고 그것을 즐기지만 청각 장애인은 수화 서비스가 없으면 그런 권리를 빼앗기게 됩니다. 장애 학생은 또 어떤가요. 학교에서 배우는 것은 국민의 의무이기도 하지만 권리입니다. 그래서 적어도 의무교육인 중학교까지는 가까운 곳에서 다닐 수 있어야 합니다. 비장애인은 그런 권리를 누리고 있습니다. 그런데 가까운 학교에 장애인을 위한 교육 시설이 없어서 멀리까지 다녀야 한다면 어떨까요? 많이 나아졌다고 하지만 장애인은 아직도 이런 기본권

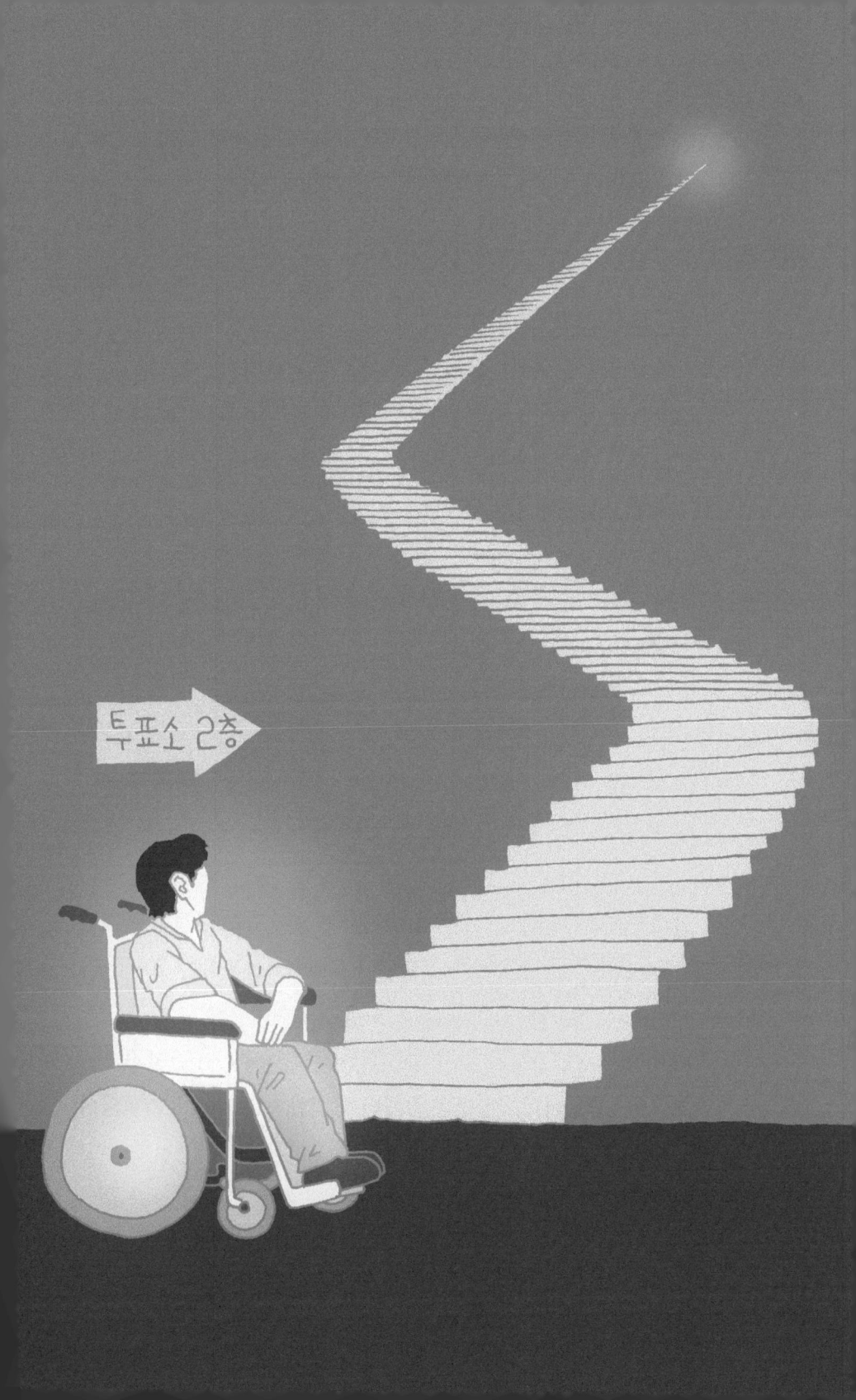

을 충분히 누리지 못합니다. 더 심각한 것은 '멀쩡한' 사람도 못 누리는데 장애인이 누려야 하느냐는 시각입니다.

비트겐슈타인의 형

장애인을 차별하고 혐오하는 현실은 왜 일어날까요? 장애인에게 가지고 있는 고정관념 때문입니다. 우리는 장애인에 대해 다음과 같은 고정관념을 가지고 있습니다.

장애인은 우리가 할 수 있는 일을 못한다.
장애인은 생산성이 낮다.
장애인은 조직이나 사회와 잘 어울리지 못한다.
장애인은 삶이 힘들고 어렵다고 느낀다.
지적 장애인은 위험하다.
장애인은 부끄러워할 줄 모르고 분수에 넘치는 것을 요구한다.

이러한 이유 때문에 장애인을 차별하고 혐오하는 현실이 생깁니다. 장애인에 대한 이러한 고정관념이 옳을까요? 우리는 이미 여러 장에 걸쳐 인종·지역·학벌처럼 특정 집단에 대해 가지고 있는 고정관념과 그 고정관념으로부터 특정 결론을 이끌어내는 추론이 옳은지 검토해보았습니다. 그 방법을 장애인에 대한 고정관념에도 똑같이 적용해볼 수 있습니다. 곧 장애인에 대한 고정관념이 맞는지, 그리고 설령 맞는다고 하더라도 그에 따라 장애인을 차별하는 관행이 올바른지 따져봐야 하는 겁니다.

그러나 대부분의 고정관념이 그렇듯이 장애인에 대한 고정관념도 검증된 적이 전혀 없고 우리가 막연히 장애인에게 덮어씌우는 편견일 뿐입니다. 장애인은 비장애인이 하는 일을 못하고 생산성이 낮을까요? 생산성을 측정하는 어떤 지표로도 측정된 적이 없습니다. 하다 못해 쉽게 찾아볼 수 있는 결근율이나 산재율만으로 평가해도 될 텐데 그런 것도 없습니다. 물론 누군가의 보호를 필요로 하는 아주 심한 중증 장애인은 비장애인이 하는 일을 못하고 생산성이 낮을 겁니다. 그러나 그런 통계는 의미가 없습니다. 노래를 못하는 사람은 아예 직업적인 가수가 되려는 생각을 하지 않는 것처럼 그런 장애인은 취업을 목표로 하지 않기 때문입니다. 그런데 우리는 지금 취업과 관련된 고정관념을 이야기하고 있잖아요.

장애인은 정말로 삶이 힘들고 어렵다고 느낄까요? 그래서 항상 어둡고 자살 충동을 느낄까요? 그런 정도를 잴 수 있는 지표도 없고 장애인이 비장애인보다 자살률이 높다는 통계도 없습니다. 지적 장애인은 위험한가요? 정신 질환자의 범죄율은 일반인의 범죄율보다 훨씬 낮습니다.[6] 장애인은 부끄러워할 줄 모르고 분수에 넘치는 것을 요구할까요? 장애인이 요구하는 것이 분수에 넘치는 것인지는 좀 있다 이야기해보죠.

왜 사람들은 아무 근거가 없는데도 장애인에 대한 고정관념을 가지고 있을까요? 7장에서 말한* 편향된 통계의 오류 때문입니다. 일을 182면 참조 못하는 비장애인을 보면 그 비장애인이 일을 못하는 것뿐이라고 생각하면서 장애인이 일을 못하면 "역시 장애인을 뽑으면 안 돼."라고 생각하는 것입니다. 장애인이나 비장애인이나 똑같이 보이는 현상인데도 유독 장애인의 경우에만 그 집단이 갖는 특성 때문이라고 생각하고 고정관념을 굳힙니다.

이제 우리는 인종·지역·학벌 차별 따위에서 했던 것처럼 이 고정관념들이 맞는다고 전제하더라도 장애인을 차별해도 된다는 결론이 따라 나오는지 물어봐야 합니다. 다시 말해 장애인은 우리가 할 수 있는 일을 못한다는 말이 맞는다고 해도 이 장애인을 취업에서 차별하는 것이 정당화되느냐는 거죠. 여기서도 8장에서 말한˚ 논점 일탈의 오류가 저질러집니다. 설령 장애인이 우리가 할 수 있는 일을 못한다고 해도 그것은 평균적인 의미만 있을 뿐입니다. 평균적인 장애인이 아니라 바로 이 장애인이 일을 못하는지는 따로 검사해봐야 합니다. 손가락이 두 개밖에 없으면 피아노를 못 칠까요? 손가락이 두 개밖에 없는 장애인은 평균적으로 못 칠 것입니다. 그러나 이희아 씨는 양손의 손가락이 모두 두 개씩밖에 없고 다리도 짧지만 훌륭한 피아니스트입니다. 한쪽 손이 없거나 마비되어 한 손으로만 연주하는 피아니스트도 많습니다. 20세기의 가장 유명한 철학자로 꼽히는 루트비히 비트겐슈타인의 형인 파울 비트겐슈타인이 바로 그런 피아니스트입니다. 다리가 없으면 달리기를 못할까요? 남아프리카공화국의 오스카 피스토리우스는 선천적 장애로 다리가 없지만 특수한 의족을 달고 달리기를 하는데, 올림픽과 세계육상선수권대회에서 비장애인 선수와 겨뤄 메달을 따서 세계를 놀라게 했습니다. 이 의족 스프린터는 자신의 여자 친구를 총으로 쏴 죽여 세계를 또 한번 놀라게

196면 참조

했습니다. 그런데 이 살인 사건을 보고 "장애인은 다 그래."라고 말하는 사람은 아무도 없잖아요? 그냥 그 개인의 문제일 뿐입니다. 마찬가지로 특정 일을 잘하느냐 못하느냐는 비장애인이든 장애인이든 특정 개인의 문제지 그가 속한 집단의 문제가 아닙니다.

"당위는 능력을 함축한다"

장애인에 대한 차별은 인종·성별·지역·학벌에 따른 차별과 마찬가지로 전혀 근거가 없습니다. 그러니 우리는 장애인이라는 이유로 차별해서는 안 됩니다. 이것은 법률로까지 만들어졌습니다. 장애인 고용촉진 및 직업재활법의 제5조는 "사업주는 근로자가 장애인이라는 이유로 채용·승진·전보 및 교육훈련 등 인사관리상의 차별 대우를 하여서는 아니 된다."라고 명시하고 있습니다.

그런데요, 장애인이라는 이유로 차별 대우를 해서는 안 된다면 똑같은 근거로 장애인이라는 이유로 특혜를 줘서도 안 되는 것 아닐까요? 왜 장애인에게만 교통이나 방송에서 특별한 혜택을 주어야 하나요? 왜 장애인을 위해 보도나 건물을 바꿔야 하나요? 그리고 왜 장애인을 위한 학교가 있는데도 가까운 곳에 또 요구하나요? 물론 장애인은 불쌍하므로 그런 특혜를 줘야 할 것 같긴 하지만 그래도 해달라고 요구하는 것은 좀 염치 없는 짓 아닌가요? 장애인은 부끄러워할 줄 모르고 분수에 넘치는 것을 요구한다는 고정관념은 맞는 말 아닐까요?

서양 철학사에서 가장 뛰어난 철학자를 한 명 뽑으라면 늘 뽑히는 칸트는 "당위는 능력을 함축한다."라는 말을 했습니다. 당위는 의무를 말합니다. 우리에게 무슨 의무를 부여하기 위해서는 일단 우리에게 그것을 할 수 있는 능력이 있어야 한다는 뜻입니다. 그러니까 "너는 거짓말을 해서는 안 된다."라고 말하는 것은 상대에게 거짓말을 하지 않을 수 있는 능력이 있다고 생각되기 때문입니다. 또 "너는 100미터를 15초 이내에 뛰어야 한다."라고 의무를 지우려면 그런 능력이 있다는 것을 전제해야 합니다. 그러나 "너는 100미터를 5초 이내에 달려야 한다."라는 의무는 터무니없다는 것을 누구나 알 것입니다. 그런 능력이 있는 인간은 없으니까요. 또 수상 구조 대원이 아닌 사람에게 "물에 빠진 사람을 보면 구해야 한다."라는 의무를 부과하지도 않습니다. 특별한 훈련을 받지 않은 사람이 그런 능력이 있을 턱이 없으니까요. 이렇게 능력이 없는데도 의무를 부과할 때 당위-능력의 오류를 저지르게 됩니다. 할 수 없는 일을 해야만 한다고 할 때 생기는 잘못이죠.

인간이 100미터를 5초 이내에 달리는 일이나 일반인이 물에 빠진 사람을 구하는 일은 불가능하다는 것을 쉽게 알 수 있으므로 그런 의무를 지우지도 않고, 그런 당위-능력의 오류도 잘 안 생깁니다. 그러나 불가능하다는 것을 쉽게 눈치 채지 못하거나 알면서도 애써 무시하는 경우도 많습니다. 우리는 "학생은 열심히 공부해야 한다."라고 말합니다. 그러나 모든 학생이 열심히 공부할 수 있는 능력을 가지고 있지는 않습니다. 선천적으로 공부를 싫어하는 학생도 많고 열심히 노력하는 품성이 없는 학생도 많습니다. 그런 학생들에게 열심히 공부하라고 말하는 것은 할 수 없는 일을 하라고 하는 당위-능력의 오류를 저지르는 것입니다. 그들에게 공부하라는 것은 일종의 고문을 하는 것이죠. 첫머리에서 보았던 「도가니」 영화의 실화에서도 당위-능력의 오류가 보입니다. 성폭행 상황에서 장애인은 항거를 할 수 없습니다. 그런데도 항거를 해야만 성폭행이 인정된다고 말하는 것은 할 수 없는 것을 하라고 하는 잘못입니다.

칸트가 "당위는 능력을 함축한다."라고 말한 것은 능력이 안 되는 사람에게는 의무를 면제해주기 위해서였습니다. 칸트의 말을 달리 볼 여지도 있습니다. 누구에게나 의무라면 그 의무를 다 할 수 있는 능력을 누구에게나 주어야 한다고 뒤집어 생각할 수도 있습니다. 의무와 능력을 맞출 경우 의무를 낮추는 방법이 있고 능력을 높이는 방법도 있습니다. 그런데 칸트가 말한 것이 전자라면 후자의 방법도 가능한 것이죠. 그리고 전자를 지키지 못했을 때 당위-능력의 오류가 생긴다면 후자를 지키지 못했을 때도 당위-능력의 오류가 생긴다고 말할 수 있습니다. 장애인에게 의무에 부합하는 능력을 갖추도록 해주지 않는 것이 그런 예입니다.

투표를 하는 것은 국민의 권리이기도 하지만 의무이기도 합니다. 국민에게 그런 의무를 부여한다는 것은 정부가 국민이 투표를 할 수 있도록 시설을 제공한다는 의미를 함축합니다. 그런데 투표소가 계단만 있고 엘리베이터는 없는 2층에 있다고 해봅시다. 휠체어를 타는 신체 장애인은 투표를 할 수 없습니다. 1층에 있더라도 턱만 있고 이동 경사로가 없다면 휠체어는 접근할 수 없습니다. 신체 장애인은 투표를 할 수 없는데 투표를 하라는 의무를 지운다면 이것은 당위-

능력의 오류가 됩니다. 이 오류를 벗어나기 위해 의무를 낮추어 장애인에게는 투표의 의무를 면제해주는 방법도 있겠지만, 장애인도 정치 참여의 욕구가 있고 그것을 존중해주어야 하므로 이것은 올바른 방법이 아닙니다. 거꾸로 능력을 높여 장애인도 그런 의무를 다할 수 있도록 해야 합니다. 그러므로 이동 경사로가 있는 1층에 투표소를 설치해달라고 하는 것은 분수에 넘치는 요구가 아닙니다.

학교에 다니는 것도 국민의 권리이자 의무입니다. 산 너머 물 건너 하루에 왕복 3시간씩 걸리는 거리의 학교를 비장애인 보고 다니라고 할 때 항의를 한다고 해서 주제 넘은 요구를 한다고 하지는 않잖아요? 장애인에게도 마찬가지여야 합니다. 가까운 곳에 있는 학교를 다닐 수 있어야 한다는 것은 주제 넘은 요구가 아닙니다.

국민의 기본권이 어디까지인지는 사회의 수준에 따라 다릅니다. 그러나 아무리 낮추어 잡아도 원하면 밖에 외출할 수 있고 누구나 대중교통을 이용할 수 있어야 합니다. 비장애인은 그 정도는 당연하다고 생각합니다. 다른 비장애인이 그것을 요구한다고 해서 터무니없는 요구라고 생각하지 않습니다. 우리가 외출하고 싶은데 길이 없거나 질어서 가지 못하고, 친구를 만나고 싶은데 며칠씩 걸어갈 생각에 엄두도 못 내는 시대에 사는 것은 아니잖아요? 만약 그렇다면 우리 사회는 모든 사람들이 그런 권리를 누릴 수 있도록 해야 하는 의무가 생깁니다.

장애인이라고 해서 다를까요? 장애인도 똑같이 외출하고 싶으면 턱 때문에 포기하지 않아야 하며, 친구를 만나고 싶은데 버스가 태워주지 않아서 엄두도 못 내지 않아야 합니다. 이제는 누구나 즐기는 방송도 똑같이 즐겨야 하고요. 의무에 걸맞은 능력을 부여해주어야 합니다. 그런 요구를 하는 것은 염치 없는 짓이 전혀 아닙니다. 이런 장애인의 요구를 만족시켜주는 것은 결코 사랑과 봉사가 아닙니다. 사랑과 봉사는 하면 칭찬받지만 안 한다고 해서 비난받는 것은 아니잖아요? 그러나 장애인에게 적절한 능력을 주는 것은 안 하면 비난받는 의무입니다. 특혜나 시혜가 아닙니다.

10

내 죄를
물으려거든

피의자 인권과 무지에의 호소 오류

연쇄 살인범의 얼굴

　강호순, 유영철, 정남규. 이 이름들을 아나요? 네, 2000년 이후에 우리 사회를 떠들썩하게 만든 연쇄 살인범들입니다. 알려진 것만 해도 각각 7명, 21명, 14명을 죽인 사람들입니다. 21명을 죽인 유영철 같은 경우는 '희대의 살인범' 또는 '희대의 사이코패스'라고 불립니다. 그는 세계적으로 유명한 사진 잡지인 『라이프』에 세계의 연쇄 살인마 31인에 뽑히기도 했고,[1] 영화 「추격자」(2008)의 소재가 되기도 했습니다.

　그러면 김길태는 아나요? 역시 살인범입니다. 그러나 연쇄 살인범은 아닙니다. 2010년에 한 명을 죽이고 바로 검거되었으니까요. 그런데 김길태는 연쇄 살인범과 다른 방식으로 그 이름이 널리 알려졌습니다. 정확히 말하면 이름뿐만 아니라 얼굴이 널리 알려졌습니다. 다른 연쇄 살인범은 범죄자들이 흔히 그러듯이 모자를 푹 눌러 쓰고 마스크를 한 모습만 공개되었는데, 김길태는 경찰이 아예 얼굴을 노출시켜 맨 얼굴로 기자들 앞에 서게 되었고 많은 신문들이 그 사진을 실었던 것입니다. 경찰은 흉악범의 얼굴을 공개하는 것이 공익에 맞으며 공개 수배할 때 이미 사진이 공개돼 굳이 얼굴을 감출 필요가 없다는 이유로 얼굴을 노출시켰다고 말합니다.[2] 그리고 사진을 공개한 언론도 "국민의 알 권리 보장과 사회 안전망 확보의 필요성이 반인륜적인 범죄를 저지른 피의자·용의자의 사생활·초상권 보장보다 앞선다고 판단했다."라고 그 이유를 밝혔습니다.[3]

경찰의 조치와 언론의 보도는 논란을 일으켰습니다. 국민의 알 권리를 충족한다는 명분과 초상권 보호라는 인권이 충돌하기 때문입니다. 얼굴 공개의 법적인 근거가 없다는 문제도 있었습니다. 국가인권위원회의 권고를 받아 제정한 경찰청의 '인권보호를 위한 경찰관 직무규칙'에는 피의자의 얼굴을 가리도록 되어 있습니다. 그리고 당시에는 아직 국회를 통과하지 못하고 나중에 통과된 '특정강력범죄 처벌에 관한 특례법'은 피의자의 얼굴·성명·나이 등 신상에 관한 정보를 공개할 수 있도록 했는데(제8조의 2), 그 조건은 다음과 같습니다.

1. 범행 수단이 잔인하고 중대한 피해가 발생한 특정강력범죄 사건일 것

2. 피의자가 그 죄를 범하였다고 믿을 만한 충분한 증거가 있을 것

3. 국민의 알 권리 보장, 피의자의 재범 방지 및 범죄 예방 등 오로지 공공의 이익을 위하여 필요할 것

4. 피의자가 '청소년 보호법' 제2조 제1호의 청소년에 해당하지 아니할 것

김길태 사건 당시에는 이 법이 없었지만 소급해서 적용해보면 이 조건에 부합할까요?

무죄 추정의 원칙

피의자의 신상을 공개할 때는 '특정강력범죄 처벌에 관한 특례법'의 조항에 들어맞는지 세심히 따져보면 인권 침해의 논란을 벗어날 수 있을 것 같습니다. 그리고 얼굴 공개를 막았던 '인권보호를 위한 경찰관 직무규칙'도 2012년에 폐지됐습니다. 그런데 피의자의 신상 공개가 여전히 문제가 될까요? 네, 헌법 제27조 4항은 이렇게 말하고 있습니다.

형사 피고인은 유죄의 판결이 확정될 때까지는 무죄로 추정된다.

이것을 무죄 추정의 원칙이라고 부릅니다. 그리고 형사소송법도 제275조 2항에서 똑같이 말하고 있습니다. 또 세계인권선언도 제 11조에서 "모든 형사 피의자는 자신의 변호에 필요한 모든 것이 보장된 공개 재판에서 법률에 따라 유죄로 입증될 때까지 무죄로 추정 받을 권리를 가진다."라고 명시하고 있습니다. 이 무죄 추정의 원칙

은 그 역사도 깊은데, 1789년에 프랑스 국민의회가 채택한 '인간과 시민의 권리 선언' 제9조에 그 뿌리가 있습니다. 거기서 "누구든지 유죄로 추정되기 전까지는 무죄로 추정되기 때문에 체포하는 것이 불가피하다고 판단된 경우라도 그 신병을 확보하기 위하여 필요하지 않은 모든 가혹 행위는 법률에 의해서 엄중하게 억제되어야 한다."라고 말하고 있습니다. 이런 선언들이야 법적인 구속력이 없다고 하지만, 유엔에서 세계인권선언의 내용을 구속력 있게 하기 위해 채택하고 우리나라도 가입한 국제인권규약의 제14조 2항은 대한민국 헌법의 무죄 추정의 원칙과 같은 내용을 명시하고 있습니다.

그러니까 무죄 추정의 원칙은 헌법상의 기본권이고 글로벌 스탠더드입니다. 당시 경찰에 체포된 김길태는 아직 재판도 받지 않았으므로 분명히 무죄입니다. 여기서 몇 가지 용어를 구분해보죠. 먼저 '용의자'는 범죄의 혐의가 뚜렷하지 않아 정식으로 입건되지는 않았으나 내부적으로 조사 대상이 된 사람입니다. 그다음에 '피의자'는 범죄의 혐의가 있어서 정식으로 입건되었으나 아직 공소 제기가 되지 않은 사람입니다. 그리고 '피고인'은 형사소송에서 검사에 의하여 형사책임을 져야 할 자로 공소 제기를 받은 사람입니다. 그러니까 범죄를 저질렀으리라 의심을 받고 수사 대상에 올라 있으면 '용의자'였다가 경찰이 정식으로 사건을 접수해서 수사를 시작하면 '피의자'가 되고 이후 검찰에 의해 공소가 제기되어 재판에 들어가면 '피고인'이 되는 것입니다. ('피고'와 '피고인'을 헷갈리지 말아야 하는데, '피고'는 민사소송에서 소송을 당한 자로서 '원고'와 짝을 이루는 말입니다.) 그리고 나서 재판에서 유죄가 확정되면 '범죄자' 또는 '범죄인' 또는 '범인'이 됩니다. 그러니 범죄자가 되기 전 단계에서는 용의자든 피의자든 피고인이든 모두 무죄로 추정되어야 합니다. 2010년의 김길태 씨도 분명히 무죄이고요.

사실 이름도 개인의 신상 정보니까 공개하면 안 되므로 과거에는 김 아무개니 유 아무개니 하는 식으로 보도했습니다. 이름은 공개해도 동명이인이 많으니까 상관없다고 생각해서인지 요즘은 막 공개하는데, 오히려 동명이인인 다른 사람들이 애먼 피해를 입습니다. 그러나 얼굴이 공개되면 빼도 박도 못하고 본인의 신분이 완전히 노출되고 맙니다. '쪽팔리다'라는 말이 있습니다. 부끄러워 체면이 깎일 때 쓰는 말로 일상생활에서는 아주 널리 쓰이지만 속된 표현이어서 글에서는 '×팔리다'라는 식으로 쓰입니다. 그래도 사전에 올림말로 나와 있습니다. (그만큼 많이 쓰인다는 것이지 점잖은 말이라는 뜻은 아닙니다.) 이 '쪽팔리다'의 '쪽'이 바로 '얼굴'입니다. '쪽팔리다'를 좀 점잖게 쓰고 싶으면 '얼굴 팔리다'라고 하면 됩니다. '이름 팔리다'라고 할 때의 '팔리다'와 같은 뜻입니다. 그러니까 '쪽팔리다' 또는 '얼굴 팔리다'라는 표현은 얼굴이 많이 알려진다는 뜻으로서 얼굴이 알려지면 부끄럽고 체면이 깎이는 것입니다. 초등학생 시절 나쁜 짓을 하다가 걸려서 복도에 손 들고 서 있던 경험을 생각해보세요. 전교생에게 얼굴이 팔리고 선생님들도 지나가면서 한마디씩 합니다. 철 없던 시절의 경험이니까 지나고 나면 웃고 넘어갈 수 있다지만, 신상 공개는 전 국민을 대상으로 하는 것이고 영원히 낙인으로 찍힙니다. 죄가 있는 사람이야 얼굴이 팔려도 그 죗값을 치른다고 생각하면 될지 모르지만, 죄가 없는데도 안 좋은 쪽으로 얼굴이 팔리면 얼마나 억울하겠습니까? 그것도 그냥 한번 쪽팔리고 말면 될 일이 아니라 쪽이 영원히 팔려서 주변의 손가락질과 편견으로 정상적인 사회생활을 할 수 없게 됩니다. 당사자로서는 정말 억울한 일이 아닐 수 없습니다.

CSI가 된 네티즌

그런데 왜 죄가 없는 사람의 얼굴을 언론을 통해서 공개하는 걸까요? 그 이유는 앞에서 김길태 사건 때 얼굴을 공개한 경찰과 언론의 발언에서 보았습니다. 얼굴을 공개하는 것이 국민의 알 권리를 충족하고 공익이 피의자의 인권보다 우선한다는 이유입니다. 이 이유는 '특정강력범죄 처벌에 관한 특례법'에 나왔던 피의자의 신상 정보를 공개해도 되는 조건의 세 번째에 해당합니다. 거기서는 공익을 더 구체적으로 피의자의 재범 방지 및 범죄 예방이라고 명시했죠. 그리고 첫 번째 조건으로는 법 명칭대로 특정강력범죄인 경우, 곧 흔히 하는 말로 흉악범인 경우이고, 두 번째는 피의자가 그 죄를 범하였다고 믿을 만한 충분한 증거가 있을 때입니다. (청소년이면 해당 안 된다는 네 번째 조건은 논란거리가 안 되니 여기서 이야기하지 맙시다.) 그러니까 '특정강력범죄 처벌에 관한 특례법'에서 말하는 얼굴 공개의 조건이 곧 얼굴을 공개해도 되는 이유이기도 합니다. 흉악범이기 때문에, 죄가 있다는 충분한 증거가 있기 때문에, 알 권리와 공익이 우선하기 때문에 얼굴을 공개해도 된다는 것입니다. 그런데 이 이유들을 잘 들여다보세요. 거기서 전제하고 있는 것이 있습니다. 그것은 바로 피의자가 범인이라는 것입니다. 흉악범은 글자에서도 나타나듯이 범인이라고 단정하는 것입니다. 죄가 있다는 충분한 증거가 있다는 근거도 피의자가 유죄라고 보는 것이죠. 특히 알 권리와 공익이 우선한다는 세 번째 근거는 피의자가 범죄자라고 전제하지 않으면 나올 수 없는 생각입니다. 그가 범죄자임을 국민이 알아야 하고 범죄 경고와 예방의 공익이 중요하다고 말하는 것이니까요.

뭔가 이상하지 않나요? 피의자는 수사를 받고 있는 사람으로서 범죄자가 아니라고 했습니다. 피의자는, 더 정확히 말하면 공소가 제기된 피고인은 범죄자인지 아닌지를 가리는 재판을 받고 있는 사람입니다. 재판에서 유죄가 확정되어야 비로소 범죄자가 됩니다. 그런데 재판도 시작하지 않은 피의자를 범죄자로 단정하다니요. 이것은 논증으로 말하면 3장에서 본 ˙논점 회피의 오류를 저지르고 있습니다. 74면 참조 피의자 또는 피고인이 범죄자라는 것은 재판(논증)을 통해 판결을 내릴(입증을 할) 사안인데, 그것을 당연하게 전제해서 논점을 회피하고 있으니까요. 경찰이 용의자를 붙잡아서 피의자가 되는 순간, 또는 검찰이 공소를 제기해서 피고인이 되는 순간, 무조건 범죄자가 된다면 도대체 재판이라는 과정이 왜 필요하나요? 재판 과정 없이 바로 범죄자로 단정하는 것은 사법 체계를 만든 이유를 근본적으로 무시하는 것입니다. 한국전쟁 때 즉결 처분이라는 것이 있었습니다. 전쟁 중에 도망을 가거나 명령에 복종하지 않는 군인을 상관이 사법적인 절차를 거치지 않고 처형하는 것을 말합니다. 전쟁 때에는 즉결 처분이 가능하다고 아는 사람이 지금도 있지만 한국전쟁 당시에 잠시 시행되다가 없어졌습니다.[4] 상관이 부하가 자기 맘에 안 든다고 마음대로 처벌할 수도 있는 악법일 뿐만 아니라 "모든 국민은 헌법과 법률이 정한 법관에 의하여 법률에 의한 재판을 받을 권리를 가진다."(제27조 1항)라는 헌법의 기본 정신을 훼손하기 때문입니다. 아무리 전쟁 때라고 해도 군인도 헌법의 보호를 받는 국민이니까요. 야만적인 즉결 처분을 옹호할 사람은 아무도 없을 것입니다. 그런데 이 즉결 처분이 유죄 판결도 받지 않은 사람을 범죄자라고 단정하는 것과 무슨 차이가 있나요?

물론 얼굴 공개를 지지하는 쪽에서는 즉결 처분과는 다르다고 말할 것입니다. 즉결 처분은 처형(주로 총살)을 하는 것이지만 얼굴 공개는 그냥 얼굴만 공개하는 것에 지나지 않는다고요. 그러나 이런 시각 자체가 인권 감수성이 무딘 것입니다. 얼굴 공개는 당하는 입장에서는 치욕적인 굴욕이며 재기 불가능하게 낙인이 찍히는 것이기 때문입니다. 그럴 만한 죄를 저질렀으니까 그래도 싸다고 생각한다면, 그게 바로 아까 말한 논점 회피의 오류고요. 다시 말하지만 피의자는 범죄자가 아니니까요. 신상 공개를 지지하는 쪽에서는 죄가 있다는 증거가 충분할 때 공개하므로 범죄자라고 단정해도 전혀 문제가 안 된다고 반론할 것입니다. 그러나 유·무죄를 판결하는 것은 법원이지 경찰이나 언론이 아닙니다. 증거가 충분하면 경찰은 수사를 더 열심히 진행할 것이고 언론은 보도를 더 충실히 할 것입니다. 그러나 그것을 가지고 판결을 해서 얼굴 공개의 근거로 삼아서는 안 됩니다. 판결은 그들의 몫이 아니니까요.

증거가 아주 충분한데도 판결이 확정되기 전에는 무죄로 추정하는 이유는 뭘까요? 그것은 무죄로 판결이 날 가능성이 아주 조금이라도 있기 때문입니다. 수사와 재판은 신이 아닌 사람이 하는 일인 이상 유죄를 의심치 않은 사람이 무죄로 드러나는 경우가 만에 하나라도 있을 수 있습니다. 그럴 때 억울하게 범죄자로 의심받던 사람은 미치고 팔짝 뛸 일입니다. 10명의 범죄자를 풀어주는 한이 있더라도 한 명의 억울한 피해자는 만들지 말라는 것이 법을 운영할 때의 기본적인 정신입니다. 사회의 공익을 위해서는 한 명의 억울한 피해자보다 10명의 범죄자를 붙잡는 것이 더 낫지 않겠느냐는 생각이 든다면 내가 그 억울한 한 명이 된다고 생각해보세요.

우려하던 일이 터지고 말았습니다. 2012년에 초등학생이 성폭행 당한 사건이 일어났는데 『조선일보』는 엉뚱한 사람의 사진을 피의자라고 1면 머리기사로 실었습니다. 『조선일보』는 10여 명의 사람들로부터 피의자가 분명하다는 확인을 받았다고 했지만 결국에는 생사람을 잡고 말았습니다. 증거가 아주 충분해도 언제라도 실수가 있을 수 있음을 보여주는 사례입니다.

지금까지 말한 얼굴 등 신상 공개는 경찰이나 언론 같은 공권력에 의해서 이루어지는 것인데(언론은 입법·사법·행정부에 버금가는 제4의 권력이라고 해서 제4부라고 하니 공권력이라고 불러도 괜찮을 것 같습니다), 최근에는 인터넷의 발달로 개인에 의해서 신상이 공개되는 일이 생깁니다. 이른바 신상털이(신상 털기)라고 하는 행동입니다. 사회적으로 논란이 되는 사건이 일어날 때 네티즌들이 사건 당사자의 개인정보를 인터넷에 유포하는 것을 말합니다. 천인공노할 사건이나 사회적인 통념에 어긋나는 패륜적인 사건이 일어나면 네티즌들은 가해자의 이름과 얼굴, 사는 곳이나 다니는 학교, 심지어 전화번호까지 알아내 인터넷에 공개합니다. 신상털이를 하는 네티즌들은 시민들의 알 권리를 내세우지만, 알 권리는 공적인 인물에 해당하는 것이니 신상털이의 주된 희생자가 되는 일반인에게는 해당되지 않습니다. 그리고 판결이 확정되지 않은 피의자에게 알 권리를 말하는 것은 논점 회피의 오류임을 이미 보았습니다.

신상털이에는 또 다른 문제가 있는데, 공권력의 신상 공개는 적어도 현행법에 저촉되었다고 의심받는 경우에만 이루어지지만, 네티즌의 신상털이는 사회적 통념에 어긋난다고 생각되는 사건에까지 이루어진다는 점입니다. 그러다 보니 자신들이 정한 기준에 맞지 않으면 신상털이에 들어가고 그 결과는 여론 재판이 되어 널리 퍼집니다.

예를 들어 2010년에 교사와 제자의 합의에 의한 성관계 사건이 터졌을 때 교사의 개인정보가 유출되는 일이 있었습니다. 합의에 의한 성관계이므로 법에는 저촉되지 않아도 교사와 청소년인 제자 사이에 벌어진 일이라 윤리적인지 아닌지는 갑론을박의 대상이 되기는 합니다. 그러나 그런 논의 없이 바로 패륜이라고 단정하고 신상털이를 하는 것은 또 다른 논점 회피의 오류입니다. 또 이런 신상털이를 하다 보면 필연적으로 엉뚱한 사람의 신상을 공개하는 일이 벌어지게 됩니다. 생각해보세요. 경찰이나 언론처럼 수사와 취재에 전문적인 노하우가 있는 집단에서도 생사람을 잡는 일이 일어나는데, 네티즌의 신상털이에서 그런 일이 없겠습니까? 네티즌 스스로가 CSI(과학수사대)라고 자처하지만 그들은 사람 잡는 선무당일 수 있습니다. 그나저나 신상털이는 개인정보보호법 위반이며 명예훼손인 범죄 행위입니다.

무지에의 호소 오류

지금까지 피의자의 얼굴 공개나 신상털이가 피의자의 인권을 침해하는 까닭은 무죄 추정의 원칙을 어기기 때문이고 무죄 추정의 원칙이 나온 이유는 피의자가 무죄라 판명될 가능성이 조금이라도 있기 때문이라고 했습니다. 그런데 무죄 추정의 원칙이 나온 이유가 꼭 그런 가능성 때문일까요? 다시 말해서 그런 가능성이 눈곱만큼도 없다면 이 원칙은 적용되지 않고 신상 공개는 정당화될까요?

2014년에 MBC에서 「개과천선」이라는 법정 드라마가 방송되었습니다. 그리 인기 있는 드라마는 아니어서 조기 종영되었지만, 극중에서 한 변호사가 말한 다음과 같은 대사는 유명했습니다.

무죄라는 건 말이야. 죄가 없다는 뜻이 아니야. 죄가 있는 걸 증명하지 못했다는 말이지.

물론 이 대사는 계산적이고 냉정한 그 변호사의 캐릭터를 드러내기 위해 나온 말이기는 합니다. 그러나 이 말은 '무죄'의 정확한 뜻이기도 합니다. 만약 무죄가 아무 잘못이나 죄가 없다는 일상 언어로 쓰였다면, 범죄를 저지른 사람은 법정에서 자신의 잘못이나 죄가 밝혀지지 않았더라도 무죄라고 말할 수 없습니다. 자신이 무죄가 아님은 비록 다른 사람들은 몰라도 자기 자신이 알고 있고 하늘이 알고 있으니까요. 그러나 법률용어로서의 무죄는 「개과천선」의 대사처럼 죄가 있다는 것을 증명하지 못했다는 뜻입니다. 정말로 죄가 있든 없든 죄가 있다는 것을 증명하지 못하면 법률에서는 그것이 무죄입니다.

무죄의 두 가지 뜻 중 우리는 어떤 뜻을 따라야 할까요? 맥락에 따라 달라집니다. 당연히 법률적인 맥락에서는 두 번째 뜻으로 써야 합니다. 「개과천선」에서는 변호사가 한 말이니 법률용어로 쓴 것이고, 우리는 지금 피의자의 인권에 대해 이야기하고 있으니 역시 법률용어로 써야 합니다. 법률적인 맥락인데 일상 언어의 뜻으로 사용한다면 그것은 4장에서 말한 애매어의 오류를 저지른 것입니다. 죄가 있다는 것이 의심스럽지만 그것을 증명하지 못했을 때, 일상 언어에서는 그래도 유죄라거나 잘못했다고 말할 수 있지만 법적으로는 분명히 무죄입니다. 사실은 법률적인 의미가 일상생활에도 적용되어야 합니다. 어떤 사람이 잘못이 있는지 없는지 본인은 알고 하늘은 알지 몰라도 다른 사람이 어떻게 압니까? 그러니 법률에서든 일상생활에서든 죄가 있음을 증명하지 못하면 무죄로 추정해야 합니다.

107면 참조

만약 무죄 추정의 원칙이 없으면 우리는 어떤 피의자든 거꾸로 유죄로 추정할 것이고, 그러면 피의자는 자신이 죄가 없음을 스스로 증명해야 합니다. 그러나 이것은 입증 책임의 원칙을 어기는 것입니다. 상식에서 벗어나는 새로운 주장을 하는 쪽이 먼저 입증을 해야 한다는 것이 입증 책임의 원칙입니다. 예를 들어서 현대인들에게 귀신이 없다는 것은 상식입니다. 그런데 누군가가 귀신은 있다고 주장한다고 해봅시다. 얼마든지 그런 주장을 할 수 있습니다. 상식을 뒤집는 데서 과학이 발전하니까요. 그러나 그러기 위해서는 증거를 제시하여 자신의 주장이 옳음을 입증해야 합니다. 그러지 않고 귀신은 있다고 부르대기만 하면 누가 믿겠습니까? 어떤 사람이 죄가 없다는 쪽이 상식일까요, 있다는 쪽이 상식일까요? 죄가 없다는 쪽이 상식입니다. 그러지 않으면 우리 사회에 의심과 의혹이 난무해서 어떻게 살겠어요? (죄가 없다는 것이 착하다는 뜻은 아니므로 꼭 성악설 대신에 성선설을 받아들이지 않아도 이런 상식은 받아들일 수 있습니다.) 따라서 어떤 사람에게 죄가 있다고 주장하는 것은 그 상식을 깨뜨리는 것이므로 그런 주장을 하는 쪽에서 입증을 해야 합니다. 이것이 입증 책임의 원칙입니다.

입증을 한다고 해서 자신의 주장에 대한 완벽한 근거를 제시하라는 뜻은 아닙니다. 어떤 근거든 일단 제시해야 그 근거가 받아들일 만한 것인지 아닌지 검토하는 단계로 넘어갈 수 있습니다. 그게 아니라 아무 근거도 없이 주장만 할 때 입증 책임을 다하지 못한 것입니다.

어떤 주장의 근거를 제시할 때 '알려지지 않았다'는 것을 근거로 제시할 수 있습니다. 이것을 무지에 호소한다고 합니다. 예를 들어서 "이 액체에 식수로 부적절한 유해 물질이 섞여 있음이 알려지지 않았으므로 마셔도 된다."라는 논증은 무지에 호소하는 논증입니다. 그런데 무지에 호소하는 것은 올바른 논증 방법일까요? 무지에 호소하는 쪽이 입증 책임이 있느냐 없느냐에 따라 달라집니다. 입증의 책임이 없는 쪽은 무지에 호소하는 논증을 해도 되지만 입증 책임이 있는 쪽은 그렇게 하면 오류가 됩니다. 무지에 호소하는 것은 증거를 적극적으로 제시하는 방법이 아니므로 입증의 의무를 다하지 않은 것이기 때문입니다. 예를 들어 다음 논증을 봅시다.

귀신이 없다는 것은 알려지지 않았으므로 귀신은 있다.

귀신이 있다고 주장하는 쪽이 그것을 밝힐 입증 책임이 있으므로 위와 같이 무지에 호소해서 논증하는 것은 잘못입니다. 이렇게 입증의 책임이 있는 쪽이 무지에 호소하는 논증을 무지에의 호소 오류라고 합니다. 반면에 입증 책임이 없는 쪽은 다음과 같이 무지에 호소해도 오류가 아닙니다.

귀신이 있다는 것은 알려지지 않았으므로 귀신은 없다.

귀신이 없다는 것이 상식이므로 있다는 적극적인 근거가 없는 이상 귀신이 없다고 결론을 내려도 되기 때문입니다. 무지에의 호소 오류는 유죄 입증에 대해서도 똑같이 적용됩니다.

저 사람이 죄가 없다는 것은 알려지지 않았으므로 죄가 있다.

누군가가 죄가 있다고 주장하는 쪽은 입증 책임이 있으므로 그 증거를 적극적으로 제시해야 합니다. 그런데 그렇게 하지 않고 이런 식으로 무지에 호소하는 것은 오류입니다. 만약 이 논증이 오류가 아니라면 죄를 의심받고 있는 피의자는 스스로 죄가 없다는 것을 입증해야 합니다. 입증 책임의 개념이나 피의자 인권이 전혀 없던 과거에는 "네 죄를 네가 알렷다!"라고 피의자를 취조하여 무죄임을 스스로 증명해야 했습니다. 그러나 무엇인가 있다고 증명하는 일이면 몰라도 무엇인가가 없다고 증명하는 일은 쉬운 일이 아닙니다. 하지만 이제는 피의자에게 입증 책임이 없으므로 다음과 같이 무지에 호소해도 오류가 아닙니다.

저 사람이 죄가 있다는 것은 알려지지 않았으므로 죄가 없다.

이것이 바로 「개과천선」의 변호사가 말한 무죄의 정의입니다. 무죄의 법률상의 뜻도 그렇고, 그렇게 주장하는 것은 논리적으로도 오류가 아닙니다.

무죄 추정의 원칙은 꼭 엉뚱한 사람을 범인으로 몰 가능성 때문만이 아니라 이런 논리적인 근거에서 나왔습니다. 그러니 그 원칙에 반하여 피의자의 얼굴 공개를 주장하는 근거들은 논리적으로 오류입니다. 피의자로 의심받으면 사람들은 "그럴 만하니까 의심하겠지."나 "아니 땐 굴뚝에 연기 나겠어."라고 수군거립니다. 그 사람이 범인이라는 확실한 증거는 제시하지 못하고요. 정 억울하면 스스로 죄가 없다는 증거를 제시하라는 식이죠. 그러나 피의자에게는 그런 증거를 제시할 책임이 전혀 없습니다. 그렇게 요구하는 것은 무지에 호소하는 오류를 저지르는 것입니다.

11

문명사회의
함무라비 법전

사형제와 감정에의 호소 오류

감성팔이 영화

「7번 방의 선물」은 2013년 초에 개봉한 우리나라 영화입니다. 지능이 낮은 아빠가 유괴 살인의 누명을 쓰고 감옥에 가는데, 잡범이 들끓는 감옥에 어찌어찌하여 딸이 들어와 함께 생활하는 이야기를 그리고 있습니다. 코미디 영화로서 주는 웃음과 더불어 '딸 바보' 아빠와 딸 사이의 사랑이 주는 애달픔을 동시에 느낄 수 있는 영화입니다. 1,000만 관객이 드는 흥행을 기록하기도 했습니다.

주인공 아빠는 누명을 썼지만 결국에는 사형이 확정되고 영화의 마지막에 사형이 집행됩니다. 그래서 이 영화는 사형제를 반대하는 근거로 거론되기도 합니다. 오심을 했을 때 사형은 돌이킬 수 없다는 점이 그 근거죠. 모든 재판에 오심이 있을 수 있지만 다른 판결의 경우 금전적인 방법으로라도 보상해줄 수 있어도 당사자가 죽고 마는 사형의 경우에는 보상 자체가 불가능하니까요. 사형을 소재로 하는 영화로는 「7번 방의 선물」 외에 우리나라 영화로 「우리들의 행복한 시간」(2006)과 외국 영화로 「데드 맨 워킹」(Dead Man Walking, 1995)과 「그린 마일」(The Green Mile, 1999)이 흔히 꼽힙니다. 「그린 마일」은 「7번 방의 선물」과 함께 억울한 피고인이 사형을 당하는 문제점을 보여주고 있고, 「우리들의 행복한 시간」과 「데드 맨 워킹」은 유죄는 분명하지만 사형을 앞두고 죄를 뉘우치거나 한없이 작아지는 사형수의 모습을 그리고 있습니다. 그러고 보니 사형을 다루는 대부분의 영화는 사형제를 반대하는 근거로 쓰이네요.

사실 「7번 방의 선물」은 사형제를 정면으로 다루는 영화는 아닙니다. 코미디 영화라서 그런지 영화 자체에는 사형을 둘러싼 논쟁도 없고 사형을 앞둔 두려움도 그려지지 않습니다. 그러나 이 영화는 사형제 찬반 논쟁과 관련해서 사형을 다루는 여타 영화들과 다른 점에서 주목할 만합니다. 그것은 이 영화에 대한 "싸구려 감성팔이 영화"라는 비판입니다. '감성팔이'는 상대방의 감성을 자극하여 설득하는 것을 말하는 인터넷 용어입니다. 엄격한 논리에 의존하지 않고 슬픔이나 분노 같은 감성을 자극해서 자신의 주장을 펼칠 때 감성팔이를 한다고 비아냥댑니다. 「7번 방의 선물」의 주인공인 아빠는 딸만 생각하는 착하기 그지 없는 순수한 사람인데, 공권력의 강압적인 수사와 국선 변호인의 무성의한 변호에 의해 결국은 사형을 당합니다. 관객들은 착한 아빠와 예쁘고 똑똑한 딸에게 닥친 분하고 답답한 일에 분노를 느끼고 사형으로 헤어져야만 하는 상황에 대해 슬픔을 느끼는데, 이런 감성을 근거로 해서 사형제에 반대하는 것을 감성팔이라고 합니다.

'감성팔이'는 비합리적인 설득을 비판하기 위해 나온 말인데, 막상 그 말은 정치적으로 올바르지 않은 의도로 많이 쓰이는 것이 현실입니다. 그래서 이 말을 널리 알리는 것이 바람직하지는 않지만 정확한 분석은 뒤에서 하고 우선은 감성팔이라는 말을 써봅시다.

「7번 방의 선물」에는 사형제 폐지론의 감성팔이만 있는 것이 아닙니다. 사형제 존치론에서 써먹을 수 있는 감성팔이도 있습니다. 주인공 아빠는 경찰청장의 딸을 죽였다는 혐의를 받고 있는데 교도소에 오자마자 보안과장에게 딸을 보고 싶다고 간청합니다. 그러자 보안과장은 그를 무지막지하게 때리며 이렇게 말합니다.

남의 딸을 죽여놓고 네 딸을 보고 싶어?

그러던 보안과장은 나중에 주인공의 무고함을 알게 되어 경찰청장을 찾아가 해명합니다. 그러자 경찰청장은 보안과장에게 이렇게 말합니다.

자식 잃어본 적 있나?

사형제 폐지론과 마찬가지로 사형제 존치론도 피해자 가족의 슬픔과 가해자에 대한 분노에 기대고 있습니다. 사형을 당할 가해자 가족의 슬픔과 사형수의 두려움이 안타깝다면 똑같이 피해자 가족의 슬픔과 분노도 안타깝다는 것입니다. 감성팔이라는 점에서는 피차일반인가요? 아니면 어느 쪽 감성이 더 안타깝나요?

스웨덴의 호텔형 교도소

10장에서는 아직 유죄 판결이 확정되지 않은 피의자나 피고인의 인권에 대해 이야기했습니다. 그리고 그런 사람들은 범죄자라고 부를 수 없다고 했습니다. 그렇다면 유죄가 확정된 범죄자의 인권은 말할 수 없나요? 여기서 범죄자를 다시 둘로 나누어서 봐야 합니다. 수형자와 전과자가 그것인데, 수형자는 판결을 받고 형벌을 받는 사람을 말하고 전과자는 형벌을 마친 사람을 말합니다. 가령 「7번 방의 선물」의 등장인물들처럼 교도소에서 징역을 사는 사람은 수형자이고 형을 마치고 사회로 돌아온 사람은 전과자죠.

우선 수형자는 인권을 제한받은 사람입니다. 교도소에 갇혀 있다는 것 자체가 인권의 상당 부분을 박탈당한 것입니다. 마음대로 밖에 나갈 수도 없고 하고 싶은 일도 마음대로 할 수 없고 강제로 일을 해야 하니까요. 자신이 저지른 일에 대해 죗값을 치르는 중이니 그래도 되죠. 그러나 아무리 죗값을 치른다고 해도 기본적인 인권은 보장해 주어야 합니다. 아직도 일부 국가에는 채찍으로 때리는 형벌(태형)이 있는데, 누구나 다 야만적이라고 생각합니다. 그리고 강호순이나 유영철 같은 흉악범에게 '찢어 죽일 놈'이라고 욕을 하지만 실제로 찢어 죽이는 형벌(능지처참)을 내린다면 누구나 경악을 금치 못할 것입니다. 탈북자들은 북한의 수용소에서 수형자들이 굶주림에 뱀이나 쥐를 잡아먹는다고 증언합니다. 수형자라고 해도 맞거나 찢겨 죽지 않을 권리, 굶어 죽지 않을 권리가 바로 기본적인 권리입니다.

그런데 수형자가 보장받아야 할 기본적인 인권은 어느 정도 수준일까요? 죽지 않을 정도의 밥과 잠자리만 제공해주면 될까요? 아니면 균형 잡힌 식단과 품위 있는 잠자리까지 제공해주어야 하나요? 그 나라의 인권 수준에 따라 다릅니다. 태형이 있는 나라나 능지처참이 있던 시대는 사람들의 인권 수준이 그 정도이고 그런 처형을 구경까지 하므로 죽지 않을 정도의 밥과 잠자리면 충분할 것입니다. 반면에 북유럽 국가들의 교도소는 호텔 수준이라고 알려져 있습니다. 우리말로도 번역된 세계적인 베스트셀러 『밀레니엄』(*Millennium*, 뿔 2011) 시리즈는 스웨덴의 스티그 라르손(Stieg Larsson)이 썼는데, 소설의 초반부에 기자인 미카엘이 기사 때문에 명예훼손 판결을 받고 교도소에 가는 장면이 나옵니다. 그런데 복역도 자기가 원하는 시기에 하고 거기서 책을 쓰려고 노트북을 제공받고 사역 후 남은 시간에는 텔레비전을 보거나 포커를 하거나 헬스장에서 운동을 합니다. 이게 무슨 교도소냐 싶겠지만 이들은 갇혀 있다는 것만으로도 인권이 침해당하니 죗값을 치르는 것이라고 생각합니다. (그렇다고 해서 북유럽 국가들이 모든 인권의 천국은 아닙니다. 인종 차별이라는 어두운 구석이 있는 곳입니다.)

형벌을 마치면 전과자가 됩니다. 앞 장에서 무죄 추정의 원칙에 따라 피의자나 피고인은 무죄이니 신상 공개를 해서는 안 된다고 했습니다. 그러면 유죄가 분명한 전과자의 신상은 공개해도 된다는 결론이 나오겠네요? 그러나 전과자는 죗값을 이미 다 치른 사람입니다. 그리고 정상적으로 사회에 복귀해야 할 사람입니다. 그런데 전과자임이 알려진다면 사회 복귀가 가능할까요? 헌법 제11조 1항은 "모든 국민은 법 앞에 평등하다. 누구든지 성별·종교 또는 사회적 신분에 의하여 정치적·경제적·사회적·문화적 생활의 모든 영역에 있어서 차별을 받지 아니한다.”라고 말하고 있는데, 이때 ‘사회적 신분’에는 전과도 포함된다고 헌법재판소는 판시했습니다.[1] 중학교밖에 못 나왔다고 차별받아서는 안 되는 것처럼 전과자라고 해서 차별받아서는 안 된다는 뜻입니다. 형벌을 마치고 사회로 복귀했다는 것은 죗값을 다 치르고 교화가 되었다는 뜻인데, 전과자라는 이유로 또 차별을 한다면 이중으로 처벌받는 셈입니다.

사람들은 전과자는 언제든지 범죄를 또다시 저지를 수 있는 사람이므로 범죄자임을 널리 알려서 사람들에게 조심하게 하는 것은 당연하다고 주장합니다. 그러나 어떤 사람이 실제로 범죄를 저질렀으므로 조심하라는 것이 아니라 저지를지 모르므로 조심하라고 하는 것은 앞 장에서 말한* 무지에의 호소 오류입니다. 전과자가 자신에게 씌워진 편견을 벗으려면 자신은 범죄를 다시 저지를 사람이 아니라는 것을 스스로 입증해야 하는데, 이것은 입증 책임의 원칙에 어긋나는 것이니까요. 형벌의 목적은 일반 예방과 특별 예방으로 나뉩니다. 일반 예방은 범죄를 저지른 자는 처벌받는다는 것을 보여주어 사람들에게 범죄를 저지르지 못하게 하는 것이고 특별 예방은 범죄자를 교화시켜서 범죄를 저지르지 못하게 하는 것입니다. 형벌의 목적 어디에도 전과자가 다시 범죄를 저지르는 것을 예방해야 한다는 것은 없습니다. 또다시 범죄를 저지를 것 같은 범죄자는 형량을 높여서 충분히 교화시켜 사회에 내보내야 합니다. 형량을 얼마나 선고하느냐는 인권의 영역은 아닙니다.[2] 형량을 낮게 선고한다고 해서 범죄자의

239면 참조

인권을 보장하는 것은 아니라는 말입니다. 그리고 우리나라는 선고되는 형량이 낮은 수준이고요. 다만 형량이 선고된 형을 치를 때 사회 수준에 맞게 인권을 침해하지 않도록 해야 하며 교화의 목적을 달성해야 하는 것입니다.

"어떻게 사람 죽인 사람만 인권이 있는가?"

피의자의 인권이든 범죄자의 인권이든 인권 이야기만 나오면 흔히 목격되는 반응은, 그러면 피해자의 인권은 어떻게 하느냐는 것입니다. 범죄자의 인권을 거론하면 "이 나라는 어떻게 사람을 죽인 사람만 인권이 있는가?"[3]라고들 말합니다. 특히 이런 주장은 사형을 선고할 만큼 잔인한 범죄를 저지른 연쇄 살인범이나 흉악범의 인권을 말할 때 더 강력하게 제기됩니다. 범죄자에게 처참하게 살해된 피해자의 가족은 그 사실에 괴로워하며 일상생활을 제대로 하지 못하고 심한 경우 우울증에 시달리며 집안이 풍비박산되기도 합니다. 그들 입장에서는 당한 우리는 이렇게 힘들고 괴롭게 사는데 범죄를 저지른 가해자는 감옥 안에서 편안하게 지낸다는 생각이 드니 국가와 사회에 대해 배신감과 분노를 느낄 만도 합니다. 그래서 범죄자의 인권이 가당키나 하느냐고 울분을 토하고 그런 범죄자는 사형을 시켜야 한다고 주장하게 됩니다.

그러나 범죄자의 인권과 피해자의 인권은 완전 별개의 문제입니다. 따라서 범죄자의 인권을 반대하기 위해 피해자의 인권을 거론하

196면 참조

는 것은 8장에서 말한 논점 일탈의 오류입니다. 범죄자의 인권과 피해자의 인권은 한쪽이 낮아지면 다른 쪽이 높아지는 시소 같은 것이 아닙니다. 범죄자의 인권이 낮춰진다고 해서 피해자의 인권이 높아지는 것도 아니고, 둘 다 높아져야 하는 것이죠. 피해자의 인권을 보호하기 위해서는 피해자 가족의 고통을 치유하기 위한 적절한 프로그램을 제공하고 민사소송을 통해 가해자로부터 보상을 받는 방법 따위가 시행되어야 합니다. 범죄자의 인권이 우대된다고 생각하는 가장 큰 이유는 흉악범인데도 낮은 형량을 받기 때문입니다. 피해자 가족 입장에서는 사형을 당해도 시원치 않을 범죄자가 고작 몇 년 형을 받으니 분통이 터질 것입니다. 그러니 흉악범이면 당연히 죗값에 걸맞은 형량을 받아야 합니다. 이것은 인권의 문제가 아니라고 앞서 말했습니다. 범죄자의 인권을 보장하라고 주장하면서 얼마든지 흉악범에게 높은 형량을 선고하라고 주장할 수 있는 것입니다. 다만 그 형량에 사형도 포함되는지는 따져봐야 합니다.

범죄자의 인권을 주장할 때 그럼 피해자의 인권은 어떻게 하느냐고 말하는 것은 논점 일탈의 오류인데도, 왜 여전히 범죄자의 인권을 보장하지 않아야 피해자의 인권이 보장된다고 생각하는 사람이 많을까요? 그것은 논리보다는 복수심이라는 감정이 우선하기 때문입니다. 나에게 또는 우리 가족에게 피해를 준 사람에게 똑같이 피해를 주어야 성이 풀린다고 생각하는 것입니다. 인간에게 그런 감정이 있는 것은 자연스러우므로 충분히 이해할 만합니다. 그런데 '자연스럽다'고 해서 모두 윤리적으로 허용되는 것은 아닙니다. 우리는 이미 6장에서 자연스럽지만 나쁜 것도 얼마든지 있고 부자연스럽지만 좋

156면 참조
은 것도 얼마든지 있다는 것을 보았습니다.[*]

인간의 성욕은 자연스러운 현상이고 그것을 푸는 것이 이상하지 않지만, 우리는 그것을 아무 데서나 아무한테나 풀어서는 안 된다는 윤리 규범을 가지고 있습니다. 마찬가지로 복수심도 자연스러운 감정이지만 인류의 역사는 그 감정을 아무렇게나 풀어서는 안 된다고 규율을 정했습니다. 그 규율 중 첫째는 사적인 복수를 금지하는 것입니다. 어떤 재벌 회장은 아들이 술집 종업원들에게 맞고 오자 몸소 가죽 장갑을 끼고 종업원들의 "아구를 몇 번 돌"리고는 아들에게도 맞은 만큼 때리라고 하고, 또 경호원들에게도 때리라고 시켰습니다.[4] 멋있어 보일지 모르지만 분명히 불법입니다. 박찬욱 감독은 복수 3부작인 영화 「복수는 나의 것」(2002), 「올드보이」(2003), 「친절한 금자씨」(2005)를 통해 분노를 억누르고 살아가야 하는 사람들을 대리만족시켜주었습니다. 우리는 개인적인 복수심이 일더라도 그런 대리만족으로 그쳐야 합니다. 사적인 복수는 법률용어로 '자구행위'(민법에서는 '자력구제')라고 하는데, 문명국가는 이를 금지하고 복수는 국가권력(법률)을 통해서 하도록 하고 있습니다.

복수심의 감정을 아무렇게나 풀어서는 안 된다는 두 번째 규율은 형벌의 방법을 문명화한 것입니다. 사적 복수 대신에 법률에 의해 피해자의 죗값을 치르게 한다는 것은 국가가 대신 때려준다는 의미가 아니라 범죄자의 기본적인 인권을 보장해주는 방법을 쓴다는 의미입니다. 과거에는 "눈에는 눈, 이에는 이"식의 보복형이 있었습니다. 남의 눈을 멀게 한 자는 눈알을 빼고 이를 부러뜨린 자는 이를 뽑고 뼈를 부러뜨린 자는 뼈를 부러뜨린다는 함무라비 법전의 복수형이 대표적이고, 구약성경도 이를 받아들여 "사지를 꺾은 것은 사지를 꺾는 것으로, 눈은 눈으로, 이는 이로, 이렇게 남에게 상처를 입힌 만큼 자신도 상처를 입어야 한다."(레위기 24장 20절)라고 말합니다.[5] 이것은 내가 당한 만큼 갚아준다는 '동태(同態) 복수'인데, 당시의 상황에서는 피해받은 정도만 벌을 주고 그 이상의 보복은 하지 말라는 긍정적인 의미가 있었습니다. 그렇지만 현대에는 인간의 존엄성을 해치는 형벌이기 때문에 대부분 없어졌습니다. 일부 국가에서는 얼굴에 황산을 뿌려 실명에 이르게 한 가해자의 눈에 똑같이 황산을 뿌리게 하고, 흉기를 휘둘러서 신체를 마비시킨 가해자에게 척수를 손상시키는 형벌을 아직도 내립니다.[6] 흉악범을 보며 순간적으로 "우리도 그렇게 해야 돼."라고 말하는 사람들이 없지는 않지만 당당하게 그런 주장을 하는 사람은 없습니다. 만약 그런다면 이와 같은 인권 후진국이나 인권 유린이 자행된다는 북한의 수용소를 비난할 수 없을 것입니다.

그런데 우리에게도 보복형이 남아 있습니다. 사형은 네가 누군가를 죽였으니 너도 죽으라는 보복형입니다. 다른 동태 복수는 시대 착오적이라고 모두 없어졌는데 목숨을 빼앗은 자는 목숨을 빼앗는다는 사형 제도는 한 발짝도 나아가지 않고 제자리에 머물고 있는 셈입니다. '눈에는 눈, 이에는 이'가 잔인하고 미개한 만큼 '목숨에는 목숨'도 똑같이 잔인하고 미개합니다.

다른 모든 보복형은 미개하고 잔인하다고 생각하면서 왜 사형만은 예외로 여기는 걸까요? 분노와 슬픔과 보복의 감정이 크기 때문입니다. 누가 내 팔을 부러뜨리면 화가 나서 똑같이 팔을 부러뜨리고 싶습니다. 그러나 그런 감정을 꾹 눌러 참고 국가의 힘을 빌리라는 것이 문명국가의 교육입니다. 그리고 국가가 나 대신 팔을 부러뜨려주면 좋겠지만 그런 감정 역시 억누르고 인간의 존엄성을 보장하는 방식의 형벌로 대신하는 것이 문명국가의 사법 체계입니다. 내가 누군가로부터 죽임을 당하면 스스로 보복할 수 없으므로 이때는 가족이 대신 복수하고 싶어합니다. 사랑하는 가족을 잃은 슬픔과 그렇게 만든 가해자에 대한 분노가 하늘을 찔러 그놈을 직접 죽이고 싶습니다. 그러나 문명국가는 그런 감정을 꾹 눌러 참고 국가의 힘을 빌리라고 합니다. 대부분의 사람들은 여기까지는 동의합니다. 그런데 왜 국가가 나 대신 그놈을 죽여주면 가족의 슬픔과 분노가 보상받을 수 있다는 생각은 여전히 가지고 있을까요? 정도의 차이만 있지 똑같은 종류의 감정인데요?

감정에의 호소 논증

논증을 할 때 감정을 근거로 하여 주장을 펼치는 것을 감정에의 호소 논증이라고 말합니다. 논증은 논리적인 추론이고 논리는 감정과 상대적인 개념이므로, 감정을 근거로 삼는 논증은 기본적으로 오류일 가능성이 높습니다. 대학에서 F 학점을 받은 학생이 찾아와 이렇게 말한다고 해봅시다.

집안 사정이 어려워 알바를 하느라 수업도 자주 빼먹고 시험도 잘못 봤습니다. 제발 F를 면하게 해주세요.

F를 면하게 해달라는 주장을 하기 위해서 자신의 불쌍한 환경을 거론하며 동정심을 유발하고 있습니다. 동정심이라는 감정을 근거로 자신의 주장을 펼치는 거죠. 집안 사정이 어려워 알바를 하느라 결석도 자주 하고 공부할 시간도 없으니 불쌍한 것은 맞습니다. 그러나 학점은 시험과 과제와 출석에 따라 평가하는 것이니 그런 불쌍한 사정은 애석하지만 학점과는 상관이 없습니다. 그래서 위 논증은 감정에의 호소 오류를 저지른 것입니다. 감정을 거론함으로써 논점에서 벗어난 것이니 크게 보면 8장에서 말한[*] 논점 일탈의 오류의 하나입니다. 196면 참조

하지만 감정에 호소한다고 해서 모두 논점에서 벗어난 것은 아닙니다. 다음 논증을 보세요.

집안 사정이 어려워 알바를 하느라 수업도 자주 빼먹고 시험도 잘못 봤습니다. 제발 장학금을 받게 해주세요.

불쌍하다고 해서 학점을 높여줄 수는 없지만 불쌍하면 장학금을 받을 자격은 있습니다. 장학금은 원래 집안 사정이 어려운 학생에게 주는 것이니까요. 그래서 이 논증은 감정에 호소하고 있지만 오류는 아닙니다. 감정에 호소하고 있다고 해서 무조건 잘못된 논증이라고 판정할 것이 아니라 그 감정이 논증에서 펼치는 주장과 관련이 있는지 검토해야 합니다.

법정과 관련된 사례들을 봅시다. 살인죄로 기소된 피고인의 변호사가 다음과 같이 주장한다고 해봅시다.

> 판사님, 이 피고인은 고아로 불우한 환경에서 자랐습니다. 부디 무죄를 선고해주십시오.

고아에 불우한 환경에서 자랐으니 불쌍한 것은 맞습니다. 그렇지만 유죄냐 무죄냐를 판단할 때는 그런 환경은 고려 사항이 되지 않으므로 감정에 호소하여 주장하는 것은 오류입니다. 그러나 이렇게 주장하면 상황이 달라집니다.

> 판사님, 이 피고인은 고아로 불우한 환경에서 자랐습니다. 부디 선처해주십시오.

유죄는 인정하지만 그런 죄를 저지를 수밖에 없는 환경에서 자랐으므로 정상을 참작해달라는 주장입니다. 딱하고 가엾은 상황은 무죄의 사유는 안 되지만 형량을 줄일 수 있는 사유는 되므로 똑같이 감정에 호소했어도 이 논증은 오류가 아닙니다.

'감성팔이'가 무조건 나쁜 것은 아닙니다. 굶고 있는 아이들을 돕자는 캠페인을 하기 위해서는 불쌍한 모습을 보여주는 것만큼 확실한 방법이 어디 있겠습니까? 문제는 감성이 논점에서 벗어난 경우에도 감성을 팔 때입니다.

사형제 찬반 논쟁의 감정

앞에서 예로 든 감정에의 호소 논증의 감정은 불쌍하다고 느끼는 동정심이지만 감정에는 동정심만 있는 것은 아닙니다. 분노도 있고 공포도 있습니다. 그리고 많은 사람들이 똑같은 생각을 가지고 있다는 것을 근거로 내세우는 대중에의 호소 논증과 예전부터 쭉 그렇게 해왔다는 전통에의 호소 논증도 크게 보면 감정에 호소하는 논증이라고 볼 수 있습니다. 많은 사람들의 감정과 옛사람부터 요새 사람까지의 감정이 똑같다고 보는 것이니까요. (전통에의 호소 논증은 6장에서 자연주의의 오류에 속하는 것으로 설명했습니다.)

158면 참조

사형제 찬반 논쟁에는 바로 이 온갖 종류의 감정이 근거로 제시되고 있습니다. 사형제를 찬성하는 쪽이든 반대하는 쪽이든 마찬가지입니다. 먼저 사형제 존치론은 피해자 가족이 겪는 고통을 거론하며 동정심에 호소합니다. 또 흉악범에 대한 국민의 들끓는 분노를 근거로 드는데,[7] 이것은 분노라는 감정에 호소하는 것이고 대중에 호소하는 것입니다. 대중의 의견을 '국민의 법 감정'이라고 부르는 것을 보면 대중의 분노가 곧 감정인 것을 잘 알 수 있습니다. 그리고 사형제는 예전부터 시행되어온 전통이라는 점을 지적하여 전통에도 호소합니다. 반면에 사형제 반대론자는 사형이 선고된 후 사형수가 겪는 두려움과 순한 양처럼 교화되는 모습을 보여주어 동정심에 호소합니다. 그리고 대부분의 인권 선진국이 사형제를 폐지했음을 근거로 내세워서 사형제 폐지가 글로벌 스탠더드임을 주장하는데, 이것은 사형제 존치론자가 말하는 대중에의 호소보다 좀 더 스케일이 큰 대중에의 호소입니다. 우리나라 사람들의 의견보다 더 거대한 전 세계의 의견을 끌어들이는 것이니까요.

우리나라는 사형제가 형법과 형사소송법에는 명시되어 있지만 1997년 12월 30일에 사형 집행이 있은 후 아직까지 사형이 집행된 적이 없습니다. (영화 「7번 방의 선물」은 1997년 12월 23일에 사형이 집행된 것으로 그리고 있습니다. 이날은 주인공 딸의 생일이기도 합니다. 영화 제목을 원래는 '12월 23일'로 하고 그날 개봉하려고 했는데 날짜를 맞추지 못해 제목도 바뀌었다네요.) 따라서 우리나라는 법적으로 사형 제도가 있으나 최근 10년 동안 사형을 집행하지 않은 실질적 사형 폐지국으로 분류됩니다.

그러나 연쇄 살인범이나 흉악범이 잡힐 때마다 사형을 실시하라는 여론이 끊임없이 일어나고, 사형제 찬반 논쟁은 토론의 단골 소재입니다. 찬반 근거로 자주 거론되는 것은 사형제에 범죄 예방 효과가 있느니 없느니 하는 것인데, 이것은 사회과학적인 연구가 필요하니 이 책에서는 다루지 않겠습니다. 그 근거 못지않게 자주 나오는 근거는 감성입니다. 사형제 찬반 논쟁을 할 때 감정에 호소하는 논증은 즐겨 사용되고 있고, 아주 중요한 근거로 제시됩니다. 그리고 감정에 호소하는 논증은 주장과 관련이 있느냐 없느냐에 따라서 오류이기도 하고 아니기도 하다고 했습니다. 과연 사형제 찬반 논쟁에서 감정에의 호소는 오류일까요? 분노·슬픔·고통·대중의 법 감정 등의 감정은 사형제를 찬성 또는 반대할 적절한 근거로 받아들일 수 있을까요? 이것도 감성팔이에 불과할까요?

이 질문에 대한 답은 이미 나왔습니다. 개인의 분노와 슬픔의 감정과 복수심을 직접 표출하는 대신 국가가 대신 형벌을 집행해주는 것이 근대 사법 체계라고요. 그리고 형벌을 집행할 때 사형의 방법은 "눈에는 눈, 이에는 이"와 똑같은 미개한 복수형이라고요. 사형 폐지론을 주장할 때 가장 많이 나오는 질문이며 가장 설득력 있어 보이는 질문은 다음과 같은 것입니다.

　　만일 당신 가족이 잔인하게 살해돼도 여전히 사형 폐지론을 외칠 수 있는가?

　우리 가족이 잔인하게 살해되면 당연히 분노와 슬픔이 복받칠 것이며 복수심도 생길 것입니다. 그것은 자연스러운 감정입니다. 그러나 앞서 말했듯이 자연스러운 감정이라고 해서 모두 정당화되는 것은 아닙니다. 근대국가는 그런 감정을 아무렇게나 풀지 말고 국가가 대신 집행해주는 것으로 제도화했습니다. 그러니 사형제를 이야기하면서 감정을 이야기하는 것은 적절치 않습니다.

　종교는 당신 가족이 잔인하게 살해당했다고 해도 가해자를 사랑하라고 가르칩니다. 그러나 보통 사람들에게 그것은 매우 어려운 일이니 제도화할 수도 없습니다. 그런데도 사랑을 계속 말하면 그것은 9장에서 말한* 당위-능력의 오류를 저지른 것입니다. 할 수 없는 것을 하라고 하니까요. 반면에 인간의 복수심을 국가가 대신 채워주는 것에 동의하는 것은 인간의 능력으로 할 수 있다고 생각되므로 세속의 세계에서는 사법 체계를 만들고 거기에 따르라고 한 것입니다.

218면 참조

　사형 존치론뿐만 아니라 사형 반대론이 감정에 호소하는 것도 똑같이 오류입니다. 사형 반대론자는 앞의 질문 대신에 "만일 당신 가족이 잔인하게 살해를 저질러서 사형수가 된다면 여전히 사형 존치론을 외칠 수 있는가?"라고 물을 것입니다. 죄를 저질렀으면 죗값을 받아야 합니다. 그리고 그 죗값에 사형이 포함되는지는 별도로 논의할 문제이지 가해자 가족의 감정과는 상관이 없습니다. 그런데도 위와 같이 묻는 것은 고아로 어렵게 자랐으므로 무죄로 해달라는 요청과 다를 바가 없습니다. 한편 국민의 법 감정을 근거로 드는 것은 논점 회피의 오류를 저지르는 것입니다. 국민의 법 감정이 정당한 근거인가 자체가 하나의 논란거리인데 그것을 당연히 타당하게 받아들이고 근거로 사용하고 있으니까요. 토론의 단골 소재인 사형제 찬반 논쟁은 각종 오류가 난무하는 곳입니다.

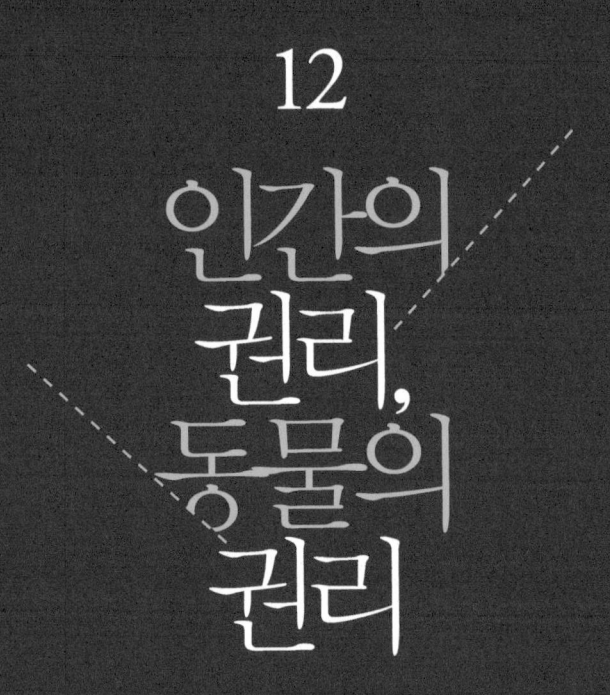

12

인간의 권리, 동물의 권리

동물권과 미끄러운 비탈길의 오류

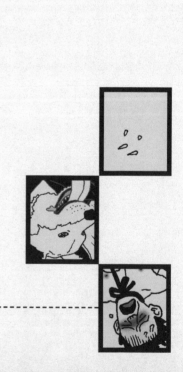

악마 오토바이와 개 지옥

자동차나 오토바이에 사람을 매달고 달리는 것은 상상도 할 수 없습니다. 간혹 음주운전을 하거나 범죄를 저지른 사람이 단속하는 경찰을 매달고 달리는 사건이 일어나는데, 멀쩡한 정신으로 그런 짓을 한다면 아마 인간의 탈을 쓴 짐승일 것입니다. 짐승이나 그런 짓을 한다고 했지만 멀쩡한 정신으로 짐승에게 그런 짓을 한다면 역시 인간의 탈을 쓴 짐승일까요?

그런 짓이 가끔 일어납니다. 2014년 5월에 경상북도에서 오토바이 운전자가 개의 목에 노끈을 매단 채 시속 90킬로미터의 속력으로 2~3킬로미터를 달린 일이 생겼습니다. 개는 당연히 살점이 떨어진 처참한 피투성이의 모습이 되었고요. 어떤 목격자가 그 장면을 찍어 인터넷에 올리면서 이 사건은 '악마 오토바이' 사건으로 널리 알려지게 되었습니다. 오토바이 주인은 개를 잡아먹으려고 그랬답니다.[1]

그 두 해 전에는 자동차에 개를 매달고 고속도로를 달린 장면이 역시 인터넷에 올라왔는데, 이 사건은 그 자동차 이름을 따서 '악마 에쿠스' 사건이라고 불립니다. 네티즌들은 자동차 주인을 처벌해달라고 서명 운동을 벌였습니다. 자동차 주인은 차가 더러워질까봐 개를 트렁크에 싣고 공기가 통하라고 트렁크 문을 열고 자동차를 운전했는데 개가 트렁크에서 떨어졌다고 해명했답니다.

인터넷에는 '악마 오토바이'나 '악마 에쿠스'처럼 새로운 말이 계속해서 만들어집니다. '개 지옥'도 그런 새 말입니다. '개'는 짐승 개를 가리키기도 하지만, 부정적 뜻을 가지는 명사 앞에 붙어서 정도가 심하다는 뜻을 더하는 접두사로도 쓰입니다. '개망나니'나 '개잡놈'이 그런 예죠. 그러니 '개 지옥'도 지옥 중에서 아주 정도가 심한 지옥이라는 뜻일 수도 있겠지만, 사실 개 지옥은 그런 뜻이 아닙니다. 정말로 개에게 생지옥과 같은 상황을 말합니다. 개 사육업자들이 아주 좁은 우리 속에 많은 개들을 집어넣어 스트레스를 받은 개들끼리 서로 물어뜯게 하는 일이 대표적입니다. 어떤 사육업자는 보상금을 노리고 먹이도 주지 않고 개를 방치해서 개들끼리 잡아먹고 결국 남은 개들은 굶어 죽는 사건도 있었습니다.

우리나라에는 이런 동물 학대를 처벌하는 법이 있습니다. 동물보호법은 정당한 사유 없이 불필요하거나 피할 수 있는 신체적 고통과 스트레스를 주는 행위 및 굶주림·질병 등에 대하여 적절한 조치를 게을리하거나 방치하는 행위를 '동물 학대'로 규정하고, 동물 학대를 했을 때는 1년 이하의 징역 혹은 1,000만 원 이하의 벌금형에 처한다고 명시하고 있습니다. 그러나 실제로 그런 처벌을 받는 경우는 드물

고 무혐의 처분되거나 몇 십만 원의 벌금에 그치고 있습니다.

인종 차별과 동물 차별

동물 학대는 참 잔인하고 처참합니다. 그리고 학대당하는 동물을 보면 대부분의 사람들은 안타까워합니다. 개를 기르는 사람뿐만 아니라 심지어는 개고기를 먹는 사람들도 그런 광경을 보고 가슴 아파합니다. 정상적인 사람이야 측은지심이 있으니까 그렇겠지요. 그런데 인권을 다루는 이 책에서 왜 동물 학대 이야기를 하나요? 동물에게도 인권이 있다는 말을 하려고 하나요? 동물이니까 인권은 아니고 동물권인가요? (인간도 동물의 하나이므로 여기서 동물은 '인간 아닌 동물'이라고 해야 정확하지만 편의상 인간 아닌 동물을 그냥 동물이라고 하겠습니다.)

맞습니다. 이 책을 매조지하는 이번 장의 주제는 동물권, 곧 동물의 권리입니다. 인간에게는 인간의 권리인 인권이 있고 그것을 존중해줘야 하는 것처럼, 동물에게는 동물의 권리가 있고 그것을 존중해줘야 합니다. 인권을 주제로 한 이 책에서 동물권을 다루는 이유는 동물에게 권리를 부여하는 방식이 인권을 부여하는 방식과 똑같기 때문입니다. 어떤 점에서요? 여성 차별과 인종 차별을 해도 된다고 생각하는 사람들이 드는 근거는 동물 차별을 해도 된다고 생각하는 사람들이 드는 근거와 똑같습니다. 그러므로 인권을 인정하는 사람은 마찬가지로 동물권도 인정해야만 하고, 동물권을 인정하지 않는 사람은 인권도 인정하지 않을 것입니다. 그런 점에서 동물권은 인권 문제입니다.

이 주장을 구체적으로 풀어봅시다. 우리는 이 책에서 이미 성차별과 인종 차별을 비롯한 여러 가지 종류의 차별을 다루었습니다. 그중 인종 차별은 피부색이 다르다는 이유로 노예로 삼은, 잊고 싶은 부끄러운 과거입니다. 인종 차별을 다룬 7장에서 노예제를 거론하기는 했지만 요즘에는 인종 차별을 옹호하는 아무리 극단적인 세력이더라도 노예제를 다시 살리자는 주장까지는 하지 않습니다. 왜 그럴까요? 노예제를 옹호할 합리적인 근거가 없기 때문입니다.

인종 차별을 지지하는 근거를 다시 생각해봅시다. 흑인을 차별하는 사람들은 흑인은 더럽거나 머리가 나쁘다는 근거를 가지고 있다고 했습니다. 우리는 이런 근거가 불충분한 통계의 오류나 편향된 통계의 오류를 저지르기 때문에 맞는 말로 받아들일 수 없음을 보았습니다. 또 설령 맞는 말이라고 하더라도 그것은 평균적인 의미이기 때문에 그 근거로부터 특정 흑인을 차별해도 된다는 결론을 내리는 것은 논점 일탈의 오류를 저지르는 것이라는 사실도 보았습니다.

이번에는 흑인이 백인보다 더럽거나 머리가 나쁘다는 주장이 평균적인 의미에서 맞는 말이 아니라 흑인과 백인 전체에 들어맞는다고 해봅시다. 그러니까 흑인들은 한 명도 빠짐없이 모든 백인보다 더럽거나 머리가 나쁘다고 가정해봅시다. (평균적이든 전체적이든 어디까지나 가정이라는 것을 잊지 마세요.) 그러면 흑인을 차별해도 될까요? 흑인이 더럽거나 머리가 나쁘다는 가정이 평균적인 의미라면 바로 이 흑인이 더럽거나 머리가 나쁘다는 의미는 아니므로 이 흑인을 차별할 이유가 못 되지만, 모든 흑인이 더럽거나 머리가 나쁘다면 이 흑인을 차별해도 되지 않을까요?

어떤 종류의 차별이냐에 따라 다릅니다. 호텔에서 손님을 상대하는 직원을 뽑는다면 더러운 흑인을 뽑지 않는 것은 차별이 아닙니다. 회계 업무를 필요로 하는 자리에 계산을 못하는 흑인을 뽑지 않는 것 역시 차별이 아닙니다. 모두 정당한 조치입니다. 업무와 개인의 특성이 관련이 있기 때문입니다. 그런데요, 더럽거나 머리가 나쁜 사람은 노예로 부려도 될까요? 그래도 된다고 당당하게 말할 사람은 아무도 없습니다.

우리나라에서는 인신매매한 사람들을 외딴섬의 염전이나 멍텅구리배(무동력선) 따위에서 노예처럼 부려먹는 사건이 종종 일어납니다. 이런 사람들은 마음대로 일을 그만둘 수도 없고 정당한 노동의 대가도 받지 못하기 때문에 '염전 노예' 또는 '섬 노예'로 불립니다. 이들은 정신 장애인이거나 삶에 무기력해진 노숙자 출신인 경우가 많아 탈출하거나 반항하지도 못합니다. 이런 사건이 일어날 때 더럽고 머리가 나쁘니까 노예처럼 살아도 된다는 데 동의하는 사람이 있을까요? 우리나라 헌법은 모든 국민에게 신체의 자유를 보장하고 있는데 노예는 그 자유를 빼앗긴 사람입니다. 더럽고 머리 나쁜 것은 신체의 자유와 아무 상관이 없습니다. 더럽고 머리 나쁜 사람도 강제로 잡혀 있으면 괴롭고 모멸감을 느낍니다.

노예제가 있던 미국에서도 노예제가 폐지된 이후 한참 동안 또 다른 형태의 차별이 있었습니다. 1950년대까지도 버스에서 흑인과 백인이 앉을 수 있는 자리가 나누어져 있어서 흑인은 앞쪽 자리에는 앉을 수 없었고 심지어 백인은 자신들이 앉는 자리가 꽉 차 있으면 흑인들의 자리를 뺏어 앉을 수도 있었습니다. 1955년에 로자 파크스(Rosa Parks)라는 평범한 노동자가 퇴근 후 버스에서 흑인 자리가 없어서 백인 자리에 앉았습니다. 백인이 자리에서 일어날 것을 요구했지만 파크스는 이를 거절하고 경찰에 체포당했습니다. 이 사건을 계기로 미국에서 흑인 인권 운동이 일어나 흑인에 대한 여러 가지 법적 차별이 없어졌습니다. 나중에 파크스에게 그때 왜 백인 자리에 앉았느냐고 물었더니 그녀는 이렇게 대답했습니다. "피곤했거든요." 더럽고 머리 나쁘면 피곤해도 자리에 앉으면 안 되나요? 아무 상관이 없습니다. 더럽고 머리 나쁜 사람도 피곤함을 똑같이 느끼고 피곤하면 앉고 싶어합니다.

노예제나 버스 좌석 분리처럼 흑인을 차별했던 제도는 이런 식으로 차별의 근거로 제시된 것, 즉 더럽다거나 머리가 나쁘다 따위와 아무 상관이 없는 것들입니다. 8장에서 말했던˚ 논점 일탈의 오류를 196면 참조 여기서 또다시 확인할 수 있는 것입니다.

동물의 능력과 권리

지금 흑인 노예제를 꺼낸 이유는 우리가 동물을 노예처럼 부리고 있다는 점을 말하기 위해서일까요? 인간들이 몇몇 동물을 노예처럼 부리고 있는 것은 사실입니다. 돌고래나 코끼리나 원숭이를 우리 속에 가두어놓고 구경거리로 삼고 있으며, 소나 당나귀를 고삐에 매달아 일을 시키고 있습니다. 인간을 그렇게 하면 노예를 부린다고 비난을 받겠지만 동물의 경우에도 그럴까요? 인간을 노예로 부리면 안 되는 까닭은 인간의 기본권인 신체의 자유를 훼손하기 때문입니다. 따라서 동물을 노예처럼 부리면 안 되는지는 동물에게 신체의 자유를 말할 수 있는지에 달려 있습니다. 이것은 동물의 종마다 다릅니다. 좀 있다 이 이야기를 해봅시다.

우리는 논의의 필요를 위해 모든 흑인이 모든 백인보다 더럽거나 머리가 나쁘다고 가정해보았습니다. 그런데 인간과 동물 간에는 그것이 가정이 아니라 현실입니다. 무슨 말이냐 하면 백인과 흑인 사이에는 백인과 흑인을 구분하는 차이가 설령 있다고 하더라도 평균적으로만 있지만, 인간과 동물 사이에는 모든 인간과 모든 동물을 가를 만한 차이가 있다는 뜻입니다. 가령 백인이 흑인보다 머리가 좋다고 하더라도 그것은 평균적인 의미에서 그런 반면 인간이 동물보다 머리가 좋다고 할 때는 모든 인간이 하나도 빠짐없이 모든 동물보다 머리가 좋다는 뜻입니다. (물론 인간 중에 갓난아기나 식물인간 등은 다 큰 유인원보다 머리가 좋다고 말할 수 없지만 그 경우는 예외로 치겠습니다.) 따라서 백인과 흑인은 지능 지수를 가지고 차별하면 안 되지만, 인간과 동물은 차별해도 전혀 문제가 안 되는 것입니다. 예컨대 동물 중에 가장 지능이 높은 유인원이라도 인간에게는 최소한의 지능을 요구하는 일, 가령 투표를 한다거나 초등교육을 받을 권리가 없습니다. 유인원은 애초에 투표를 하거나 초등교육을 받을 능력이 없으므로 그런 권리도 없는 것입니다.

인간이든 동물이든 어떤 존재에게 권리를 부여하는 까닭은 그럴 수 있는 능력이 있기 때문입니다. 가령 인간은 배울 수 있는 능력이 있고 정치에 참여할 수 있는 능력이 있습니다. 머리가 좋으면 그런 능력이 더 많을지 모르지만 머리가 나쁘다고 해서 그런 능력이 없는 것은 아닙니다. 따라서 인간은 (그럴 수 있는 나이가 되면) 학교에 다닐 권리와 투표할 권리가 생깁니다. 동물은 아무리 머리가 좋아도 그런 능력이 없습니다. 따라서 그런 권리도 없지요. 9장의 당위-능력의 오류에서 말한 것처럼* 할 수 없는 것에는 의무가 없으니 권리도 없습 218면 참조 니다. 만약 누군가가 동물권 운동을 하는 사람을 보고 동물에게도 학교에 다닐 권리와 투표권을 주자는 말이냐고 반박한다면 그것은 5장에서 본* 허수아비 공격의 오류를 저지르는 것입니다. 123면 참조

인간은 다른 인간에게 신체를 구속당하면 신체적인 괴로움을 느끼고 인간으로서의 존엄성도 심하게 상합니다. 그래서 인간에게는 다른 사람에게 신체를 구속당하지 않을 권리가 있습니다. 동물은 어떨까요? 대부분의 동물은 아가리에 재갈을 물리거나 코에 코뚜레를 꿰어 고삐를 매어 당기면 아파합니다. 그러니 그런 취급을 받지 않을 권리가 있다고 해야 합니다. 그러나 고삐를 매지는 않지만 갇혀 있으면 어떨까요? 동물마다 다릅니다. 자연 상태에서 하루에 평균 300킬로미터를 헤엄쳐 다니는 돌고래를 수족관에 가두어놓는 것이나 하루에 30~50킬로미터를 돌아다니는 코끼리를 동물원에 가두어놓는 것은 돌고래나 코끼리에게 괴로움과 지루함을 줄 것입니다. 수족관이나 동물원이 아무리 커봐야 돌고래나 코끼리가 자연 상태에서 돌아다니는 거리를 감당할 수 없으니까요. 따라서 돌고래나 코끼리를 가두어놓는 것은 그 동물의 권리를 침해한다고 봐야 합니다.[2] 반면에 이동 거리가 원래 고만고만한 동물은 가두어놓는다고 해서 고통을

줄 것 같지 않으므로 권리가 손상된다고 볼 필요는 없을 것 같습니다. 가령 집에서 기르는 고양이는 집 안에서 돌아다니도록 오랜 세월 동안 길들여졌기 때문에 집 밖에 못 나가게 한다고 해서 고양이의 권리를 침범하는 것은 아닙니다.

　인간은 동물과 많은 점에서 다릅니다. 인간은 머리가 좋을 뿐만 아니라 고차원적인 언어와 도구를 사용할 줄 알고 추상적인 사고와 반성적 사고를 할 수 있으며 복잡한 사회를 이루고 살지만, 동물은 그러지 못합니다. 이런 차이는 평균적인 것이 아니라 인간은 모두 할 수 있지만 동물은 모두 할 수 없는 것입니다. 그러나 인간이 동물에게 없는 능력을 가졌다고 해서 동물의 권리를 빼앗을 수는 없습니다. 백인이 설령 흑인보다 머리가 좋다고 해도 흑인으로부터 신체의 자유를 침해받지 않을 권리나 피곤할 때 앉을 수 있는 권리를 빼앗을 수 없는 것이나 마찬가지입니다. 인간이 동물은 가지고 있지 못한 능력을 많이 가지고 있는 것은 사실이지만, 그렇다고 해서 동물로부터 고삐에 매여 잡아당겨지는 고통을 받지 않을 권리나 좁은 곳에 갇혀 지내지 않을 권리를 빼앗을 수는 없는 것입니다. 이 장의 첫머리에서 말한 악마 오토바이나 개 지옥도 마찬가지입니다. 개는 비록 우리 인간처럼 언어나 도구를 쓸 줄 모르고 사고도 할 줄 모르지만 끈에 묶여 오토바이에 끌려가면 고통스러워할 수 있고 좁은 우리에 갇혀 있으면 괴로워할 수 있는 능력이 있습니다. 따라서 개에게는 그런 취급을 받지 않을 권리가 있습니다. 우리에게 개보다 월등한 능력이 있다는 사실은 그런 권리를 침해할 근거가 되지 못합니다.

　누군가가 이렇게 말하면 어떨까요? 동물인데 그런 권리 좀 침해하면 어떠냐고요. 그게 바로 인종 차별을 했던 사람들이 가지고 있던 정신 상태입니다. 나와 인종이 다른데 권리 좀 침해하면 어떠냐고 생각했던 거죠. 아마 인종 차별을 했던 백인들은 흑인을 같은 인간으로 생각하지도 않았을 것입니다. 그러니 흑인도 신체의 자유를 침해받을 때나 피곤해도 앉지 못할 때 괴로우리라는 생각을 못 하는 것입니다. 나와 생김새가 사뭇 다른 존재를 보면 낯설어서 우리와 똑같은 능력을 갖추고 있다는 점에 생각이 이르지 못하는 것은 자연스러운 감정이긴 합니다. 그러나 우리 인간은 그런 초보적인 감정을 넘어서서 이성적인 사고를 할 수 있는 능력이 있고 그 능력을 쓸 줄 알아야 합니다. 누군가가 나를 가두어두면 괴로운 것처럼 저 흑인도 가두어두면 괴로울 것이라고 역지사지하는 것, 그게 바로 이성적인 사고이고 윤리적 판단의 기본입니다. 같은 인간에 대해서도 생김새가 다르면 우리와 똑같은 능력이 있다는 생각을 못하는데, 하물며 우리와 완전히 다른 동물을 보면 어떻겠습니까? 동물도 인간과 똑같이 끈에 묶여 오토바이에 끌려가거나 좁은 우리에 갇혀 있으면 괴로워한다는 점에 생각이 미치지 못하는 것입니다. 그러나 간단한 역지사지로 그것을 깨달을 수 있습니다. 누군가 나를 끈에 묶어 오토바이로 끌고 가거나 공중전화 부스에 가두어놓고 평생을 살라고 했다고 생각해보세요.

유비 논증의 진심

동물권을 계속 이야기하기 전에 동물 차별을 흑인 차별에 빗대는 것을 불쾌하게 생각하는 사람들을 위해 약간의 해명을 하고 넘어가야겠습니다. 그런 불쾌함은 충분히 있을 수 있습니다. 세계에서 가장 영향력 있는 동물 운동 단체로 꼽히는 미국의 '동물을 인도적으로 대우하는 사람(PETA)'은 논란거리가 되는 홍보 방법을 자주 써서 그 이름이 언론에 자주 오르내립니다. "모피를 입느니 차라리 벗겠다."라며 여성들이 옷을 벗고 광고를 찍거나 채식을 홍보하기 위해 역시 여성들이 채소로 주요 부위만 가리고 거리를 행진하는 것이 대표적입니다.

이만큼 널리 알려지지 않았지만 그에 못지않게 논란이 된 홍보는 2003년의 '당신 밥상 위의 홀로코스트'(Holocaust on Your Plate)라는 전시회입니다. 큰 광고판에 홀로코스트 희생자들과 공장식 농장의 사진들을 나란히 보여줍니다. 가령 유대인들이 강제수용소에 빼곡하게 수용되어 있는 사진과 닭이 대량 사육되는 양계장의 사진을 나란히 보여준다든가, 켜켜이 쌓여 있는 유대인 주검의 사진과 역시 켜켜이 쌓여 있는 죽은 돼지들의 모습을 나란히 보여주는 식입니다. 폴란드 출신의 노벨 문학상 수상 작가인 아이작 싱어(Isaac Singer)의 "동물들에게 모든 사람은 나치다."라는 구호도 함께요. 이 전시회는 익명의 유대인의 기부에 의해서 이루어졌고 홀로코스트에서 친척을 7명이나 잃은 유대인에 의해 기획되었지만, 유대인이나 홀로코스트 추모 단체의 격렬한 항의를 받았습니다. 악의에 의해 이루어진 반인류적인 유대인 학살을 의도가 전혀 다른 동물 살생과 비교하는 것은 어처구니없고 혐오스럽다는 것입니다.

PETA는 2006년에는 동물 학대를 흑인 노예제와 비교하는 전시회를 열었습니다. 이번에는 백인들이 흑인들을 폭행한 후에 목을 매단 사진과 사람들이 소를 도살한 후에 매단 사진을 나란히 보여준 것입니다. "동물은 새로운 노예인가?"라는 슬로건과 함께요. 이 전시회도 흑인들의 분노를 샀으리라는 것은 충분히 짐작할 만합니다.

동물 차별의 부당함을 흑인 차별의 부당함에 빗대어 주장하는 것은 유비 논증입니다. PETA의 전시회에 대해 그리고 이 책의 서술 방식에 대해 누군가 불쾌함을 느낀다면 그것은 유비 논증의 취지가 제대로 전달되지 않았기 때문입니다. 특히 PETA 전시회는 이미지가 주는 선정성 때문에 거기서 주장하려는 바가 유비 논증에 기대고 있음이 더 안 드러났을 것입니다. 유비 논증은 자신이 주장하고 싶어하는 현상(A)을 잘 알려져 있는 다른 현상(B)과 비교하는 것입니다. 이때 A와 B는 공통점이 있어야 하는데, B가 터무니없다면 (또는 타당하다면) 그것과 비슷한 A도 터무니없다고 (또는 타당하다고) 주장하는 것이 유비 논증입니다. 현대를 사는 우리들은 누구나 유대인 학살이나 인종차별이 비참하고 비윤리적임을 인정합니다. 만약 그렇다면 그것과 비슷한 동물 차별도 비참하고 비윤리적임을 주장하는 것입니다.

유비 논증이 성공하기 위해서는 비교하는 두 현상 A와 B가 공통점이 많아야 합니다. 동물 차별을 인종 차별에 빗대는 유비 논증도 그 둘 사이에 공통점이 많아야 성공할 수 있는데, PETA 전시회를 본 사람들도 바로 이 지점에서 분노했을 것입니다. 흑인과 동물이 공통점

123면 참조

이 있다고 전제하는 것 아니냐고 말입니다. 그러나 만약 그렇게 생각하고 이 유비 논증을 공격한다면 그것은 5장에서 말한 허수아비 공격의 오류를 저지른 것입니다. 이 유비 논증에서 비교한 것은 흑인과 동물이 아니라 인종 차별과 동물 차별에 숨어 있는 생각입니다. 인종 차별도 흑인이 고유하게 가지고 있는 능력을 무시하고 존중해주지 않아서 생긴 것처럼 동물 차별도 동물이 고유하게 가지고 있는 능력을 무시하고 존중해주지 않아서 생긴 것이라는 공통점 말입니다. 앞에서 길게 설명했던 것이 바로 이 점입니다. 인간은 다른 인간에게 신체를 구속당하면 신체적인 괴로움을 느끼는 능력이 있고 인간으로서의 존엄성도 심하게 상하는 능력이 있으니 피부색과 상관없이 그것을 존중해주어야 합니다. 마찬가지로 대부분의 동물은 종에 상관없이 맞으면 아파하고 갇히면 괴로워하므로 그것을 존중해주어야 한다는 것입니다. 흑인에게 그런 존중을 해주지 않는 인종 차별이 옳지 않듯이 동물에게 그런 존중을 해주지 않는 동물 차별도 옳지 않다고 유비 논증을 하는 것입니다.

미끄러운 비탈길의 오류

지금 동물권을 이야기하고 있지만 동물권을 주장하는 어떤 사람도 동물에게 투표할 권리나 학교에 다닐 권리까지 인정하지 않는다는 것은 충분히 말했습니다. 동물에게는 그런 능력이 없기 때문에 그런 권리도 없습니다. 따라서 누군가가 이렇게 주장한다면 잘못된 추론입니다.

동물에게 갇혀 있지 않을 권리가 있다는 것은 말이 되지 않는다. 만약 그런 권리를 주기 시작한다면 동물에게도 학교에 다닐 권리나 투표할 권리를 주자는 주장이 나올 것이다.

어떤 사소한 일을 허용하기 시작하면 쭉 미끄러져서 아주 심각한 일까지 허용하게 된다고 주장하는 방식을 미끄러운 비탈길 논증이라고 합니다. 이 심각한 일은 허용할 수 없는 일입니다. 따라서 그런 심각한 일을 초래하는 사소한 일을 처음부터 허용해서는 안 된다는 논증이 미끄러운 비탈길 논증입니다. "바늘 도둑이 소 도둑 된다."라는 속담이 그 논증에 딱 들어맞습니다. 바늘 도둑이야 별것 아니지만 그것을 내버려두면 쭉 미끄러져서 결국에는 소 도둑 같은 큰 도둑이 될 수 있다는 주장이니까요. 그러나 그 사소한 일과 심각한 일 사이에 유사성이 없어서 미끄러지지 않는다면 그때는 잘못된 논증이 됩니다. 이때 미끄러운 비탈길의 오류를 저지른다고 말합니다. 동물에게 갇혀 있지 않을 권리를 주면 학교에 다닐 권리나 투표할 권리도 줘야 한다는 주장은 바로 이 오류를 저지르고 있습니다.

안락사를 반대하는 사람들도 미끄러운 비탈길 논증을 이용합니다. 그들은 안락사를 허용하다 보면 쭉 미끄러져서 결국에는 히틀러의 장애인 학살까지 인정하게 되리라고 주장합니다. 그러나 이런 주장은 미끄러운 비탈길의 오류입니다. 안락사와 히틀러의 장애인 학살은 전혀 상관이 없으므로 안락사를 허용한다고 해서 히틀러의 장애

인 학살로 미끄러질 이유는 없기 때문입니다. 2장에서도 한 번 설명

61면 참조

했듯이 안락사는 그 정의상 본인이나 가족의 동의를 받고 고통이 극심한 환자의 생명을 편안하게 단축시키는 것인데, 히틀러는 죽기를 원하지 않는 장애인을 편안하지 않게 죽였기 때문입니다.

　한때 여성 차별을 주장하는 사람들도 미끄러운 비탈길의 논증을 이용한 적이 있습니다. 1792년 현대 여성 해방론의 선구자인 메리 울스턴크래프트(Mary Wollstonecraft)가 『여성의 권리 옹호』(*A Vindication of the Rights of Woman*, 책세상 2011)라는 책을 썼습니다. 그 당시 많은 사람들이 감히 여성에게 권리 운운하느냐고 노발대발했는데, 그중 한 명이 『짐승의 권리 옹호』라는 책을 익명으로 출간했습니다. 이 책의 저자는 다음과 같이 울스턴크래프트를 비판합니다.

　여성 평등에 대한 논증이 건전하다면 개나 고양이 또는 말이 평등해서는 안 될 이유가 무엇인가? 논증은 이와 같은 '짐승들'에게도 적용되어야 할 것처럼 보인다. 하지만 짐승들이 권리를 가지고 있다는 것은 말이 안 된다. 따라서 그와 같은 결론이 도출되는 추론은 건전하지 못하다. 그리고 짐승에의 적용이 건전치 못하다면, 그와 같은 추론이 여성에게 적용되는 것도 건전치 못하다 할 수 있다. 왜냐하면 각각의 경우에 동일한 방식의 논증이 사용되고 있기 때문이다.[3]

여성에게 평등권을 주다 보면 쭉 미끄러져서 동물에게도 평등권을 주자는 터무니없는 결과가 생기므로 여성에게 애초부터 권리를 주

어서는 안 된다는 주장입니다. 그러나 이 논증 역시 미끄러운 비탈길의 오류입니다. 여성 평등은 가령 여성에게도 남성과 똑같은 투표권이나 학습권을 주자는 내용이므로 동물을 평등하게 대하자는 주장과 아무 상관이 없습니다. 누군가가 개나 고양이 또는 말이 평등하다고 주장한다면 그것은 이유 없이 고통을 받아서는 안 된다는 점에서 평등하다는 것이지 학습권이나 투표권에서 평등하다는 것은 아니기 때문입니다. 여성에게 권리를 준다고 해서 동물에게 권리를 주는 일로 미끄러질 일은 전혀 없습니다.

동물권과 채식

동물은 그 종이 워낙 다양하다 보니 각 종마다 그 능력이 다 다르고, 따라서 동물의 권리를 딱 잘라 말할 수 없습니다. 동물도 맞으면 아프므로 맞지 않을 권리가 있습니다. 그러나 코끼리나 말의 엉덩이를 손바닥으로 철썩 때려도 아마 간지럽기만 하겠지만 강아지에게 그렇게 하면 경기를 일으킬 것입니다. 똑같은 힘으로 때려도 한쪽은 동물의 권리를 침해하지 않지만 다른 쪽에서는 침해한 결과가 됩니다.

이와 같이 미세하게 판단해야 하는 부분이 있기는 하지만, 현대에 동물을 사육하는 방식은 분명히 동물의 권리를 빼앗는 것입니다. 인간은 자존감을 느끼는 능력이 있으므로 아무리 잘 먹이고 잘 재워줘도 인간을 사육하는 것은 인권을 침범하는 것입니다. 이에 비해 우리가 사육하는 소·돼지·닭 등은 그런 능력이 없으므로 사육을 한다고 해도 먹을 것과 쉴 곳을 잘 갖춰준다면 권리를 뺏는 것은 아닙니다. 그러나 현대의 동물 사육은 동물권을 침범하는 방식으로 이루어집니다. 동물은 비록 자존감을 느끼는 능력은 없지만 고통을 주면 고통을 느끼는 능력은 있습니다. 닭을 예로 들어보면, 전통적인 방식에서 닭은 마당에서 자유롭게 돌아다니며 모이를 쪼아 먹는 방식으로 길러졌습니다. 그런데 현대의 양계장에서 닭을 사육하는 방식은 대량 사육을 위해 활개를 펴지도 못할 만큼 좁은 공간에 닭들을 모아놓으며, 알을 많이 낳게 하기 위해 24시간 불을 켜놓아 잠을 못 자게 하는 식입니다. 첫머리에서 말한 개 지옥과 같은 상황입니다. 아무리 지능이 낮고 둔감한 닭이라고 해도 그런 상황에서는 고통을 느낄 수 있는 능력이 있습니다. 따라서 그런 처우를 받지 않으며 자연적인 상태에서 길러질 권리가 있습니다. 그것이 닭의 동물권이고 우리는 그 권리를 존중해줘야 합니다.

현대의 사육 방식에서 닭의 동물권을 존중하기 위해서는 그런 식의 사육을 하지 말아야 하고 그런 사육을 하는 양계업자가 있으면 항의해야 합니다. 소비자로서 더 좋은 방법은 그런 사육을 거쳐 나온 닭고기를 안 먹는 것입니다. 현대에는 닭뿐만 아니라 소·돼지도 그런 식의 사육을 하므로 고기를 먹지 않고 채식을 해야 동물권을 존중하게 됩니다. 이것은 생산자나 노동자에게 정당한 이익과 권리를 준 상품을 구매하는 이른바 '착한 소비'의 일환입니다. 이런 이유로 채식주의자가 된 사람이 꽤 있습니다. 그런데 채식에 대해서도 여러 가지 반론이 나옵니다. 다음과 같은 반론도 그중 하나입니다.

히틀러는 채식주의자였다.
그러므로 채식주의는 옳지 않다.

이것은 한통속으로 몰아가기의 오류임을 2장에서 보았습니다. 59면 참조 채식에 대한 또 다른 반론으로는 다음과 같은 것이 있습니다.

동물이 고통을 느끼므로 잡아먹어서는 안 된다면 식물도 고통을 느끼므로 먹어서는 안 되는 것 아닌가?

채식주의자는 식물만 먹습니다. 그러나 채식주의의 근거를 밀고 나가면 식물도 고통을 느낄 수 있으므로 먹지 말아야 한다는 결론이 나옵니다. 그러면 아무것도 먹지 말아야 한다는 뜻이므로 채식주의는 우리가 실천할 수 없는 주의라는 반론입니다. 하지만 이런 반론도 미끄러운 비탈길의 오류를 저지르고 있습니다. 동물이 고통을 느낀다는 주장에서 식물이 고통을 느낀다는 주장으로 미끄러질 일은 전혀 없기 때문입니다. 동물은 분명히 고통을 느끼지만 식물은 고통을 못 느끼니까요. 동물은 중앙집중적인 신경 체계가 있으므로 고통을 느끼지만, 식물은 그런 능력이 없습니다. 간혹 식물이 고통을 느낀다고 주장하는 이론이 있지만 그것은 과학적인 근거가 전혀 없는 사이비 주장일 뿐입니다. 그리고 동물의 고통을 근거로 채식주의자가 된 사람들은 동물에게 고통을 주지 않고도 동물을 사육하고 도살하는 방법이 있다면 채식을 고집할 이유가 없습니다. 채식주의자는 그때는 미끄러지는 비탈길에 아예 올라가지도 않게 됩니다.

01 남이야 결혼을 하든 말든

1 남희석 「무례함」, 『일간스포츠』 2013년 5월 29일.

02 너에게 찍는 낙인

1 변희재 「정치 공작 그만, 당당히 토론을!」, 『뉴데일리』 2013년 3월 5일.

2 조갑제 「애국 시민들의 행동 요령」, 『조갑제닷컴』.

3 변희재 씨는 친절하게도 그 여러 가지 빛깔에 맞는 종북 인사가 누가 있는지 거론합니다. 해당 기사를 참조하세요.

4 베트남전쟁 당시 미국의 몇몇 중·고등학생들이 전쟁에 반대한다는 의미로 검은 완장을 차고 등교했더니, 학교에서는 검은 완장 착용을 금지했습니다. 1969년에 미국 대법원에서는 이런 학교의 방침을 표현의 자유를 억압하는 것이라고 판결했습니다.

5 홈스 대법관의 말은 1919년 미국 연방대법원의 에이브럼스 판결에서 나왔습니다. "진리는 사상의 충돌을 통해서만 드러날 수 있다. 왜냐하면 진리 여부를 가리는 최고의 검증 방법은 그 사상이 시장에서 벌어지는 경쟁 속에서 수용될 수 있는 힘을 갖고 있는가 하는 것이기 때문이다."

조국 『양심과 사상의 자유를 위하여』(책세상 2007) 100면에서 재인용.

6 박경신 「모욕죄 존재 자체가 국제적 모독거리」, 『미디어스』 2008년 11월 17일.

7 대법원 92.3.31. 선고 90도2033 판결.

8 나중에 국무총리를 지내고 대통령 선거에 세 번씩 출마한 당시 이회창 대법관의 소수 의견입니다.

9 찰스 패터슨 『동물 홀로코스트』(정의길 옮김, 휴 2014)에 따르면 히틀러가 채식주의자라는 것은 독일의 선전장관인 요제프 괴벨스가 만든 신화라고 합니다 (175~76면). 히틀러의 요리사는 히틀러가 소시지 외에는 고기를 좋아하지 않았다고 하는데, 소시지는 고기로 만드니까요. 히틀러는 동정과 온화함을 몹시 싫어했고, 채식인들의 비폭력 철학을 아주 경멸했다고 합니다.

10 이 예는 Niegel Warburton, *Thinking from A to Z*, 2nd edition (Routledge, 2000) 24면의 예를 우리 상황에 맞게 약간 바꾼 것입니다. 와버턴은 '한통속으로 몰아가기의 오류'를 '못된 친구의 오류'라고 부릅니다. 못된 친구와 놀면 물이 들겠죠?

03 누가 범생이와 날라리를 가르는가

1 2014년 2월 현재 서울특별시, 경기도, 광주광역시 교육청에서 시행되고 있습니다.

04 군대 가기 전에 일어나는 폭력

1 『시사IN』 제155호(2010).

2 「앰네스티 규정과 외국의 사례」, 『경향신문』 2003년 2월 5일.

3 국회입법조사처 『이슈와 논점』 제693호.

4 『연합뉴스』 2013년 7월 15일.

5 「군대 가면 비양심적인가」, 『문화일보』 2002년 10월 11일.

6 「양심적 병역 거부는 위선」, 『국민일보』 2005년 4월 11일. 이 글과 바로 위 주5의 글은 김두식 『평화의 얼굴』(교양인 2007) 38면을 통해 알았습니다.

7 같은 책 41면.

8 정광욱 외 『서울대 인권수업』(미래의 창 2013) 100면에는 "유색 인종이 세상에서 없어져야 한다."라고 믿는 양심범과 양심적 병역 거부자의 차이에 대해 설명되어 있습니다. 전자는 도저히 받아들일 수 없는 괴이한 목표를 추구한다면, 후자의 궁극적인 목표는 인류 평화처럼 보편적으로 받아들일 수 있는 것들이라고요.

9 「양심적 병역 거부 이해 어렵지만 대체복무 찬성」, 『뉴스1』 2013년 11월 19일.

05 꼴페미, 꼴마초를 해부한다

1 통계청의 「2013 한국의 사회지표」에 따르면 대학 진학률은 남자가 67.4%인 데 비해 여자는 74.5%입니다.

2 통계청의 「2013 통계로 보는 여성의 삶」에 따르면 2012년에 여성 합격자의 비율은 행정고시 43.8%, 사법시험 41.7%이고, 외무고시는 53.1%로 전년도의 55.2%에 비해 조금 하락한 것입니다.

3 「체벌 전면 금지는 교육 포기 … 무기력한 교사 양산할 뿐」, 『문화일보』 2010년 8월 24일; 「체벌 금지·학생지도 포기·도망가는 교육」, 『동아일보』 2010년 11월 2일자 기사가 대표적입니다.

4 이러한 비판으로 인터넷 커뮤니티 '언니네'에 헤나가 쓴 「여성가족부, 어디로 가고 있나?」를 보세요. http://www.unninet.net/channel/ch_network_vw.asp?ca1=2&ca2=332&ct_idx=2130.

5 김신명숙 씨와의 인터뷰인 「페미니스트는 사랑하기 위해 싸움을 건다」, 『오마이뉴스』 2007년 7월 11일자를 참조하세요. 이 인터뷰에 따르면 서양에서는 낙태 문제가 대중적인 여성 운동의 최대 이슈였지만 현재 우리 사회에서는 군대 문제가 그렇다고 합니다. 그리고 여자가 군대 가서 좋은 점을 열거하는데, 남자들끼리 군대 갔다 와야 사람이 된다고 말하는 것과 비슷해서 재미있습니다. 다음과 같은 이유입니다. "첫째, 신체가 튼튼해진다. 건강한 신체는 여성들이 사회 속에서 단단한 입지를 구축하는 데 가장 기본적인 조건이다. 굳이 다이어트를 하지 않아도 건강미 넘치는 아름다운 몸도 가꿀 수 있을 것이다. 둘째, 군대생활을 통해 각종 어려움들을 극복함으로써 그동안 키우지 못했던 능력들과 자신감을 기를 수 있다. 셋째, 조직생활을 통해 결속감이 강해지고 조직 문화를 배움으로써 사회에 나와 여성 파워를 키우는 데 커다란 도움이 될 것이다. 넷째, 남성들의 군대와는 다른 새로운 군대 문화를 실험해볼 수 있다. 복잡하게 생각할 것 없이 군대 갔다 온 여자한테 지금처럼 함부로 성희롱할 수 있겠는가?"

6 「SBS 뉴스」 2012년 6월 28일.

7 http://ize.co.kr/articleView.html?no=2013091412457233819.

06 "그래 우린 이상하다, 어쩔래?"

1 Lucas Paoli Itaborahy & Jingshu Zhu, *STATE-SPONSORED HOMOPHOBIA*, *A world survey of laws: Criminalisation, protection and recognition of same-sex love*, International Lesbian Gay Bisexual Trans and Intersex Association, MAY 2013, 8TH EDITION.

2 유네스코한국위원회에서 펴낸 『동성애혐오성 괴롭힘 없는 학교』(무지개행동 이 반스쿨 옮김, 2013)에 반기문 사무총장이 쓴 한국어판 서문을 보세요.

3 미국정신의학협회 홈페이지에서는 "동성애는 정신질환입니까?"라는 질문에 "아 니요."라고 분명하게 대답하고 있습니다. http://www.psychiatry.org/mental-health/ people/lgbt-sexual-orientation.

4 http://www.psychiatry.org/mental-health/people/lgbt-sexual-orientation.

5 http://www.unaids.org/en/media/unaids/contentassets/documents/epidemiology/2013/ gr2013/UNAIDS_Global_Report_2013_en.pdf.

6 국립국어원에서 나오는 표준국어대사전의 '사랑' 정의는 몇 번 바뀌었습니다. 원 래는 이성의 상대에게 끌려 열렬히 좋아하는 마음, 또는 그런 일이었습니다. 그게 2012년에 어떤 상대의 매력에 끌려 열렬히 그리워하거나 좋아하는 마음, 또는 그 런 일로 바뀌어, 동성애도 사랑의 정의에 포함했습니다. 그러다가 2014년에 남녀 간에 그리워하거나 좋아하는 마음, 또는 그런 일로, 이성애만 받아들이는 것으로 다시 돌아와버려 동성애 인권 단체의 항의를 받고 있습니다. 『머니투데이』 2014년 4월 2일자 기사를 참조하세요.

07 우리 안의 킬링필드

1 http://sports.news.nate.com/view/20090914n03089.

2 대표적으로 강준만 『전라도 죽이기』(개마고원 1995)와 남영신 『지역패권주의 연 구』(학민사 1992)를 보세요.

3 사이비 역사로서 히틀러의 유대인 학살을 부정하는 설은 마이클 셔머 『왜 사람들 은 이상한 것을 믿는가』(바다출판사 2007)의 제4부를 보세요.

4 「냄새 나는 한국의 인종 차별」, 『한겨레21』 제733호(2008).

5 Niclas Berggren and Therese Nilsson, "Does Economic Freedom Foster Tolerance?", *Kyklos* 66 (2) (2013), 177207.

6 '종특'은 『전자신문』 2011년 10월 6일자의 「[인터넷 이디엄] 종특」 기사를 참조했습니다.

08 "그때 저는 19살이었어요"

1 급기야 2014년 5월에는 자신의 대학과 상대방의 대학을 각각 제2차 세계대전에서 승리한 미국과 패배한 일본에 빗댄 사진을 올린 대학생을 상대방 대학 쪽에서 고소했습니다. 그전에도 학교와 관련된 악플을 단 네티즌들을 대학 쪽에서 명예훼손으로 고소한 일들이 있었고요. 「경쟁 대학 비방·모욕 … 도 넘은 '대학 훌리건'」, 『서울신문』 2014년 5월 31일.

2 「18대 국회의원 서울대 출신 40%」, 『한국대학신문』 2008년 4월 14일.

3 「올 행정고시 서울대 편중 더욱 심화」, 『법률저널』 2013년 11월 22일.

4 「박근혜 정부 고위공무원 절반은 'SKY' 출신」, 『경향신문』 2013년 10월 13일.

5 「500대 기업 CEO 절반 'SKY 출신' … 서울대-고대-연대-한양대 순」, 『국민일보』 2014년 5월 29일.

6 「이춘석 "고법 부장판사 이상 77% 서울대 출신"」, 『뉴시스』 2013년 10월 12일.

7 「결혼정보회사의 등급표 '망령' … 185cm에 75kg, 1등급」, 『파이낸셜 뉴스』 2011년 11월 8일.

8 강준만 『서울대의 나라』(개마고원 1996)와 김동훈 『한국의 학벌, 또 하나의 카스트인가』(책세상 2001) 53면을 보세요.

9 그런 점에서 인권을 다루고 있는 도서에 『서울대 인권수업』이라는 제목을 붙인 것은 유감스럽습니다.

10 「'유리왕' 정진영 "서울대 국문과 출신에 관심 가지면 서운해요"」, 『스포츠경향』 2008년 11월 3일.

11 이범 「학벌주의, 대학서열화의 필연적 결과인가」, 『한겨레』 2014년 2월 20일.

09 할 수 없는 것을 하라는 잘못

1 「황동혁 '도가니' 감독 "울음 장치, 왜 없냐면…"(인터뷰)」, 『스타뉴스』 2011년 9월 28일.

2 「장애인 단체, '복지 시설 폄하' 은평문화원장 사퇴 촉구」, 『연합뉴스』 2013년 5월 27일.

3 「하조대 지구 장애인 시설 건축 허가 놓고 공방전」, 『강원일보』 2012년 9월 20일.

4 「명칭에 '장애인' 들어가면 혐오시설?」, 『에이블뉴스』 2011년 4월 29일.

5 「지자체 조례의 횡포 '장애인은 도서관·박물관 못 가!'」, 『한겨레』 2013년 8월 19일.

6 신영전 「브롬덴 추장은 무사히 그 골짜기로 돌아갈 수 있었을까?: 정신질환자의 배제와 차별의 정치경제학」, 『나는 '나쁜' 장애인이고 싶다』(삼인 2002) 220면.

10 내 죄를 물으려거든

1 『한국경제』 2009년 8월 10일.

2 『연합뉴스』 2010년 3월 10일.

3 중앙일보 권석천 기자의 블로그. http://blog.joins.com/media/folderlistslide.asp?uid=kwonsukchun&folder=2&list_id=11421162.

4 1950년 7월 25일 훈령에 의해 시행되었다가 1951년 7월 6일에 역시 훈령에 의해 취소되었습니다. 김두식 「즉결 처분권의 망령」, 『한겨레』 2005년 7월 5일자를 참조하세요. 『월간조선』 1999년 10월호는 「6·25전쟁 50주년 재조명」 연재 기사에서 즉결 처분이 적군보다 더 가혹했음을 여러 증언을 통해 보여주고 있습니다.

11 문명사회의 함무라비 법전

1 헌재결정번호 93헌바43.

2 『서울대 인권수업』 157면.

3 2012년 성폭행 전과자에게 살해당한 주부의 남편이 한 말입니다. 『뉴시스』 2012년 11월 12일.

4 『국민일보』 2007년 6월 19일.

5 4장에서 인용한 신약성경의 구절(마태오 5장 38~42절)이 구약의 보복적 형벌관을 사랑과 용서로 바꾸었다고 평가받습니다.

6 정확히 말하면 앞의 사례는 피해자가 용서하여 형벌을 면제받았고(『한국일보』 2011년 8월 1일), 뒤의 사례는 판사가 병원에 그런 수술이 가능한지 문의했는데 가능하지 않다는 답을 받았습니다(『뉴시스』 2010년 8월 20일). 둘 다 시행되지는 않았지만 용서가 없고 수술이 가능하다면 시행했을 것입니다.

7 2012년 한국 갤럽에서 실시한 사형 제도 존폐에 대한 여론 조사를 보면 '유지해야 한다' 79%, '폐지해야 한다' 16%, '모름/의견 없음'이 6%이니, 사형제 존치 여론이 상당히 높습니다. 한국 갤럽 「범죄자 처벌에 대한 여론 조사」 2012년 9월 11일.

12 인간의 권리, 동물의 권리

1 「악마 에쿠스 이어 악마 오토바이 … 개 매달고 또 질주」, 『아주경제』 2014년 5월 20일.

2 야생 동물 보호 운동 활동가인 로브 레이들로는 『동물원 동물은 행복할까?』(책세상더불어 2012)에서 이렇게 말합니다. "거의 모든 동물원은 동물이 필요로 하는 것보다 훨씬 작은 전시공간에 동물을 가두고 있다. 조디 카사미타나는 영국 동물원의 코끼리 생활공간을 조사했다. 조사 결과 동물원 코끼리의 공간은 야생에서 코끼리가 생활하는 공간보다 무려 1,000배 이상이나 작다는 것을 발견했다. 또한 야생 북극곰은 바다표범을 사냥하기 위해 하루에 50킬로미터에서 100킬로미터를 여행하지만 동물원은 북극에서의 북극곰의 영토보다 무려 100만 배 이상 작은 공간에 북극곰을 가두고 있다."(29면)

3 피터 싱어 『동물 해방(개정완역판)』(김성한 옮김, 연암서가 2012) 27~28면에서 재인용. 이 책에 따르면 익명의 저자는 케임브리지의 저명한 철학자인 토머스 테일러라고 합니다.

불편하면 따져봐
논리로 배우는 인권 이야기

초판 1쇄 발행 / 2014년 12월 1일
초판 13쇄 발행 / 2023년 7월 7일

지은이 / 최훈
기획 / 국가인권위원회
펴낸이 / 강일우
책임편집 / 윤동희
펴낸곳 / (주)창비
등록 / 1986년 8월 5일 제85호
주소 / 10881 경기도 파주시 회동길 184
전화 / 031-955-3333
팩시밀리 / 영업 031-955-3399 편집 031-955-3400
홈페이지 / www.changbi.com
전자우편 / nonfic@changbi.com